French Historical Studies

Volume 41 · Number 2 · April 2018

May '68: New Approaches, New Perspectives

DONALD REID and DANIEL SHERMAN, Special Issue Editors

181   Introduction
      DONALD REID and DANIEL J. SHERMAN

Articles

193   Années 68 postcoloniales ? : « Mai » de France et d'Afrique
      FRANÇOISE BLUM

219   Bringing Vietnam Home:
      The Vietnam War, Internationalism, and May '68
      SALAR MOHANDESI

253   "The US Embassy Has Been Particularly Sensitive about This":
      Diplomacy, Antiwar Protests, and the French Ministry
      of Foreign Affairs during 1968
      BETHANY S. KEENAN

275   L'expérience sensible du politique :
      Protagonisme et antagonisme en mai–juin 1968
      LUDIVINE BANTIGNY et BORIS GOBILLE

305   L'Institut de l'environnement :
      Descendant du Bauhaus ou dernier bastion de mai 68 ?
      TONY CÔME

335   Being in Parentheses:
      Memory, Sex, and Jewishness in Diane Kurys's Visions of May '68
      SANDRINE SANOS

News and Publications

364   Call for Papers

D1322657

366 Recent Books and Dissertations on French History
Compiled by SARAH SUSSMAN

394 Translated Abstracts

Introduction

DONALD REID and DANIEL J. SHERMAN

The cover of this issue of *French Historical Studies* features two posters from 1968. One comprises a photograph of armored policemen behind a makeshift barricade of what look like paving stones, with the words "PARIS MAI '68" in bright red letters toward the bottom (fig. 1). Closer inspection reveals that the poster advertises an exhibition of photographs held in Vienna in the fall of 1968, barely five months after the events depicted. From the beginning, then, the student and worker demonstrations that took place in France in May 1968, and the response to them by the forces of order, had global resonance that could be captured in a relatively few iconic images. This issue proposes to explore that resonance both by probing the images that already populate our memories and by expanding them to cast May '68 in France not simply as an instigator or a response but as a node in a much larger, international concatenation of ideas and activism, dreams and disappointments.

The second poster, equally iconic of 1968 in its bold graphics and careful integration of text and image, is more complex (fig. 2). The pun equates *charogne*, a rotting carcass or, more familiarly, a disreputable type, with the Charonne metro station, metonym for the deadly police repression on February 8, 1962, of demonstrations against the terrorism of the Organisation de l'Armée Secrète and for an end to the war in Algeria. The poster also depicts massed forces of order, but the face in the middle, from which sprout two vulture's wings, is identified by the word just below it, "Frey." Roger Frey was minister of the interior at the time of the Charonne massacre. In their essay in this issue, Ludivine Bantigny and Boris Gobille tell of a student calling out in the face of police violence on May 3, 1968, "They come from Charonne and they are beginning again." Many activists in 1968 saw their struggles as part of a global radical movement extending from the Algerian War through the war in Vietnam. The poster thus presents an imaged historical memory as a live force in 1968, and it

French Historical Studies • Vol. 41, No. 2 (April 2018) • DOI 10.1215/00161071-4322906
Copyright 2018 by Society for French Historical Studies

FIGURE 1 "Paris May '68." Poster for an exhibition at the Museum des 20. Jahrhunderts, Vienna, Austria, September–October 1968. Public domain. Image courtesy of the Bibliothèque Nationale de France, Paris

aims to provoke an active emotional response. Emotions, images, memory, and activism all constitute important threads in this issue.

As these posters reveal, 1968 in France was immediately recognized outside France and placed within historical genealogies in France. They also capture the fundamental unifying element of movements grouped under the umbrella of 1968. Activists all sought in one way or another to transform the existing order, but this involved combating the forces that blocked that future and prefiguring that future in their own lives and actions. However, in the ensuing decades both those involved and those too young to have been have examined the events of 1968 in terms increasingly remote from those expressed at the time. Reflecting on 1968 in light of the France in which they wrote, for example, Régis Debray and more recently Luc Boltanski and Eve Chiapello have placed 1968 in narratives of the history of capitalism.[1] Other scholars have put 1968 in the history of humanitarian thought and action.[2]

1. Debray, *Modeste contribution*; Boltanski and Chiapello, *Le nouvel esprit du capitalisme*.
2. Bourg, *From Revolution to Ethics*; Wolin, *Wind from the East*.

FIGURE 2 "Charonne/ Charogne, Frey XIIe." Poster produced by the Ecole Boulle, Paris, 1968. Public domain. Image courtesy of the Bibliothèque Nationale de France, Paris

The historical context in which the events of 1968 are discussed can also dictate the presence or absence of subjects of historical research. At the time, as the largest general strike in French history, May 1968 was considered a world-historical event. However, relatively little of the research on the period now—an absence reflected in this issue—has focused on factory labor and unions, a development in line with deindustrialization and the decline in union size and strength in France and elsewhere in Europe and North America.[3] The 1968 years saw the last widespread expression in France of a belief in the creativity and morality of the project of workers engaged in labor conflicts as the driving force of social transformation. Over the last two decades, the primary concepts developed to allow the exploration of new facets of the period are the long 1968 or its variant, the 1968 years, and the global 1968.[4] Focusing on the breadth of the personal, social, political, ideological, and media networks, these concepts reveal important dimensions previous histories have occluded.

3. For important exceptions, see Georgi, *Autogestion*; Vigna, *L'insubordination ouvrière dans les années 68*; and Porhel, *Ouvriers bretons*.

4. The two concepts are sometimes conflated, as in Sherman et al., *Long 1968*, a study of the global 1968 years in which essays on France are a distinct minority.

The long 1968 in France refers to a period delimited by the questions being asked. Sometimes the long 1968 runs from the end of the Algerian War in 1962 to the beginning of the recession of the mid-1970s. For others, it follows more clearly the history of the New Left, from Khrushchev's Secret Speech in 1956 and opposition to the Algerian War until the election of François Mitterrand as president in 1981. Common to all long-1968 interpretations is a recognition of the importance of *les trente glorieuses* (thirty glorious years) of economic expansion after 1945.[5] France went from a rural to an urban nation, drawing to an unprecedented extent not only on its own countryside for workers but also on foreign labor from its former overseas possessions.

New sectors of the economy expanded the burgeoning middle class and increased the numbers of French men and women who went to college, thus affording them more time outside the authority of the family or the workplace.[6] These students, a small minority of their demographic cohort, acted with the confidence that there would be a place for them in a society they could create. This differentiates them from successor generations of college students, whose wealthier societies are driven and disciplined by the insecurity that is a central element of neoliberal capitalism and that has made the decades after the 1968 years less glorious. In the 1968 years one sees among politicized youth not the statist economic concerns of the Old Left, which would find a home in the Common Program, the reform manifesto signed by the Communists, Socialists, and Left Radicals in 1972, but a sense that with a new degree of prosperity and security came the responsibility to take risks, to challenge authority in all its forms, in order to create the new society that now appeared possible.

As the massive general strike in 1968 and the succeeding years of labor conflicts reveal, the industrial workers, who literally made the world whose future students debated, demanded a greater share of the wealth created and new forms of democratization and liberty at the workplace. Working-class and middle-class youth met in ways and to an extent that were "improbable" to earlier generations and came to share common aspirations—or at least the belief that they shared them.[7] What Boltanski and Chiapello refer to as the social and aesthetic critiques of capitalism and bureaucracy found points of conjuncture in the late 1960s and early 1970s before the first gave ground to the latter among middle-class youth in the context of economic downturns from the mid-1970s on.

---

5. The term is generally attributed to the economist Jean Fourastié, author of *Les trente glorieuses ou la révolution invisible de 1946 à 1975*.

6. Jobs, *Riding the New Wave*.

7. Vigna and Zancarini-Fournel, "Les rencontres improbables dans les 'années 68.'" For an insightful examination of these "meetings," see Ross, *May '68 and Its Afterlives*, chap. 2.

What of the global 1968, of the interpretation of world-historical events in terms of the history of the world? World War II opened a new period of globalization, understood in political, economic, and cultural terms. Fractures in the initial bipolar structure of the Cold War, initiated by the People's Republic of China and France, provided impetus for the events and aspirations of 68ers, broadly understood. The same held true for the struggle against colonialism and its legacies for both the colonized and their supporters in the former or soon-to-be-former colonial powers. Many of the workers who drove the economy of *les trente glorieuses* came from former colonies and brought new aspirations with them. Once in France, they strove to achieve these goals, often in cooperation with leftists for whom rights and struggles did not stop at national borders.[8] The Cold War and economic integration conceived in terms of nation-states, capitalism, and state socialism were accompanied by other types of internationalism, whether class-based or anti-imperialist, that challenged the dominant political and economic forms of globalization. Politics, consumerism, and culture, from popular music to the visual arts, were increasingly globalized. "The whole world is watching," chanted antiwar demonstrators at the Democratic Party Convention in 1968. Many French may have been more eager to see American commercial films than French filmmakers would have liked, but important elements in France also became engaged in the imagined community the media created in which civil rights, black power, student movements, and opposition to the war in Vietnam in the United States became events that informed, inspired, and challenged youth in France. The 1968 years constituted a breach, but they also brought people together in new and important ways.[9]

The articles in this issue work within the conceptual frameworks of the long 1968 and the global 1968 to reveal new dimensions of 1968 within the context of the global 1960s and 1970s. The postcolonial legacy of Charles de Gaulle's dreams of a continued connection between France and its newly independent colonies included total freedom of movement between the former colonies and France. When the government of his successor, Georges Pompidou, ended this policy in 1973, it marked the beginning of the end of the long 1968 in postcolonial Africa. Françoise Blum examines movements of students cooperating with workers and other elements of the urban population in the new nations of Guinea, Congo, Senegal, and Madagascar from the perspectives of both the long and the global 1968. Blum points to Gaullists who looked at student movements and responses to them in Africa and to their opponents in France who worked with unions in the new nations. She suggests that their reflections on events in

8. Gordon, *Immigrants and Intellectuals.*
9. Morin, Lefort, and Coudray, *Mai 1968.*

postcolonial Africa figured in their actions in France in the 1968 years. But this transnational exchange moved in both directions. Important ties dating from the colonial period persisted between student groups and unions in France and newly independent African nations. Yet the postcolonial legacy was not simply a neocolonial one in which France left a legacy of authoritarian polities dependent on France and supportive of French interests. Whether learned in France— Blum discusses the participation of African students in France in 1968—or from French teachers in Africa, an oppositional political culture in France provided access to the ideological tools for opposing neocolonialism. African students contested the educational system in the name of the revolutionary imaginary learned in schools established by the French colonizers. They fought in the same terms of 1789 and Marxism as French students did. Blum thus challenges the conception of 1968 as solely a domestic French event with international repercussions; for her, rather, both issues and actors of 1968 had their origins in the colonial era. In postcolonial Africa the 1968 years took the form of a challenge to modes of domination inherited from the French Empire and led, among other things, to renegotiation of accords governing relations with France. Blum shows that one cannot understand the long 1968 in France or in Africa without recognizing its postcolonial character.

Two articles address the American war in Vietnam. New Left radicals in France had hoped that the success of the Algerian independence movement would serve as the spark for the working class and its leadership in France to turn its efforts to revolution. Salar Mohandesi explores how the war in Vietnam evoked similar aspirations among leftists in Western Europe and the United States. In France they were dissatisfied with de Gaulle's critique of the American war in Indochina and French Communists' calls for peace. Activists in France saw support for the National Liberation Front in Vietnam as the key to advancing revolution at home. Vietnam could provide models to radicals in the West, whether in the realm of women's equality or in political organization. An effort by Europeans to emulate non-Europeans was in itself an important expression of the world turned upside down of 1968. Mohandesi examines the expression of a new internationalism among groups in the United States and Western Europe that helped spawn the events of 1968 and in turn affected leftist projects in France. In France, aiding the Vietnamese was not a matter of participating directly in the struggle, as it had been for many in the Algerian War of Independence, most famously by transporting suitcases of money collected from Algerian workers in France to Switzerland. Seeking to weaken Western imperialism rather than directly bolster Vietnamese military resistance, French radicals offered different kinds of support to the Vietnamese. In so doing, French radicals engaged directly with the society in which they lived and provided both organizational and ideological foundations to 1968-era movements.

For those who saw opposition to the war as the vanguard of their own opposition to imperialism in its various forms in France, engagement could mean bringing the struggle back home. Revolution in France would be the most effective way to aid revolution in Vietnam. For many in Europe and the United States, May 1968 returned the possibility for revolution to France and the rest of the industrialized capitalist world. But leftists in France retained the inspiration of Vietnam—both the way that the Vietnamese resistance showed that the apparently impossible was possible and the revolutionary approaches to all facets of social life it could inspire. In 1973 Jean Raguénès, a leader of workers at Lip engaged in the emblematic labor conflict of the 1968 years, voiced this idea: "Creating Vietnams, Vietnam-factory, Vietnam-Church, Vietnam-justice, Vietnam-police . . . Vietnam-Lip. . . . The day when there will be enough Vietnams, when the relations of power will be destroyed between the powerful and the governed, the teacher and his students, the priest and his flocks, that day there will inevitably be a change in society."[10]

During the war the French who supported the National Liberation Front in Vietnam had done so primarily through activism in France. After May 1968, however, new forms of internationalism emerged that were at once consonant with the goals of 1968 and often at odds with the political positions taken by radicals at the time. Médecins sans Frontières, with its mission to help all in need, rather than solely anti-imperialists, was one expression of this.[11] And, as Mohandesi concludes, important elements of the French radical Left that had supported the Vietnamese Communist-led war against the Americans in turn aided Vietnamese boat people seeking to escape repression by Vietnamese Communists after their victory against American imperialism.

Bethany S. Keenan examines the position of France during the Vietnam War from a different perspective. Rather than analyze the aspirations and actions of the antiwar movement, Keenan examines the context in which opposition to the war could be manifested in France. Many scholars have written on the negotiations to end the war, which began in France in 1968, and on the opposition to the war in France during the 1968 years, but Keenan innovates in bringing the two bodies of work together. If the Quai d'Orsay had gone no farther than to observe antiwar protests before negotiations began in Paris, it took a more active role after this, seeing the provision of a neutral site for the negotiations as in the interest of France. The effort of the Ministry of Foreign Affairs

10. July, "A quoi sert Lip?," 3.
11. Davey, *Idealism beyond Borders.*

to keep demonstrations in the provinces reminds us that free speech is a matter not just of what can be said but of where. If, as Mohandesi contends, the Vietnam War became a rallying point for new forms of cooperation among radicals in Europe and the United States, Keenan shows how the French need for support after the Fifth Republic's near-death experience in May 1968 and the American need to end the war in Vietnam brought about a new level of cooperation between the two states.[12] To return to the history of French mobilization against the war in Vietnam, Keenan provides reasons beyond (or explanatory of) the argument that radicals now saw a possibility of revolution in France after May 1968. The actions of the French state after May—banning the left organizations most involved in the radical antiwar movement in France, as well as restricting who could demonstrate and where demonstrations could be held—reduced the focus on Vietnam among French radicals.

Too often references to the 1968 years take for granted a particular emotional world with a number of elements. Actors in this world believed not only that they could see what was true and just but also that the impossible could be possible in a society without constraining discipline or norms. Though this is apparent in writings of prominent thinkers of the time, from Félix Guattari to Michel Foucault, radical leftists whose accounts long dominated narratives of 1968 refused to examine the emotional content of events—joy, anger, hatred, fear—and its importance in making possible experiences on which their own narratives depended. Such interpretations had long been the monopoly of conservative commentators, notably Raymond Aron, who within months of the events dismissed May '68 as a psychodrama led by emotion-ridden youth.[13]

Bantigny and Gobille take up the challenge of considering emotions as a vital part of 1968. The affective experience of 1968 has been largely overlooked, though participants recognized it as central to their reception and formulation of ideas and to their constitution as individuals and collectivities acting as they had never done before. Bantigny and Gobille analyze both the affective experiences that brought social actors together and those framing the actions taken in opposition to other groups. They draw on diverse contemporary sources, ranging from anonymous poems to militant films. Recognizing that many in 1968 were suspicious of organizations as potentially impeding or quelling their emotional involvement, Bantigny and Gobille pay particular attention to the archives of neighborhood and workplace committees in which the previously silent and obedient spoke. They break with much of the work on 1968 by using the same theoretical model to analyze both the students and workers and the

12. Suri, *Power and Protest*.
13. Aron, *Elusive Revolution*.

police and bourgeois who opposed them. Bantigny and Gobille are close students of police archives, not just for what they tell about students and workers but for what they reveal about the emotions experienced by the police. They in turn examine Aron's depiction of a psychodrama as evidence of his own deep emotional engagement in the events.

Bantigny and Gobille focus on both radicals and conservatives, whose selves, not just their ideas, were changed when they broke with daily conventions and relations of authority in 1968. Those who experienced 1968 in emotional and affective terms would seek to maintain the experience of liberation and collectivity in communes, feminism, and mobilizations like those of the struggles of Lip and Larzac. These people, not just the intellectuals or leftist leaders marked by changing ideas or an allegiance to an ideology, are the social legacy of 1968.

The last two articles draw on the theme of the global 1968 in a European context and, going beyond the 1968 years, offer insight into long-term consequences and cultural memory of those years. Tony Côme examines a little-known cultural transfer that occurred between Germany and France during the long 1968. An innovative German design school in Ulm, the Hochschule für Gestaltung (HfG), which as early as 1965 had attracted French students dissatisfied with the traditionalist architectural training offered in Paris, itself became the object of a conservative backlash in Germany after that country's precocious student demonstrations in 1967. Led by the HfG's Francophone Swiss rector, Claude Schnaidt, a number of the school's leading faculty members chose self-exile in France in early 1968 rather than accept an end to their pedagogical autonomy, a threat that came both from the government and from radical German students. The HfG tapped into leftist cultural-historical memory in a number of ways: not only by claiming to embody the spirit of the Bauhaus, the most influential reformist architectural school of the century, but also as a memorial to Hans and Sophie Scholl, the founders of the White Rose anti-Nazi resistance movement; the HfG was founded by their sister in 1950.

Notwithstanding student protests of its ties to German industry, the HfG thus held great appeal for architecture and design students in Paris seeking more up-to-date instruction. At the same time, the prestige of the school's faculty gave it credibility with the French higher education bureaucracy and offered a way to jump-start reform under the rubric of "the environment," at once an emerging academic field and a policy issue to which May '68 had given a new resonance. Thus, in near record time, was born the Institut de l'Environnement, in a purpose-built building on the Rue Erasme with facades by the pioneering modernist engineer Jean Prouvé. Côme unpacks the multiple layers of this structure, institutional as well as architectural, sensitively tracing the—in retrospect predictably—turbulent beginnings of the institute, in which a shared reformist ideology could not overcome factional divisions within the student body and between students and professors. The experimental model of the institute lasted for only a few years, but, as Côme argues, it contributed to a durable change in art and design education in France.

Sandrine Sanos brings this issue to a close with an essay that expands the canon of 1968 films while offering new insights into the complex insertion of May '68 into a longer-term historical memory. She focuses on two loosely connected films by Diane Kurys, *Diabolo Menthe* (1977), set in 1963, and *Cocktail Molotov* (1980), set in the spring of 1968. At the time of its release, critics dismissed *Cocktail Molotov*, which followed the conventions of the road movie and took place largely outside Paris, as a small film offering no new insights into historical events. As they did when 1968 was interpreted with reference to emotions, radicals rejected *Cocktail Molotov* for telling the history of 1968 outside the confines of their own narratives. The film was better received by critics in the United States who, unburdened by the particular political legacy of 1968 in France, interpreted it as a revealing examination of the ethos and unpredictability of the 1968 years. Sanos persuasively argues that Kurys intended the choice of a mediated narrative style (the characters hear more than they see or participate in) and her emphasis on the personal to counter what was already becoming a monolithic construction of "May '68." The connections between the two films notably establish a genealogy of the long 1968 that extends from the repression of demonstrations in support of the Algerian Left and Algerian independence in 1962 to police violence in 1968.

At a structural level, Kurys is preoccupied with the ways individuals come to grips with history at once intimately and indirectly, by hearing the testimony of those who both participated in and witnessed it. In a passage in the film central to Sanos's analysis, a policeman evokes the emotions he felt in confronting demonstrators, a scene that resonates with Bantigny and Gobille's analysis but is rare among dramatic works set in May '68 in presenting how the police experienced events. That sexual initiation figures in *Cocktail Molotov* and many of the films set in 1968 suggests its central role in the affective and emotional expression of revolt studied in other terms by Bantigny and Gobille. Gendered bodily experience—notably, in *Cocktail Molotov*, a pregnancy that the central character decides to end, a problematic proposition before France's legalization of abortion under the Loi Veil—also offers a (side)way into politics. So too does the positioning of individuals at the cusp of multiple identities: without pressing the point, Kurys floats emigration to Israel, and the memory of the 1967 Six-Day War, as a horizon of possibility that a certain kind of young French Jew might well have found appealing in 1968, and that at any rate would undoubtedly have conditioned her understanding of the events of that year. Sanos's article reminds us that the construction of memory is a discursive process involving not only authoritative or consensual pronouncements but "the margins, silences, and oblique (or anecdotal) references of cultural texts that seem to have little to do with politics." Fifty years on, at a moment when the kind of subjective displacement Sanos describes has become, in many places, the principal mode of apprehending history and politics, it is good to be reminded that the complex imbrication of culture, politics, and memory is within the grasp of sophisticated historical analysis.

The essays in this issue mark a new stage in the transformation of 1968 and its memory into subjects of history. None of the authors of the articles in this issue are of an age to have been veterans or witnesses of the events they analyze. They pose new questions and answer them within new chronological and geographic conceptualizations of 1968. They use historical research and analysis to bring life to acts and ideas that analyses born of the events themselves cannot fully illuminate, when they recognize them at all. Special issues on the ten-year anniversaries of 1968 originally allowed the generation defined by their experience of 1968 to analyze and critique itself. Fifty years later scholars can enter into new and revealing dialogues. This issue took shape in a colloquium at the National Humanities Center in February 2017 at which authors discussed and critiqued early versions of one another's work and thus participated in the creation of this issue. This experience, rather than the usual format of two editors of the issue, a slew of individual readers, and seven isolated authors, is a legacy of the mantra "Work differently, live differently" of 1968. Yes, the history of struggles is itself a struggle, and we attain nothing without joining that struggle. *La lutte continue.*

DONALD REID is professor of history at the University of North Carolina at Chapel Hill.

DANIEL J. SHERMAN is Lineberger Distinguished Professor of Art History and History at the University of North Carolina at Chapel Hill.

Acknowledgments

The issue editors would like to thank James Chappel (Duke University), co-convener of the colloquium; Lindsay Ayling (University of North Carolina at Chapel Hill), colloquium impresario; and the institutions that provided funding: the Department of History, the Center for European Studies, the Curriculum in Global Studies, and the French Culture and History Seminar of the University of North Carolina at Chapel Hill; and the Department of History, the Center for European Studies, the Center for French and Francophone Studies, and the dean of the humanities at Duke University. The issue editors also thank other participants in the colloquium and the external reviewers who responded promptly and helpfully to their request for assistance.

References

Aron, Raymond. 1969. *The Elusive Revolution: Anatomy of a Student Revolt*, translated by Gordon Clough. New York.

Boltanski, Luc, and Eve Chiapello. 1999. *Le nouvel esprit du capitalisme*. 1999. Paris.

Bourg, Julian. 2007. *From Revolution to Ethics: May 1968 and Contemporary French Thought*. Montreal.

Davey, Eleanor. 2015. *Idealism beyond Borders: The French Revolutionary Left and the Rise of Humanitarianism, 1954–1988*. Cambridge.

Debray, Régis. 1978. *Modeste contribution aux discours et cérémonies officielles du dixième anniversaire*. Paris.

Fourastié, Jean. 1979. *Les trente glorieuses ou la révolution invisible de 1946 à 1975*. Paris.

Georgi, Frank, ed. 2003. *Autogestion: La dernière utopie?* Paris.

Gordon, Daniel A. 2012. *Immigrants and Intellectuals: May '68 and the Rise of Anti-racism in France*. Pontypool.

Jobs, Richard Ivan. 2007. *Riding the New Wave: Youth and the Rejuvenation of France after the Second World War*. Stanford, CA.

July, Serge. 1973. "A quoi sert Lip?" *Libération*, Oct. 19.

Morin, Edgar, Claude Lefort, and Jean-Marc Coudray. 1968. *Mai 1968: La Brèche*. Paris.

Porhel, Vincent. 2008. *Ouvriers bretons: Conflits d'usines, conflits identitaires en Bretagne dans les années 1968*. Rennes.

Ross, Kristin. 2002. *May '68 and Its Afterlives*. Chicago.

Sherman, Daniel J., Jasmine Alinder, A. Aneesh, and Ruud van Dijk, eds. 2013. *The Long 1968: Revisions and New Perspectives*. Bloomington, IN.

Suri, Jeremi. 2003. *Power and Protest: Global Revolution and the Power of Détente*. Cambridge.

Vigna, Xavier. 2007. *L'insubordination ouvrière dans les années 68: Essai d'histoire politique des usines*. Rennes.

Vigna, Xavier, and Michelle Zancarini-Fournel. 2000. "Les rencontres improbables dans les 'années 68.'" *Vingtième siècle*, no. 101: 163–77.

Wolin, Richard. 2010. *The Wind from the East: French Intellectuals, the Cultural Revolution, and the Legacy of the 1960s*. Princeton, NJ.

Années 68 postcoloniales ?
« Mai » de France et d'Afrique

FRANÇOISE BLUM

PRÉCIS   Cet article met en évidence les liens entre le Mai français et les mouvements politiques et sociaux intervenus en Guinée, au Congo, au Sénégal ou à Madagascar. Il s'intéresse
à la nature commune de ces différents mouvements : rôle de la jeunesse, alliance des étudiants avec les ouvriers et le « petit peuple », en interrogeant une même situation postcoloniale.
Il s'attache à décrire les connexions ainsi que les communautés d'habitus entre des mondes,
africain et européen, en devenir : échanges de pratiques et savoirs en matière de contestation
et de répression, échanges universitaires, culture et lectures communes, et ainsi de suite. Il
s'agit ici de penser les circulations des « années 68 » non seulement du Nord vers le Sud mais
aussi du Sud vers le Nord, et d'intégrer Mai dans une configuration plus générale : celle des
espoirs suscités et/ou déçus par la fin d'un empire.

MOTS CLÉS   May '68, Afrique, postcolonial, étudiants, mouvements sociaux

L'historiographie de Mai 68 a, dans ses composantes les plus récentes, tenté
de situer les événements qui se sont déroulés sur le sol français dans le contexte plus général des « années 68 »[1]. D'une part, on s'est attaché à lire le Mai
français dans une perspective globale, en une démarche plus ou moins compara-
tiste[2]. D'autre part, on a commencé à s'intéresser à ce qu'on appelait alors le
tiers-monde, dont l'acte de naissance avait été la conférence de Bandung et qui,
en « Occident », était, dans ces années, chargé d'affects politiques : toute une
mouvance de gauche et d'extrême gauche instituait les pays du sud en porteurs
d'une mission historique, correspondant sur le plan mondial à celle dont était
investie le prolétariat dans le cadre de la société de classes.

En France même, le quarantième anniversaire—et dans le cas de Mai 68
les commémorations sont aussi des temps historiographiques importants—a

---

1. Le terme « années 68 » apparaît, semble-t-il pour la première fois, dans Lacroix, « Les jeunes
et l'utopie ».
2. Ebbinghaus, Henninger et van der Linden, *1968* ; Dramé et Lamarre, *1968* ; Loyer et Sirinelli,
« Mai 68 dans le monde ». On mettra ici une majuscule à Mai quand le mot désigne les événements et une
minuscule quand il s'agit seulement du mois.

French Historical Studies • Vol. 41, No. 2 (April 2018) • DOI 10.1215/00161071-4322918

marqué incontestablement une étape et consacré un changement d'échelles[3]. Mai 68 n'est certes plus, depuis longtemps, le seul événement parisien et étudiant qu'on avait un moment voulu y voir. L'anniversaire entérine cette évolution sur le plan éditorial.

Le changement d'échelle est, d'une part, temporel : l'objet n'est plus « 68 » mais « les années 68 », selon la terminologie attribuée à Bernard Lacroix. En 2008, le livre dirigé par Michelle Zancarini-Fournel et Philippe Artières adopte une échelle chronologique très large : du début des années 60 au début des années 80[4]. Mai n'est pas seulement inscrit dans le temps long mais informe ce temps long, en constitue le prisme d'analyse, en est le point nodal. L'événement garde toute sa dimension, son caractère de rupture, voire de révolution. Mais on analyse cette révolution en amont comme en aval. Même chose avec l'un des livres les plus importants parus en 2008 : *Mai–juin 68*[5]. Cet ouvrage collectif, outre qu'il place au cœur de son propos la question de la remise en cause des processus de domination, joue avec différentes échelles temporelles, analysant un événement, un courant politique, les grèves, et ainsi de suite, multipliant les registres explicatifs, restituant à Mai toute sa polysémie.

Le changement d'échelle est géographique. L'ouvrage publié en 2000 chez Complexe, sous la direction de Geneviève Dreyfus-Armand, Robert Frank, Marie-Françoise Lévy, et Michelle Zancarini-Fournel témoigne de l'inscription du Mai français dans une structure d'opportunité politique européenne[6]. Il est issu d'un séminaire précurseur et fondamental tenu pendant quatre ans à l'Institut d'histoire du temps présent. En 2007, à l'étranger cette fois, Gerd-Rainer Horn analyse *The Spirit of '68* pour l'Europe et l'Amérique du Nord[7]. En 2008, quatorze publications parues en France concernent la Belgique, l'Italie, les Etats-Unis, l'Argentine, l'Allemagne, la Pologne, le Mexique, la Chine, l'URSS, le Vietnam, le Brésil et Prague. On va donc au-delà de l'Europe. Une mention particulière doit être faite de *1968 hors de France* qui offre un véritable panoptique international[8]. On discerne aussi en 2008 les prémisses d'une analyse qui va peu à peu s'imposer : une analyse en termes de transferts culturels, de circulation des hommes et des idées, et une attention aux passeurs, qu'Emmanuelle Loyer appelle de ses vœux dans *Histoire@politique*[9].

---

3. Voir notamment Rioux, « A propos des célébrations décennales du Mai français ». Un site recense événements et publications du quarantième anniversaire : www.mai-68.fr. Françoise Blum en tire les principales leçons : « A propos d'une commémoration ».
4. Zancarini-Fournel et Artières, *68*.
5. Damamme et al., *Mai–juin 68*.
6. Dreyfus-Armand et al., *Les années 68*.
7. Horn, *Spirit of '68*.
8. Faure et Rolland, *1968 hors de France*.
9. Loyer, « Introduction ».

D'autre part, on peut constater, sur la scène éditoriale internationale, l'avènement du tiers-monde comme acteur à part entière de ces « global 68 ». En 2011, le livre publié sous la direction de Patrick Dramé et Jean Lamarre comporte deux contributions sur les événements de 68 au Sénégal. Deux ans plus tard Omar Gueye soutient une thèse sur ce même mouvement[10]. Deux ans plus tard encore, *The Third World in the Global 1960s* inscrit la révolution culturelle chinoise dans le monde global de la révolte[11]. Le mythe en avait hanté le post–Mai français, mais on la situait très rarement dans le contexte mondialisé de la révolte des jeunes, l'isolant plutôt dans une lecture des communismes ou de soubresauts d'un empire chinois considéré sur la longue durée. *The Third World in the Global 1960s* donne aussi leur place aux Naxalites indiens, aux mouvements étudiants brésiliens, zimbabwéens et congolais (zaïrois), aux luttes anti-apartheid et à leur rapport avec la planète contestataire des années 60[12]. Plus récemment un ouvrage collectif s'attache à analyser les mouvements étudiants des années 68 sur l'ensemble de l'Afrique francophone et, plus à la marge, de l'Afrique anglophone. Les dix-huit contributeurs produisent des études de cas qui se font écho[13].

Le comparatisme n'est pas absent de cette historiographie récente. Burleigh Hendrickson a soutenu un PhD intitulé « Imperial Fragments and Transnational Activism : 1968(s) in Tunisia, France, and Senegal »[14]. Il a également travaillé sur le devenir de ces mouvements oppositionnels en Tunisie. *Révolutions africaines : Congo, Sénégal, Madagascar* inscrit la comparaison au cœur de son propos[15]. Matt Swagler lie dans ses travaux les événements du Sénégal et du Congo-Brazzaville tout en interrogeant le concept de jeunesse[16].

Cet article se propose, au carrefour de ces développements historiographiques : inscription du Mai français dans une perspective globale, attention aux mouvements de révolte du tiers-monde, comparatisme, d'insérer également 1968 dans une configuration post-impériale. Il est certain que la *Françafrique*

---

10. Gueye, « Mai 68 au Sénégal ». Publiée en 2017 sous le titre *Mai 68 au Sénégal: Senghor face aux étudiants et au mouvement syndical*.

11. Christiansen et Scarlett, *The Third World in the Global 1960s* ; Scarlett, « China's Great Proletarian Cultural Revolution and the Imagination of the Third World ».

12. Voir aussi les articles suivants tous publiés dans Christiansen et Scarlett, *The Third World in the Global 1960s* : Ganguly, « Politics and Periodicals » ; Snider, « " A More Systemic Fight for Reform " » ; Creary, « Speaking the Language of Protest » ; Saunders, « 1968 and the Context of Apartheid » ; et Monaville, « June 4th 1969 ».

13. Blum, Guidi et Rillon, *Etudiants en mouvements*.

14. Hendrickson, « Imperial Fragments and Transnational Activism ». Hendrickson revient sur les aspects méthodologiques de sa recherche dans « From the Archives to the Streets ».

15. Blum, *Révolutions africaines*.

16. Au moment où l'on écrit ces lignes, Matt Swagler n'a pas encore soutenu son PhD. On peut cependant avoir un aperçu de ses travaux : Swagler et Kiriakou, « Autonomous Organizations' Conquest of Political Power ».

existe dans ces années 60 même si le vocable n'est pas très bien venu car il englobe des réalités bien différentes[17]. Les liens entre la France et ses anciennes colonies sont restés nombreux et divers : institutionnels ou structurels avec les accords de coopération, mais aussi culturels avec des systèmes, langue d'éducation et enseignants, communs. Les livres qui circulent sont les mêmes dans les différents pays. Lire ensemble le Mai français et les mouvements de révolte dans l'Afrique francophone des années 60—c'est-à-dire les anciennes colonies—peut permettre, aussi, de lire ces événements en termes géopolitiques de fin d'empire. De multiples liens perdurent, d'une ancienne colonie à une autre, de l'ancienne métropole à ses anciennes colonies et ces liens ont été tissés lors d'un même passé impérial, un passé qui ne « passe pas » encore[18]. Ce que l'on propose ici, c'est une lecture postcoloniale de mouvements intervenus alors que les accords d'Evian et les indépendances de 60 sont encore tout proches : ces indépendances qui firent perdre à la France un empire, sans même qu'elle s'en aperçût, obnubilée qu'elle était par une guerre d'Algérie qui masquait aussi une guerre plus lointaine mais également de libération : la guerre du Cameroun[19].

Il s'agira donc de révoltes et/ou révolutions dont les scènes ont été la France et l'Afrique francophone immédiatement postcoloniale[20]. Du fait de ces mouvements, les pouvoirs en place sont parfois tombés, et l'on peut alors employer sans ambiguïté le terme de « révolution ». Dans d'autres cas, les pouvoirs restent en place mais cela ne signifie pas que les transformations induites n'aient pas été profondes. Il n'y en a pas moins des évolutions considérables que l'on ne peut apprécier que sur le long terme. « Mai » est devenu presque un nom commun depuis Mai 68 mais il a existé aussi dans l'espace francophone, des mouvements sociaux moins connus que l'on peut rapprocher ou comparer, ou, pour mieux dire connecter, à Mai 68. Certains ont aussi eu lieu en mai tel le « Mai sénégalais », en mai 68 également, le « Mai dahoméen » en mai 69, ou le « Mai malgache », en mai 1972[21]. Outre le Mai français, on s'intéressera plus

17. Jean-Pierre Bat conteste à juste titre cette terminologie dans *Le syndrome Foccart*.

18. Selon l'expression de Conan et de Rousso, *Vichy*.

19. 1960 a été appelé l'Année de l'Afrique. Dix-huit pays africains acquièrent leur indépendance dont quatorze colonies françaises. Sur la guerre du Cameroun, voir entre autres Deltombe, Domergue et Tatsitsa, *Kamerun !*

20. Il est difficile, voire impossible de choisir entre « révolte » et « révolution ». Peuvent être nommés révolutions les événements du Congo et de Madagascar puisqu'ils firent tomber le pouvoir. Mais on parle aussi de révolution à propos du Mai français du fait de ses incommensurables conséquences. Et on pourrait aussi parler de révolution à propos du Mai sénégalais car il impacta durablement les institutions et la société sénégalaises.

21. Il y a différentes études sur le Mai sénégalais. On peut citer notamment Dramé, « Le Palais, la rue et l'université » ; Mesli, « La grève de mai–juin 1968 à l'université de Dakar » ; Blum, « Sénégal 1968 » ; Gueye, « Mai 68 au Sénégal » ; Bathily, *Mai 68 à Dakar* ; Hendrickson, « Imperial Fragments and Transnational Activism » ; et Blum, *Révolutions africaines*. Sur le Mai dahoméen, voir Hounzandji, « Le Mai dahoméen », et sur le Mai malgache, Blum, « Madagascar 1972 ».

particulièrement à quatre d'entre eux : le « complot des enseignants » dans la Guinée de 1961, la révolution congolaise de 1963, le Mai sénégalais de 1968 et la révolution malgache de 1972. Ces mouvements forment une sorte de chaîne ininterrompue de contestations juvéniles et, plus largement, populaires, de l'ordre du monde, en l'occurrence de l'ordre néocolonial du monde, ainsi que le désignent les révoltés. On ne s'appesantira pas sur l'événementiel mais on tentera d'analyser ces mouvements dans leur imbrication, on les mettra en relation en en éclairant des éléments communs, en exhumant de l'un à l'autre de possibles filiations, de même que l'on s'attachera à y lire les revendications plus spécifiquement postcoloniales. Les maillons de cette chaîne sont de divers ordres : syndicaux, étudiants, ou plus généralement organisationnels, sémantiques au sens large du terme.

Il n'y eut pas un centre et des périphéries mais bien des mouvements qui présentent dans des sociétés fort différentes, du Congo à Madagascar en passant par la France, des caractéristiques communes : révolte de la jeunesse, contestation des aînés, contestation d'un système d'enseignement qui est d'un pays à l'autre, de Dakar à Tananarive en passant par Paris, globalement identique, colonisation oblige[22]. De Gaulle avait souhaité, en inventant une Communauté franco-africaine, une confédération d'états tous liés structurellement à la France mais non entre eux. La Communauté franco-africaine devait être une étoile dont les branches auraient été les anciennes colonies et le cœur la France[23]. Mais la Communauté ne fut jamais qu'une utopie, que les indépendances, mais aussi les révoltes et révolutions des années 60, vinrent briser. En 1960 avaient été ratifiés des accords de coopération—préparés avant les indépendances et signés après—qui instauraient un régime de privilèges et de présence théoriquement réciproques[24]. Ils étaient *de facto* ce qui restait de la Communauté, les indépendances une fois advenues. Du fait de ces accords, il y avait liberté totale de circulation entre la France et ses anciennes colonies. Cela ne changera qu'en 1973 et à la fin des années 70 avec d'une part la renégociation des accords et, d'autre part, l'instauration aux frontières françaises de stricts contrôles migratoires. Mais ce sont ces présences réciproques, ces libertés de circulation, et autres reliquats d'empire telle la similarité des systèmes d'enseignement voire même dans certains cas des institutions, qui rendent légitime de penser ensemble Mai 68 et les

22. Ce n'est qu'après la Deuxième Guerre mondiale que l'enseignement dans les colonies africaines de la France a été aligné sur celui de la métropole. La première université en Afrique française est celle de Dakar, fondée en 1957.

23. C'est ce que propose le référendum de septembre 1958. En votant oui, les pays africains entérinent leur appartenance à la Communauté. En votant non, comme seule le fit la Guinée, ils acquièrent leur indépendance.

24. Pour un tableau général des accords de coopération sur l'ensemble de l'ancien empire, voir Basso, « Les accords de coopération entre la France et les Etats africains ».

mouvements de révolte d'Afrique francophone. Ce qu'on voudrait également essayer de faire c'est considérer les influences et possibles circulations, contrairement à ce que fait le sens commun, non seulement du Nord vers le Sud, de l'Europe vers le tiers-monde, mais aussi du Sud vers le Nord.

Le premier de ces mouvements postcoloniaux d'Afrique subsaharienne eut lieu en Guinée, en novembre–décembre 1961[25]. On peut le lire comme un « Mai » avorté. Cette antériorité de la Guinée ne doit rien au hasard si l'on considère l'antériorité de son indépendance. On sait que seule la Guinée vota « Non », sous l'égide de l'ancien syndicaliste cégétiste Sékou Touré, au référendum qui instaurait, en septembre 1958, la Communauté franco-africaine. Ce « Non » signifiait de fait l'indépendance[26]. Il signifia aussi le retrait sans concession de la France, et la rupture—au moins provisoire—de toutes relations diplomatiques[27].

La révolte des scolaires fit suite à l'arrestation de syndicalistes enseignants, elle-même consécutive à l'ire de Touré : Keita Koumandian, Ray Autra et quelques autres avaient diffusé un mémorandum, revendiquant de revenir sur un certain nombre de restrictions imposées aux enseignants par le régime. Un de leurs arguments, et non des moindres, était que Touré revenait sur les conquêtes des luttes anticoloniales, dont était pourtant issu son régime. L'arrestation des enseignants contestataires provoqua une révolte lycéenne—la Guinée n'avait pas d'université—qui fut durement réprimée. Touré inventa alors à son profit un soi-disant complot communiste qui lui permit d'interner quelques opposants dont il se méfiait. Mais cette révolte intervenue très rapidement après l'indépendance, en novembre 1961, ne vint pas vraiment à maturité et ne donna aucun fruit. Les manifestants avaient néanmoins été au-delà de la simple défense de leurs enseignants, en usant de slogans tels que : « Non aux Mercedes ! », qui visaient directement les cadres « enrichis » du régime, une nouvelle caste de profiteurs. On peut y voir d'une certaine manière une opposition anticapitaliste dans un pays où les formes ordinaires de l'accumulation n'existaient pratiquement pas. Cette révolte fut le prélude à une série de pseudo-découvertes de « complots », durement réprimés par un régime qui s'enfonçait de plus en plus dans la paranoïa. Il faut noter la présence alors en Guinée de militants venus aider le pays du Non : militants africains du Parti africain de l'indépendance (PAI), alors interdit, mais aussi militants français comme les communistes Jean

25. Sur ce que l'histoire a retenu sous le nom de « complot des enseignants », voir Pauthier, *L'indépendance ambiguë* ; Pauthier, « Indépendance, nation, révolution » ; et Blum, « Une formation syndicale dans la Guinée de Sékou Touré ».

26. Sur le Non de la Guinée, voir Goerg, Pauthier et Diallo, *Le NON de la Guinée*.

27. Sur les relations entre la Guinée et la France, voir Lewin, *Ahmed Sékou Touré*.

Suret-Canale ou Jean-Paul Alata[28]. Leur rôle n'est pas avéré dans la révolte lycéenne mais leur présence participait d'une sorte de nébuleuse tiers-mondiste et communisante susceptible de porter des revendications radicales. Alata, qui sera interné à son tour, perdit dans son combat sa nationalité française et ce n'est qu'une intervention qui évita le même sort à Suret-Canale. Les pouvoirs français n'ignoraient pas, déjà, que la planète contestatrice débordait largement les frontières de l'Hexagone. Si les revendications enseignantes et lycéennes de 1961 ne visaient pas la France, elles étaient néanmoins imprégnées d'une mémoire vive des luttes si proches encore qui prenaient à partie l'ordre impérial.

Des rapports de la révolution congolaise avec l'Hexagone

La révolution congolaise de 1963 est sans doute plus intéressante, eu égard à notre objet, car elle alla à son terme, renversa le pouvoir et instaura un régime se réclamant du socialisme scientifique. Le rôle des syndicats est ici déterminant. Les trois centrales congolaises ont été motrices. L'acte de naissance en avait été, comme pour tous les syndicats d'Afrique francophone, les décrets émis par le gouvernement de Front populaire en mars 1937, autorisant les syndicats en Afrique subsaharienne, cinquante-trois ans après la loi de 1884. Les trois centrales héritaient donc des mêmes clivages que les syndicats français : une Confédération générale africaine du travail (CGAT) d'obédience communiste avait eu pour matrice la Confédération générale du travail (CGT) française. Nombre de ses membres ou de ses leaders avaient fait le voyage à Moscou[29]. Ils étaient l'objet de l'animosité tout à fait ciblée d'un gouvernement dirigé par un excentrique abbé, Fulbert Youlou, farouchement anticommuniste, et avaient connu la prison ; la Confédération africaine des syndicats libres (CASL) tirait quant à elle son origine de la CGT–Force ouvrière (CGT–FO)—dont la création résultait d'une scission de la CGT en 1948 ; et enfin la Confédération africaine des travailleurs croyants (CATC), majoritaire, eut un rôle déterminant au moment de la révolution, même si elle fut ensuite écartée du pouvoir et ses animateurs persécutés et obligés à l'exil. La matrice de la CATC avait été la Confédération française des travailleurs chrétiens (CFTC) et elle était restée immergée dans les réseaux syndicalistes chrétiens internationaux. Elle était adhérente de la Confédération internationale des syndicats libres (CISL) qui la finançait d'ailleurs

---

28. Le PAI était un parti marxiste qui avait été créé dans la ville sénégalaise de Thiès en 1957. Il avait été interdit au Sénégal en 1960 et était entré dans la clandestinité. Il en existait cependant encore des rameaux nationaux dans d'autres pays. Jean Suret-Canale avait été expulsé de Dakar en 1949. Il avait été un des principaux organisateurs des groupes d'études communistes (GEC). Il était l'auteur, entre autres, avec l'historien Djibril Tamsir Niane d'un manuel d'histoire africaine. Voir aussi à son sujet Suret-Canale, *De la Résistance à l'anticolonialisme*. Jean-Paul Alata fera le récit de ses aventures guinéennes dans *Prison d'Afrique*.

29. Voir à ce sujet Wagret, *Histoire et sociologie politique de la République du Congo-Brazzaville*.

largement[30]. Pendant trois jours—13–15 août 1963—les syndicalistes rejoints par la jeunesse des « Brazzaville noires » menèrent l'insurrection[31]. L'armée n'intervint pas : ni l'armée congolaise, ni l'armée française alors présente sur le sol congolais, du fait des accords de coopération[32]. Mais au-delà des journées révolutionnaires significativement appelées les Trois Glorieuses—du nom des trois journées parisiennes de 1830 qui renversèrent Charles X, mais aussi des trois journées qui virent l'Afrique-Equatoriale française (A-EF) basculer dans le camp de la France libre—l'originalité de la révolution congolaise, une fois la première République renversée, fut la prise du pouvoir par la jeunesse[33]. A partir de sa création en 1965, en même temps que le parti unique, la Jeunesse du mouvement national révolutionnaire (JMNR) en devint *de facto* le centre nerveux et donc aussi celui du pouvoir. Cela correspondait de façon parfois virulente à une remise en cause de la domination des aînés par les « cadets sociaux », jeunes et femmes. La jeunesse avait ses milices, regroupées sous le terme de « Défense civile » où les filles aussi étaient en armes.

Pierre Bonnafé a défini, à propos de cette jeunesse révolutionnaire, le concept de « classe d'âge politique ». L'article avec lequel il produit cette analyse est justement paru en 1968, et la situation française a pu tout aussi bien inspirer l'auteur. Ce terme désigne à la fois « une catégorie d'âge », « un appareil politique qui institutionnalise un phénomène jusque-là idéologique », « une classe sociale en ce sens qu'il y a une forte communauté idéologique »[34]. On pourrait tenter d'utiliser ce concept dans le cas du Mai français, à ceci près que, contrairement à la JMNR, les jeunes manifestants n'ont jamais été armés et n'ont pas pris institutionnellement le pouvoir. Ils se sont néanmoins approprié certains espaces, que ce soient ceux de l'université, de la rue, ou de l'usine, tous espaces où ils ont fait un temps régner leur ordre, et ont organisé des sortes de communes populaires. En tout cas, dans deux sociétés fort différentes par ailleurs, il y a eu une même contestation des valeurs des aînés et d'une manière générale du système de domination, de toutes les dominations[35]. En France ce sont les voitures qui ont brûlé et au Congo « les fétiches »[36]. La révolution congolaise offre l'exemple archétypal de la cristallisation de la révolte des jeunes sous forme de

---

30. Voir à ce sujet Archives de la CFDT, Fonds Gérard Espéret, 10P69, Subvention Afrique.

31. Balandier, *Sociologie des Brazzaville noires*.

32. Sur la révolution congolaise, voir Boutet, *Les Trois Glorieuses ou la chute de l'Abbé Fulbert Youlou*; et Blum, *Révolutions africaines*.

33. Voir à ce sujet Jennings, *La France libre fut africaine*.

34. Bonnafé, « Une classe d'âge politique ».

35. Sur cette contestation des dominations en France, lors du Mai français, voir notamment Damanne et al., *Mai–juin 68*.

36. C'est encore Pierre Bonnafé qui rapporte ce cas qui a vu les vieux molestés par les jeunes. Voir Bonnafé, « Une classe d'âge politique ».

prise de pouvoir[37]. C'est, si l'on exclut la Chine, un cas probablement unique. Les syndicats quant à eux représentaient essentiellement une élite salariée très minoritaire et en ce sens jouèrent un rôle excédant largement leur représentativité. Mais ils donnèrent, contrairement à ce qui se passa en France, l'impulsion et furent les négociateurs qui obtinrent la non-intervention de l'armée. Un seul salarié pouvait d'ailleurs dans le cadre de la famille élargie construire autour de lui un véritable espace revendicatif, et les structures de l'habitat permettaient une sorte de porosité favorable à la diffusion de la rébellion[38].

Les réseaux internationaux ont aussi été efficaces dans la révolution congolaise, réseaux étudiants et réseaux syndicaux. L'Association des étudiants congolais (AEC) était à l'origine une antenne de la Fédération des étudiants d'Afrique noire en France (FEANF) et les contacts avec Paris étaient très réguliers : étudiants en France revenant faire des conférences lors des vacances scolaires, diffusant toute une littérature marxiste et veillant à organiser les élèves ; associations étudiantes congolaises en France suivant de près le déroulement de la révolution et impulsant des mots d'ordre quelquefois effectivement appliqués ultérieurement sur le terrain congolais[39]. Par exemple, l'association des étudiants congolais en France a voté pour l'instauration du parti unique, un an avant que celui-ci ne vît effectivement le jour : « Sous l'impulsion du président et du secrétaire général de leur association en France, tous deux marxistes convaincus, ils ont préconisé l'encadrement du peuple congolais dans un parti unique fortement structuré, " le mouvement congolais pour la révolution " (MCR) avec Comité central (Conseil national de la révolution—CNR) comités de villages, d'usines et de quartiers. Le fonctionnement en serait basé sur le " centralisme démocratique " »[40]. Pascal Lissouba, le premier ministre du Président Alphonse Massamba-Débat, élu après la révolution, était un ancien de la FEANF de Toulouse, par ailleurs premier docteur en agronomie du Congo, de même qu'Ambroise Noumazalaye, secrétaire général de la JMNR puis à son tour premier ministre. La FEANF n'a évidemment pas fait la révolution congolaise mais elle a contribué à en construire certains enjeux, à en tisser la sémantique anticoloniale, voire la sémantique marxiste, et maoïste. Abdoulaye Yerodia, également ancien de la FEANF et proche de Jacques Lacan dont il a épousé la secrétaire, donne des

37. Sur les jeunes dans la révolution congolaise, voir aussi Kiriakou et Swagler, « The Congolese Revolution and the Rise of " Youth " Power ».

38. Voir Balandier, *Sociologie des Brazzaville noires.*

39. Sur la FEANF, voir Diané, *La FEANF et les grandes heures du mouvement syndical étudiant noir* ; Traore, *La Fédération des étudiants d'Afrique noire en France* ; Dieng, *Les premiers pas de la Fédération des étudiants d'Afrique noire en France* ; Dieng, *Les grands combats de la FEANF* ; et Blum, « Trajectoires militantes et (re)conversions ».

40. Archives nationales, Fonds Foccart, AG/5(F)/2611-2612, 3 avril 1964, Note.

cours de marxisme en conférences ou à la radio[41]. Le pouvoir de Youlou a été contesté comme néocolonial et faisant le jeu de la métropole. La construction d'une imagerie des deux France, celle de la Révolution de 89 ou des Trois Glorieuses *versus* celle des colons se fonde sur des connaissances acquises *via* l'école française ou *via* les séjours en métropole. Les jeunes de France comme les jeunes du Congo ont baigné dans un même imaginaire révolutionnaire, fait de révolution française, de droits de l'homme—et donc de contradictions sans fond entre pratique et idéologie—et de marxisme. Cela a produit dans le concret des événements le même mélange de dogmatisme et de libertarisme, mais aussi la même explosion d'une forme de bonheur que l'état—et le passé colonial—de la société congolaise a mâtiné de violences qui n'eurent pas lieu en France[42]. Ou plutôt qui avaient eu lieu, autrement plus sanglantes encore, pendant la guerre d'Algérie.

Côté syndical, il faut noter les liens très étroits, déjà mentionnés plus haut entre la CATC et la CFTC. La CFTC est, au moment où éclate la révolution congolaise, entrée dans un processus de déconfessionnalisation dont un des maîtres d'œuvre est Gérard Espéret, correspondant attitré des syndicalistes congolais. Espéret, responsable de la section Outre-mer de la CFTC depuis sa création en 1949, a été présent et a aidé à la création des sections congolaises de la CFTC comme à leur autonomisation. Il avait également été un des porteurs du Code du travail d'Outre-mer, promulgué en 1952. Ses archives, conservées à la Confédération française démocratique du travail (CFDT), recèlent une abondante correspondance avec les têtes de file du syndicalisme croyant congolais, Gilbert Pongault, Fulgence Biyaoula ou Pascal Ockyemba-Morlende, ce dernier ayant occupé un poste de ministre juste après la révolution. Dans un entretien réalisé en 1985, Espéret attribue d'ailleurs le mérite de la non-intervention de l'armée française à la CFTC et à ses réseaux[43]. Ses « notes de militant » le confirment[44]. Il y écrit : « L'armée française est là mais elle a reçu des ordres pour ne pas faire autre chose que la garde. Nous sommes intervenus dans ce sens auprès du cabinet de de Gaulle. Heureusement, Foccart n'est pas là ». Les influences ne fonctionnent évidemment pas que dans un sens. Espéret, qui est alors vice-président de la CFTC et, partant, son entourage cédétiste, connaît la révolution congolaise, connaît le rôle des syndicalistes dans sa genèse. Il est possible que cette

41. Voir à ce sujet le témoignage d'Aimée Mambou Gnali dans *Beto na Beto*.

42. En 1965 Lazare Matsocota, Joseph Pouabou et Anselme Massoueme furent assassinés. Ils étaient magistrats et procureurs. Cet assassinat fut vécu comme une sorte de point de non-retour et marqua durablement la vie politique congolaise. Voir à son sujet Bazenguissa, *Les voies du politique au Congo*.

43. Archives de la CFDT, Entretien avec Gérard Espéret, réalisé en 1985 par Louisette Battais.

44. Archives de la CFDT, Fonds Espéret, boîte 10P52, « Evolution de la CFTC sur les problèmes de la décolonisation. Notes d'un militant ».

expérience de révolution, aussi théorique qu'elle ait pu être, ait marqué l'imaginaire cédétiste, ne serait-ce qu'à la marge et ait, de façon peut-être dérisoire mais réelle, joué un rôle quand advint la révolte de Mai. Pour la CFDT, qui naît en 1964 du processus de déconfessionnalisation, et un an après la révolution congolaise, quatre ans avant la révolte de mai, le mouvement étudiant et le mouvement ouvrier relèvent du « même combat », à la fois social, culturel et politique, visant les structures oppressives et aliénantes de l'ensemble de la société et revendiquant liberté et responsabilité partout. Elle lance le mot d'ordre d'autogestion comme perspective alternative radicale, qui la distingue de la CGT et l'oppose à elle. La CFDT a également hérité d'une vieille tradition d'autonomie ouvrière et se méfie quelque peu d'éventuelles compromissions avec le pouvoir. Au Congo, les dirigeants de la CATC hésiteront, au nom de l'autonomie ouvrière, avant de finalement accepter un poste de ministre pour l'un des leurs dans le gouvernement postrévolutionnaire. En 1965, ils résisteront vivement à une tentative d'intégration dans le syndicat unique, à laquelle souscriront en revanche les syndicalistes communistes de la CGTA et ceux de la CASL. Il en coûtera pour beaucoup de syndicalistes croyants l'exil ou la prison, voire la condamnation à mort[45].

La révolution congolaise a aussi été marquée par des tentatives d'organisation autogestionnaire. De jeunes urbains sont revenus à la terre, tentant des formes, vite échouées d'ailleurs, de communes populaires. L'armée française, présente au Congo et qui aurait pu sauver Youlou, n'est donc pas intervenue. Ou plutôt elle est intervenue tout au début des événements mais a finalement laissé faire, suite aux négociations menées avec les syndicalistes. C'est de Gaulle lui-même qui a téléphoné à Youlou pour lui (re-)commander de démissionner, ce qu'il fit donc[46]. Sans vouloir surdéterminer ces événements et leur impact, on peut dire sans se tromper que de Gaulle fit là l'expérience d'une révolution de la jeunesse et des syndicats et de ses suites, dont les conséquences furent plus graves pour la France que ce qui avait pu être imaginé : renégociation des accords de coopération, départ de l'armée française, instauration de régimes « socialistes-scientifiques » ou « marxistes-léninistes » nouant des liens privilégiés avec l'Est, aide au maquis camerounais, et ainsi de suite. L'Afrique, pour de Gaulle, n'est pas une marge. Son conseiller aux affaires africaines, Jacques Foccart, est le seul homme de son entourage à avoir avec le président un entretien quotidien[47]. Nous ne saurons jamais si le précédent de la révolution congolaise a joué un rôle

45. Gilbert Pongault fut condamné à mort par contumace. Fulgence Biyaoula s'enfuit déguisé en femme. Pascal Ockyemba-Morlende fut arrêté (et libéré) plusieurs fois. Les permanences du syndicat furent attaquées et pillées.

46. Voir à ce sujet Centre des archives diplomatiques de Nantes, Archives de l'ambassade de France.

47. Voir, au sujet des relations de Gaulle–Foccart, bat, *Le syndrome Foccart*.

dans l'attitude de de Gaulle en 1968 mais les attitudes, pour ne pas parler des affects, sont malgré tout toujours façonnées par des expériences antérieures. Et celle de la révolution congolaise, et de son impact sur les relations franco-congolaises, en fut une pour le chef de l'Etat français.

Un an après les événements d'août 1963, les accords de coopération avec la France sont donc révisés dans le sens d'une plus grande autonomie du Congo[48]. De façon beaucoup plus générale, l'expérience socialiste au Congo, initiée par les Trois Glorieuses, a été, ainsi qu'en d'autres pays d'Afrique, une tentative de suivre une voie alternative à celle qu'avait proposée la métropole à son ancienne colonie.

Des étudiants africains durant le Mai français

Certains acteurs de la révolution congolaise, tels Pascal Lissouba et Ambroise Noumazalaye, secrétaire général de la JMNR puis premier ministre du Congo révolutionnaire, avaient fait leurs études en France, et y avaient aussi appris le marxisme. En 1968, les étudiants africains boursiers en France sont plus de huit mille. Durant le Mai français, ils eurent des rôles et attitudes très divers. L'un d'entre eux fut un actif précurseur du mouvement : on se souvient généralement d'Omar Blondin Diop. Ce brillant étudiant sénégalais—il est le premier étudiant sénégalais à avoir intégré une école normale supérieure, en l'occurrence Saint-Cloud—a participé aux événements du 22 mars à l'Université de Nanterre, que l'on peut considérer comme le coup d'envoi de Mai 68. Il avait joué quelque temps auparavant son propre rôle dans le film de Jean-Luc Godard, *La Chinoise* : celui d'un étudiant maoïste. Diop, rentré au Sénégal, s'opposera vigoureusement au pouvoir senghorien. Ses frères mènent l'attentat contre le cortège du Président Pompidou en visite à Dakar, en 1971. Lui-même s'enfuit ensuite au Mali où il est arrêté puis extradé[49]. Il sera finalement assassiné dans sa geôle de la prison de Gorée, et deviendra une icône du mouvement étudiant sénégalais. On peut citer aussi Landing Savané dont la trajectoire fut peut-être moins brillante mais surtout moins brève. Il était lui aussi maoïste, militant de l'Union des jeunesses communistes marxistes-léninistes de France (UJCML), et président de l'Association des étudiants sénégalais en France (AESF), section nationale de la FEANF. Il organise et participe à l'occupation de l'ambassade du Sénégal le 31 mai 1968, pour soutenir les étudiants sénégalais entrés eux aussi en rébellion[50]. Ces actions d'occupation sont alors courantes chez les étudiants africains et se

48. Voir Blum, *Révolutions africaines*.
49. Entretien avec Ousmane Blondin Diop, Paris, 2009.
50. Entretien avec Landing Savané, Dakar, janvier 2010.

font généralement en réaction à des événements survenus dans le pays d'origine. Elles empruntent à un répertoire d'action qui s'est alors généralisé en France. Les deux premières actions de ce genre ont lieu devant et dans les ambassades du Togo et du Mali, le 27 décembre 1967, et réunissent respectivement une centaine et une cinquantaine d'étudiants :

> Pénétrant à l'intérieur de l'ambassade du Togo, sans en avoir demandé l'autorisation, les manifestants sont allés jusqu'aux bureaux de 2 diplomates présents et ont invité ceux-ci à transmettre au gouvernement de Lomé un télégramme. Réclamant la libération « immédiate et inconditionnelle » d'un compatriote arrêté au Togo. Dans le même temps d'autres étudiants inscrivaient des slogans sur les murs du vestibule de l'ambassade[51].

Sur la centaine d'étudiants qui ont pénétré dans l'ambassade du Togo, une trentaine seulement sont de nationalité togolaise. Ce n'est là que le début d'une longue série où le scénario se reproduit toujours à l'identique.

Par exemple :

La manifestation du 7 avril 1971 dans le Hall de la Maison internationale de la Cité universitaire, 21 boulevard Jourdan à Paris pour protester contre la dissolution d'association d'étudiants à Dakar ;

La manifestation du 28 juin 1971 devant l'ambassade du Cameroun pour exiger la libération des leaders de l'UNEK, Jean-Jacques Ekindi et Henri Njomgang [sic] ;

L'occupation le 29 novembre 1971 des locaux de l'ambassade du Congo à Paris pour protester contre la fermeture d'établissements scolaires à Brazzaville ;

L'occupation le 13 décembre des locaux de l'ambassade du Tchad à Paris pour demander la « démission du chef de l'Etat tchadien, le retrait des troupes françaises du Tchad et la réintégration des élèves renvoyés du lycée de Fort-Lamy » ;

L'occupation le 31 décembre 1971 des locaux de l'ambassade de Mauritanie à Paris pour protester contre la décision du gouvernement de Nouakchott de rapatrier vingt-six de leurs camarades effectuant leurs études à Alger ;

L'occupation le 12 février 1972 des locaux de l'ambassade du Niger à Paris pour protester contre le renvoi d'élèves des lycées de Niamey qui avaient refusé de reprendre les cours au moment du voyage du Président Pompidou au Niger ;

---

51. Archives nationales, Fonds Foccart, AG/5(F)2612, Note de février 1968.

> L'occupation le 15 mai 1972 des locaux du consulat de Madagascar à
> Marseille, par les membres de la section locale de l'AEOM,
> renforcés par des étudiants de la FEANF[52].

Les occupations sont organisées au sein de la FEANF et des diverses associations nationales. Il y a là, incontestablement, un mode d'être africain au sein des événements de mai : adoption d'une stratégie alors à l'honneur mais pour des causes spécifiquement africaines.

Au niveau individuel, chacun participe ou non, à sa façon. Jean-Martin Mbemba, qui étudie alors à Nancy, garde des souvenirs heureux de ses voyages en stop sur Paris, pour manifester dans la capitale[53]. D'autres sont piégés par le manque de ressources et l'obligation de gagner leur vie. Huit étudiants africains sont expulsés de France pour avoir participé aux événements[54]. Ces étudiants, impliqués dans les événements de France, participent à la construction d'une conscience tiers-mondiste plus globale dont la partie immergée de l'iceberg est l'opposition à la guerre du Vietnam. Mais cette opposition est aussi le symptôme de quelque chose de plus large : un défi lancé face aux restes archaïques des empires.

Le Mai sénégalais

Au même moment que le Mai français se déroule le Mai sénégalais qui lui ressemble par bien des aspects : révolte étudiante bientôt suivie par les scolaires puis par les syndicats de travailleurs qui entraînent toute une population dans l'émeute ; même type de répressions-réactions ; même type de répression somme toute assez peu violente avec un nombre de morts très limités[55]. A la tête des deux états, français et sénégalais, il y a deux hommes providentiels qui comprendront très mal le mouvement et en seront profondément affectés. D'un côté Léopold Sédar Senghor, le « père de la nation » sénégalaise a lutté avant l'indépendance pour un enseignement de même qualité—c'est-à-dire le même—que celui des Français alors que la jeunesse en révolte réclame un autre enseignement, débarrassé des Français et adapté à l'Afrique. De l'autre de Gaulle, l'homme qui a refusé la défaite, est aussi celui qui a ratifié les accords d'Evian. Mais le mouvement de Mai le prend complètement au dépourvu. En France, l'Union pour la nouvelle république (UNR), parti de gouvernement n'est certes

---

52. Ministère de l'Intérieur, *La Fédération des étudiants d'Afrique noire (FEANF)*. Archives Bibliothèque de documentation internationale contemporaine (BDIC).

53. Entretien avec Jean-Martin Mbemba, novembre 2015.

54. Archives nationales, Fonds Foccart, AG/5(F)2612. Diverses notes font état des expulsions d'étudiants africains. D'après ces notes, il y en aurait eu huit.

55. Il y aurait eu un mort.

pas un parti unique, mais a investi, jusqu'à une date encore récente l'appareil d'Etat[56]. L'Union progressiste sénégalaise de Senghor est parti unique—ou plutôt unifié ce qui revient au même—et ses membres occupent tous les postes clés[57]. Les deux pays ont donc un régime présidentiel, où la personnalisation du pouvoir est forte ce qui permet aux opposants de cristalliser leurs colères contre une personne, symbolisant le système. Evidemment, les étudiants sénégalais ne font pas « même choses toubabs », selon l'accusation de Senghor, mais leur révolte est bien inscrite dans un même ordre postcolonial, un monde dans lequel après les indépendances de 60 et après la guerre d'Algérie, une jeunesse qui se croyait peut-être délivrée de certaines chaînes cherche sa place, rêvant de l'avenir meilleur que la promesse des indépendances avait laissé entrevoir. Et Senghor lui-même le reconnaît, sur un mode négatif :

> Je le sais, les étudiants de l'UDES accusent le gouvernement sénégalais d'obéir aux volontés de « l'impérialisme français ». Il est étrange que ceux qui nous font ce reproche n'aient pas bougé quand bougeaient les étudiants de Rabat, d'Alger et de Tunis, quand bougeaient les étudiants d'Abidjan ou du Caire. Il est curieux qu'ils aient attendu la révolte des étudiants de Paris pour faire « même chose toubabs » pour singer les étudiants français sans modifier une virgule[58].

D'un côté un empire a été perdu sans que l'on s'en aperçoive vraiment à l'exception notable de l'Algérie. De l'autre cet ex-empire est encore prisonnier de vieilles habitudes héritées de la domination et une jeunesse cherche sa place dans un ordre nouveau non encore advenu, celui de l'après-guerre d'Algérie en France, celui de l'indépendance au Sénégal. Le système scolaire avec ses hiérarchies est au cœur du débat, à Dakar comme en France mais à Dakar, ces hiérarchies sont en quelque sorte redoublées par la présence des Français, sans parler du fait que le système a été mis en place par eux. Il y avait eu, avant le Mai sénégalais, une première révolte étudiante consécutive au renversement par l'armée du leader ghanéen Kwame Nkrumah, en 1966. Cela avait été un peu comme une répétition générale. En 1968, c'est un motif très corporatiste—le versement des bourses sur dix mois au lieu de douze—qui met le feu aux poudres, de même qu'en France cela a été la question de la mixité des cités universitaires. Mais très vite le politique intervient et le pouvoir est mis en cause, on lui dénie sa légitimité. Après les étudiants, la centrale syndicale Union nationale des travailleurs sénégalais (UNTS) décrète, le 30 mai au soir, la grève générale illimitée, comme

---

56. Voir Portelli, « La Ve République et les partis ».

57. Le parti unifié se différencie du parti unique en ce sens qu'il a intégré sur une base consensuelle d'autres mouvements qui perdent ainsi leur autonomie mais peuvent continuer à représenter au sein du parti unifié des courants. L'UPS est devenue parti unifié et de fait unique en 1966. Le PAI est clandestin.

58. Discours du 30 mai, fait à la radio, reproduit dans *Le soleil* du 31 mai.

les syndicats français l'avaient fait le 13 mai. Le lendemain, les syndicalistes réunis à la Bourse du travail sont arrêtés et transférés dans un camp du Ferlo, aménagé à cet effet par l'armée française. Le petit peuple de Dakar marche alors sur le palais[59].

Un certain nombre d'éléments produisent autant de similarités entre les deux événements.

Les troupes (Groupes mobiles d'intervention récemment créés sous la houlette du directeur de la Sûreté Ousmane Camara) qui donnent l'assaut à la Cité universitaire de Dakar, sont des gardes-cercles qui ont, pour la plupart fait l'Algérie[60]. C'est aussi le cas des forces de police mobilisées dans les rues parisiennes[61]. On pourrait dire, avec Thierry Forest, que les personnels de la gendarmerie mobile « sont d'abord marqués par les opérations en Algérie, véritable épreuve du feu pour la majorité d'entre eux »[62].

Senghor prononce à la radio, le 30 mai, cinq heures après de Gaulle, un grand discours avec lequel il s'adresse aux manifestants. De Gaulle a dénoncé l'influence d'un « parti totalitaire » c'est-à-dire le parti communiste, Senghor dénonce l'influence chinoise. Ce dernier a aussi demandé l'aide de l'armée française, aide qui lui sera accordée, mais qui se révélera finalement inutile[63]. Le gouvernement français est parfaitement au fait de ce qui se passe à Dakar, ce qui ne peut qu'accentuer des formes d'anxiété, voire le sentiment que l'on est face à l'écroulement d'un monde. Au moment même où de Gaulle fait le voyage à Baden, pour s'entretenir avec le Général Jacques Massu, Senghor confie, sur sa demande, le maintien de l'ordre au Général Jean-Alfred Diallo, qui avait été formé à Saint-Cyr. Diallo réussit, comme l'a fait le préfet de police parisien Maurice Grimaud à éviter le bain de sang, ce qui n'empêche pas de très nombreuses arrestations, y compris de Français impliqués. Au moment où des contre-manifestants défilent sur les Champs-Elysées, le 30 mai, Senghor a fait chercher par camion des militants de l'UPS qui vont se réunir à Dakar aux cris de « Vive Senghor, Vive de Gaulle » ![64]

59. Sur ces événements désormais bien connus, voir note 21.

60. Entretien avec Ousmane Camara, Dakar, janvier 2010.

61. Entretien avec Ousmane Camara, février 2011.

62. Forest, « Mai 68 devant les barricades ».

63. Les troupes françaises gardent, pour aider l'armée sénégalaise, certains points stratégiques, comme l'aéroport. Mais d'autres se tiennent prêtes à être aéroportées. Archives nationales, Fonds Foccart, Dossier AG 5 (FPU) 2256. Télégramme France, diplomatie PO Lebel, 31 mai. En France même une unité de type Guépard, le 6eme Régiment parachutiste d'Infanterie de marine est mise en alerte qui, conformément au plan d'intervention Anjou, pourrait être aérotransportée sur Dakar. En raison de la grève des compagnies civiles, l'armée de l'air étudie une solution pour cet aérotransport. En principe, un détachement Guépard a 390 hommes (2 compagnies) et pourrait être initialement acheminé par quadriréacteurs KC 135 dans un délai de 15 heures après l'ordre de départ.

64. Centre des Archives diplomatiques de Nantes, Archives de l'ambassade de France, Carton 673, Jean de Lagarde au Ministre des Affaires étrangères, 31 mai 1968.

Nous avons évoqué, dans le cas de la révolution congolaise, les réseaux catholiques de gauche avec la CFTC et la CATC. A Dakar, le syndicalisme majoritaire est l'héritier de l'Union générale des travailleurs d'Afrique noire (UGTAN), proche de la Fédération syndicale mondiale, elle-même proche de Moscou. Il y a néanmoins parmi les militants syndicaux sénégalais quelques syndicalistes croyants : David Soumah, Charles Mendy, Ababakar Thiam. Ils ont été en relation étroite avec leurs camarades congolais à travers l'Union panafricaine des travailleurs croyants (UPTC) et ses congrès. D'autres catholiques prirent aussi à Dakar, fait et cause pour les manifestants. Ce sont les dominicains dont le centre se trouvait en face de la Cité universitaire, qui hébergèrent les étudiants pourchassés par la police. L'homélie prononcée le 6 juin par le Père supérieur est très clair en cela : « Nous ne pouvons pas admettre pour autant des actes comme ceux dont nous avons été les témoins : l'occupation extrêmement brutale de la Cité universitaire, l'expulsion sans aucun délai des jeunes ménages et de leurs bébés, certaines répressions dans les quartiers »[65]. Ces actes et prises de position suscitèrent l'ire de Senghor qui, bien que lui-même catholique, voulut, après les événements, expulser les dominicains de Dakar. L'affaire remonta jusqu'au Vatican, qui apaisa les esprits.

Pour en revenir aux syndicalistes, ils obtinrent globalement gain de cause. Un accord tripartite (gouvernement, syndicats, patronat) fut signé le 13 juin qui sanctionnait notamment une revalorisation de 15 pour cent du salaire minimum, et l'augmentation dégressive des autres salaires[66]. Cet accord, dans sa facture comme dans sa forme, ressemble curieusement au « Constat de Grenelle », négocié en France dix-sept jours plus tôt, et dont la mesure phare est aussi l'augmentation du salaire minimum interprofessionnel garanti (SMIG).

Il faut noter, pour bien considérer l'impact du Mai sénégalais que Dakar est encore alors une université régionale avec des étudiants de vingt-huit nationalités différentes. Après l'assaut donné par les forces de police à la Cité universitaire, les étudiants étrangers sont expulsés par avion vers leurs pays d'origine. Ils rapportent avec eux des formes de savoir-faire militant dont ils useront dans certains cas. Les pouvoirs s'en méfient et les Maliens vont être rapidement incorporés. En revanche, en 1969, ce sont des anciens de Dakar qui mènent ce que l'on peut également appeler le Mai dahoméen, une grande grève étudiante et scolaire pour réclamer la création d'une véritable université au Dahomey, sans la France[67]. Et, quelques années plus tard, le Dahomey bientôt devenu Bénin

65. Homélie du jour de la Pentecôte, le 2 juin 1968, prononcée en l'église Saint-Dominique. Citée par Bathily, *Mai 68 à Dakar*.

66. Le texte du « procès-verbal de la réunion tripartite » est reproduit dans Bathily, *Mai 68 à Dakar*.

67. Voir Hounzandji, « Le Mai dahoméen ». Hounzandji met en particulier en lumière Lydie Akibodé Pognon, qui eut un rôle déterminant dans le mouvement dahoméen et s'inspire explicitement de la révolte dakaroise en matière d'actions menées.

connaîtra après le Congo ses Trois Glorieuses[68]. Il ne s'agit pas cette fois d'un mouvement social mais d'un coup d'état militaire dont l'auteur, Mathieu Kérékou, déclarera le pays sur la voie du socialisme et le dotera d'une idéologie officielle, le marxisme-léninisme. Kérékou a, semble-t-il, agi sous l'influence de jeunes intellectuels revenus de France où ils militaient à la FEANF et étaient présents à Paris lors des événements de mai 1968[69].

La France offrit des bourses aux expulsés de Dakar, qui dans certains cas continuèrent à militer sur le territoire métropolitain. C'est le cas par exemple de Jean-Baptiste Oualian[70]. Il devint en 1973 président de la FEANF et participa à diverses occupations. C'est le cas aussi de Valentine Quenum ; elle aussi, après Dakar, intégra le Comité exécutif de la FEANF[71].

Autre maillon de la chaîne : le Mai malgache

> Vous êtes reconnaissables, vous les flics du monde entier,
> Les mêmes imperméables, la même mentalité. Mais nous sommes de Tana,
>   de Dakar et d'Abidjan et de Paris à Montpellier à vous crier A bas l'Etat
>   policier.

Cette célèbre chanson du pavé parisien en mai 1968 est reprise par les manifestants malgaches. Ils y ont rajouté Tananarive et Dakar, inscrivant ainsi les mouvements africains dans la même mouvance contestataire, même si les liens entre Dakar et Tananarive ne sont pas évidents, et si l'insularité ne favorise guère les communications. On a pu parler à propos du Mai malgache de « mai 68 précédant mai 58 » et ce parce qu'après des mouvements de grève et manifestations d'ampleur sans précédent, l'armée prit le pouvoir à la demande de la foule. Le Mai malgache a débuté à l'école de médecine de Befelatanana en janvier 1972[72]. Or l'enseignement dispensé à Befelatanana est l'archétype de cet enseignement colonial qui destinait les Malgaches à n'être que des auxiliaires de leurs homologues français. En avril de la même année ce sont les lycées de Tananarive puis l'université qui entrent en grève. Les revendications sont d'ordre divers mais se fédèrent rapidement en un mot d'ordre dominant : contre les accords de coopération avec la France. Comme à Dakar, c'est la répression qui entraîne massivement la population dans le conflit social. Le président Philibert Tsiranana a

---

68. Le Dahomey devient Bénin le 30 septembre 1975, date qui est ainsi la dernière des Trois Glorieuses. La première avait été le Discours-programme du 30 novembre 1972 qui engageait le pays sur la voie du socialisme et la seconde la proclamation le 30 novembre 1974 du marxisme-léninisme comme idéologie officielle du régime.

69. C'est le cas par exemple de François Codjo-Azodogbehou. Entretien avec François Codjo-Azodogbehou, Porto-Novo, juillet 2015.

70. Entretien avec Jean-Baptiste Oualian, Paris, juin 2014.

71. Entretien avec Valentine Quenum, Cotonou, juillet 2015.

72. Sur les événements à Madagascar, voir Blum, « Madagascar 1972 ».

fait arrêter, le 12 mai au soir, tous les étudiants présents sur le campus occupé et les a fait transférer sur l'Ile de Nosy Lava, au pénitencier de sinistre mémoire, bagne colonial où avaient été internés, entre autres, les députés du Mouvement démocratique de la rénovation malgache (MDRM) après l'insurrection de 1947 : Jacques Rabemananjara, Joseph Raseta and Joseph Ravoahangy. Le lendemain 250 000 personnes défilent dans les rues de la capitale sur une ville qui compte 500 000 habitants. Contrairement à Dakar, les syndicats n'ont joué qu'un rôle marginal. Ils ont certes soutenu le mouvement mais n'en ont pas été à l'initiative. De même qu'en France, les manifestants ont affronté les CRS, à Madagascar ils affrontent les Forces républicaines de sécurité (FRS), corps créé sur le même modèle par l'ancien ministre André Resampa. Nous n'entrerons pas dans l'histoire événementielle du mouvement mais en soulignerons plutôt les aspects qui le rattachent au Mai français ou au Mai dakarois.

Il y a d'abord le caractère très festif du mouvement, cette « prise de parole » que Michel de Certeau a analysé pour le Mai français, avec ses deux éléments que sont « la violence et le chant », « le pavé et le poème »[73]. Le mouvement malgache a donné lieu à toute une série d'initiatives créatives. Des groupes de musique s'y sont formés tel Mahaleo, des chansons y ont été inventées ou reprises[74]. Dans une société jusqu'alors plutôt austère, filles et garçons se sont retrouvés ensemble jusque tard le soir ou ont investi leurs dortoirs réciproques jusqu'alors séparés, comme cela s'était produit à Nanterre. Les photos existantes montrent une mode qui n'a rien à envier à celles de l'Europe : coiffures afro, jeans et/ou surplus de l'armée américaine. Des relations libres, jusque-là impossibles se sont nouées entre filles et garçons. Cela a coexisté avec une réflexion parfois assez approfondie sur la société, l'école, les inégalités, et avec tout un travail de réappropriation de la langue malgache. Comme au Congo et comme en France de jeunes intellectuels travaillent sur les concepts marxistes. Dans la grande île, ils les adaptent à la société malgache, une société où le prolétariat est, bien plus qu'une classe ouvrière embryonnaire, le « petit peuple » des villes. Ces jeunes intellectuels ont créé le journal *Andry Pilier* où ils publient leurs théories et analyses de la situation[75]. Ils sont très présents dans les débats qui ont lieu à l'université sur l'avenir de l'école et ce sont eux, encore, qui feront le lien entre étudiants et jeunes urbains déscolarisés : les ZWAM (littéralement Amicale des jeunes western). Les ZWAM se rebaptisent eux-mêmes ZOAM (Jeunes sans travail

73. Certeau, « Pour une nouvelle culture ».
74. Ce groupe est l'objet du film de Marie-Clémence Paes et Raymond Rajoanarivelo, *Mahaleo*. Sur les chansons, voir Rabeherifara et Raison-Jourde, « Identité, contestation et métissage ».
75. *Andry Pilier* a été fondé en février 1969. D'abord bilingue, il abandonne le français et devient *de facto* un laboratoire pour l'introduction du vocabulaire marxiste en malgache. A partir du 1er août 1972, il devient le journal des ZOAM. Cf. Rabenoro, « Le vocabulaire politique malgache ».

de Tananarive) durant le mouvement. Et fournissent les troupes de choc qui combattent les FRS lors de la journée du 13 mai, point d'orgue de la lutte des manifestants et du pouvoir. L'armée, de même qu'au Congo, n'intervient pas. Il n'y a pas à Madagascar, comme il y a à Paris ou à Dakar, des comités de quartiers, mais il y a bien des comités qui regroupent les révoltés par statut. Les ZOAM ont les leurs, les étudiants et scolaires aussi, les ouvriers et employés également. Le bouquet final de la révolution aurait dû être un grand congrès qui réunit, en septembre, des représentants de tous les comités. Le congrès a effectivement lieu mais ne tient pas ses promesses. Les manifestants ont néanmoins obtenu quelques victoires. C'est d'abord et essentiellement, la chute de Tsiranana et la fin de la Première République malgache, de même qu'août 1963 a signé celle de la Première République congolaise. C'est aussi la malgachisation de l'enseignement. C'est la renégociation des accords de coopération avec la France, comme au Congo, et un peu plus tard à Dakar. C'est la fin de la présence militaire française. Il y a aussi similarité de situation avec le Congo dans ce cas. L'armée française, pourtant présente aux portes de Tananarive—et quoiqu'en ait voulu le Général Marcel Bigeard, commandant des forces françaises pour l'océan Indien—n'intervient pas, l'ambassadeur de France à Tananarive, Alain Plantey, proche de Jacques Foccart et ancien secrétaire de la Communauté s'y étant très fermement opposé[76]. Les mouvements de Mai en Afrique ont contribué à défaire un peu plus l'empire.

Tsiranana et Senghor sont passés l'un et l'autre par l'école française bien qu'à des niveaux différents. Senghor a fait une carrière scolaire d'excellence qui l'a mené à l'agrégation de grammaire. C'est un lettré et un poète. Tsiranana a une formation d'instituteur qu'il a commencée à le Myre de Villiers, l'équivalent malgache de l'école William Ponty en Afrique-Occidentale française (A-OF), qui ont formé les élites « indigènes » avant que celles-ci ne puissent accéder aux universités ou à l'enseignement supérieur. Il a terminé sa formation à Montpellier. Senghor est aussi un ami proche du premier ministre français Georges Pompidou avec qui il a fait ses classes au Lycée Louis-Le-Grand. Youlou, quant à lui, a été formé au séminaire mais les futurs leaders du Congo révolutionnaire, Pascal Lissouba ou Ambroise Noumazalaye ont fait leurs études supérieures en France. Le Général Gabriel Ramanantsoa qui prend le pouvoir à Madagascar, après le retrait de Tsiranana, est saint-cyrien, de même que le Général Diallo qui a charge de mater la révolte à Dakar, et que le Général Massu, avec qui de Gaulle est allé s'entretenir à Baden, sans que l'on sache quelle a été la tenure exacte de l'entretien. D'une certaine façon, on peut voir là la raison pour laquelle les

76. Entretien avec Alain Plantey, Paris, mai 2010. C'est aussi le Général Bigeard qui commandait les forces françaises en 1968 à Dakar.

techniques de gouvernement (avec régime présidentiel et parti-état) comme celles de la répression (grenades lacrymogènes et canons à eau par exemple) sont les mêmes, en France et en Afrique. Et parfois les troupes de la répression également comme dans le cas des anciens d'Algérie.

Il y a des élèves et étudiants français dans les écoles et universités africaines, fils et filles de Français coopérants, ou colons. A l'inverse il y a en France des étudiants congolais, sénégalais, dahoméens et malgaches, qu'ils militent ou non à la FEANF. Les Malgaches ont leur propre association, l'Association des étudiants d'origine malgache (AEOM), qui fait auprès des étudiants tananariviens un important travail d'information[77]. L'AEOM a notamment publié un numéro de son organe *Samy isika* (*Entre nous*) sur la révolte du Sud de 1971, révolte paysanne durement réprimée, ce qui avait contribué à déconsidérer le gouvernement Tsiranana[78]. Quelquefois les nouvelles circulaient mieux de Paris à Madagascar qu'à l'intérieur même de la grande île. En 1971 était aussi intervenue une grève universitaire, les étudiants tentant une liaison vouée à l'échec avec les insurgés. Cela avait été comme une répétition de 1972.

Si les étudiants africains protestent contre un enseignement à la française, délivré par des enseignants français, cela n'empêche pas ces derniers d'être parfois gagnés aux causes protestataires : coopérants de gauche, catholiques sociaux ou communistes dont certains ont pu contribuer à introduire la littérature marxiste[79]. On dit qu'à Madagascar, c'est Anne-Marie Goguel qui a introduit le *Petit livre rouge*, qui sera plus tard traduit en malgache[80]. En tout cas leur présence est parfois vecteur d'enrichissement d'une culture d'opposition qui se fabrique alors à l'échelle du monde.

Les revendications ont aussi des thématiques communes : celles concernant l'école tant à Paris, qu'à Madagascar ou à Dakar. Il y a des revendications sur les hiérarchies, sur les notes, sur la nécessité d'une éducation libérée des contraintes du capital. A Dakar par exemple on dénonce l'absence de participation des lycéens aux instances décisionnaires, on demande même la suppression de la notation. A Madagascar le travail sur l'école est journalier, la réflexion ayant lieu au cours des assemblées générales. On souhaite une école pour le peuple et non une école destinée à une petite élite, que l'on dénonce. A Brazzaville, comme à Dakar ou à Madagascar, ce qu'on dénonce c'est plus le néocolonialisme français que l'impérialisme américain mais l'esprit est le même, c'est-à-dire la remise en cause des systèmes de domination, locaux, nationaux et internationaux. Quand

---

77. Sur l'AEOM, voir Rajaonah, « Etre étudiant en métropole à l'avènement de l'indépendance ».
78. Sur la révolte du Sud, voir Raison-Jourde et Roy, *Paysans, intellectuels et populisme à Madagascar*.
79. Sur le rôle des coopérants, voir notamment Goerg et Raison-Jourde, *Les coopérants en Afrique*.
80. D'après Françoise Raison-Jourde, qui fut elle-même coopérante à Madagascar en même temps qu'Anne-Marie Goguel.

on dénonce le capitalisme en Afrique ex-française, c'est en fait au Congo, comme à Dakar et à Madagascar, les Français que l'on dénonce car ce sont eux les détenteurs des capitaux. Tout ceci a une logique. Les colonisés, on le sait, ont su admirablement utiliser la culture du colonisateur pour le dénoncer. Ils se sont ainsi forgé une culture d'opposition qu'ils ont su réinvestir à la génération suivante, la génération de ceux qui ont vingt ans en 68, pour dénoncer des régimes qui leur semblent encore imposés par la France, et un capitalisme qui est celui des Français.

Il y eut aussi des techniques de manifestation communes. On utilisa du côté des manifestants des cocktails Molotov, on dressa des barricades, alors qu'il n'y avait pas toujours des pavés. Ousmane Blondin Diop, le frère d'Omar raconte que c'est ce dernier qui envoya à lui et son frère restés à Dakar la recette pour fabriquer les cocktails Molotov[81]. On sait aussi se protéger des lacrymogènes avec des mouchoirs mouillés appliqués sur le visage. Cela n'a rien d'évident. A Tananarive, la première manifestation de rue jamais enregistrée n'avait eu lieu qu'en 1929.

Et peut-être surtout, ce qu'il faut souligner, qu'il s'agisse du Congo, de la France, du Sénégal ou de Madagascar, c'est la dimension interclassiste de tous ces mouvements : l'alliance de jeunes bourgeois scolarisés avec de jeunes plébéiens et avec une classe ouvrière, par ailleurs très minoritaire en Afrique. A plusieurs différences près qui n'empêchent pas l'esprit d'être le même. Le recrutement des étudiants en Afrique est alors encore assez égalitaire dans la mesure où les étudiants viennent d'horizons sociaux très divers. Néanmoins leur statut « d'évolués » créaient avec le reste d'une population encore très peu alphabétisée ce qui aurait pu être un fossé mais qui n'a pas joué lors de ces révoltes. En France, l'université reproduit les divisions sociales mais Mai 68 a permis des alliances improbables entre étudiants et ouvriers. Et alors même que, dans ces années 68, les jeunes contestaient le pouvoir—ou le monde—des aînés, l'alliance entre eux s'est recomposée sous forme de nouvelles solidarités dans la lutte entre enfants et parents, parfaitement explicites à Madagascar mais présentes aussi sur un mode implicite en France, et à Dakar.

Il s'est agi, dans cet article, de rendre une place longtemps occultée par l'historiographie à l'Afrique subsaharienne. La guerre d'Algérie, les liens entre France et Algérie ont longtemps masqué la perte d'un autre empire, celui de l'Afrique subsaharienne. Or la fin d'un empire ne se décrète pas du jour au lendemain, elle est faite de myriades d'agencements et réajustements, avec parfois de brusques accélérations lors de crises qui sont autant de révélateurs. Les liens, et partant, les similarités qu'ils impliquent, perdurent bien après la

81. Entretien avec Ousmane Blondin Diop, Paris, 2009.

proclamation des indépendances. Les révoltes et révolutions des années 68 en Afrique francophone, accoucheuses pour le meilleur ou pour le pire, du monde postcolonial, étaient de ces crises qui permettaient à l'histoire de s'accélérer. La révolution malgache, bonne dernière en 1972 de cette série de révoltes était aussi la plus achevée quant à la construction des revendications. En effet, les manifestants mettaient explicitement en question les accords de coopération avec la métropole, ces accords qui faisaient du français la langue de la modernité, et comme autant de lambeaux de la Communauté, contribuaient à définir encore, *via* les conventions d'établissement, un espace supranational. Et la révolution malgache, comme la révolution congolaise l'avait fait avant elle, a eu raison de ces accords, renégociés et révisés formellement sitôt après[82]. Cela ne veut pas dire, évidemment, que les liens, interpersonnels ou économiques, entre la France et ses anciennes colonies ne perdureront pas mais ils n'auront plus le même caractère structurel. Ces mouvements sociaux des « Global 68 » peuvent donc, aussi, être lus comme des catalyseurs de cette histoire qui est celle de la fin des empires.

FRANÇOISE BLUM est ingénieure de recherche au Centre d'histoire sociale du XXe siècle (CNRS). Ses ouvrages les plus récents sont *Révolutions africaines : Congo, Sénégal, Madagascar* (2014) et *Etudiants africains en mouvements* (dir., 2016).

Remerciements

L'auteur remercie les relecteurs anonymes de *French Historical Studies*, dont les suggestions lui ont été indispensables et précieuses.

Références

Alata, Jean-Paul. 1983. *Prison d'Afrique*. Paris.

Balandier, Georges. 1985 (1955). *Sociologie des Brazzaville noires*. Paris.

Basso, J. A. 1992. « Les accords de coopération entre la France et les Etats africains francophones : Leurs conséquences au regard des indépendances africaines ». Dans *L'Afrique noire française: L'heure des indépendances*, dir. Charles-Robert Ageron et Marc Michel, 255–84. Paris.

Bat, Jean-Pierre. 2012. *Le syndrome Foccart : La politique française en Afrique de 1959 à nos jours*. Paris.

Bathily, Abdoulaye. 1992. *Mai 68 à Dakar ou la révolte universitaire et la démocratie*. Paris.

Bazenguissa, Rémy. 1997. *Les voies du politique au Congo : Essai de sociologie historique*. Paris.

Blum, Françoise. 2011. « A propos d'une commémoration : Essai historiographique ». Dans *A chacun son Mai ? Le tour de France de mai–juin 1968*, dir. Bruno Benoit, Christian Chevandier, Gilles Morin, Gilles Richard et Gilles Vergnon, 13–20. Rennes.

---

82. Sur la révision de ces accords, voir Fremigacci, « Madagascar, de la première à la seconde indépendance ».

———. 2011. « Madagascar 1972 : L'autre indépendance ; Une révolution contre les accords de coopération ». *Le mouvement social*, n°236 : 61–88.

———. 2012. « Sénégal 1968 : Révolte étudiante et grève générale ». *Revue d'histoire moderne et contemporaine* 59, n°2 : 144–77.

———. 2013. « Une formation syndicale dans la Guinée de Sékou Touré : L'université ouvrière africaine, 1960–1965 ». *Revue historique*, n°667 : 661–91.

———. 2014. *Révolutions africaines : Congo, Sénégal, Madagascar*. Rennes.

———. 2016. « Trajectoires militantes et (re)conversions : A propos de la FEANF ». HDR, Ecole des hautes études en sciences sociales.

Blum, Françoise, Pierre Guidi et Ophélie Rillon, dir. 2016. *Etudiants en mouvements : Contribution à une histoire des années 68*. Paris.

Bonnafé, Pierre. 1968. « Une classe d'âge politique : La JMNR de la République du Congo-Brazzaville ». *Cahiers d'études africaines*, n°31 : 327–68.

Boutet, Rémy. 1990. *Les Trois Glorieuses ou la chute de l'Abbé Fulbert Youlou*. Paris.

Certeau, Michel de. 1968. « Pour une nouvelle culture : Le pouvoir de parler ». *Etudes* 329, n°10 : 383–98.

Christiansen, Samantha, et Zachary Scarlett, dir. 2013. *The Third World in the Global 1960s*. New York.

Conan, Eric, et Henri Rousso. 1994. *Vichy, un passé qui ne passe pas*. Paris.

Creary, Nicholas. 2013. « Speaking the Language of Protest : African Student Rebellion and the Catholic Major Seminary in Colonial Zimbabwe, 1965–1979 ». Dans *The Third World in the Global 1960s*, dir. Samantha Christiansen et Zachary Scarlett, 116–30. New York.

Damamme, Dominique, Boris Gobille, Frédérique Mattonti et Bernard Pudal, dir. 2008. *Mai–juin 68 : Connaissez-vous vraiment mai 68 ?* Paris.

Deltombe, Thomas, Manuel Domergue et Jacob Tatsitsa. 2011. *Kamerun ! Une guerre cachée aux origines de la Françafrique (1948–1971)*. Paris.

Diané, Charles. 1971. *La FEANF et les grandes heures du mouvement syndical étudiant noir*. Paris.

Dieng, Amady Aly. 2003. *Les premiers pas de la Fédération des étudiants d'Afrique noire en France : De l'union française à Bandung (1950–1955)*. Paris.

———. 2009. *Les grands combats de la FEANF : De Bandung aux indépendances*. Paris.

Dramé, Patrick. 2009. « Le Palais, la rue et l'université en Mai 68 au Sénégal ». Dans *1968 : Des sociétés en crise ; Une perspective globale/Societies in Crisis ; A Global Perspective*, dir. Patrick Dramé et Jean Lamarre, 81–100. Laval.

Dramé, Patrick, et Jean Lamarre, dir. 2009. *1968 : Des sociétés en crise ; Une perspective globale/Societies in Crisis ; A Global Perspective*. Laval.

Dreyfus-Armand, Geneviève, Robert Frank, Marie-Françoise Lévy et Michelle Zancarini-Fournel, dir. 2000. *Les années 68 : Le temps de la contestation*. Bruxelles.

Ebbinghaus, Angelika, Max Henninger et Marcel van der Linden, dir. 2009. *1968 : A View of the Protest Movements Forty Years After, from a Global Perspective*. Vienna.

Faure, Justine, et Denis Rolland, dir. 2009. *1968 hors de France : Histoire et constructions historiographiques*. Paris.

Forest, Thierry. 2009. « Mai 68 devant les barricades : Le regard des gendarmes mobiles ». Dans *A chacun son Mai ? Le tour de France de mai–juin 1968*, dir. Bruno Benoit, Christian Chevandier, Gilles Morin, Gilles Richard et Gilles Vergnon, 163–72. Rennes.

Fremigacci, Jean. 2013. « Madagascar, de la première à la seconde indépendance (1960–1973) : Repli français contraint et désengagement volontaire ». Dans *Démontages d'empire*, dir. Jean Frémigacci, Daniel Lefeuvre et Marc Michel, 437–84. Paris.

Ganguly, Avishek. 2013. « Politics and Periodicals in 1960s : Readings around the " Naxalite Movement " ». Dans *The Third World in the Global 1960s*, dir. Samantha Christiansen et Zachary Scarlett, 69–100. New York.

Gnali, Aimée Mambou. 2001. *Beto na Beto : Le poids de la tribu*. Paris.

Goerg, Odile, Céline Pauthier et Abdoulaye Diallo, dir. 2010. *Le NON de la Guinée : Entre mythe, relecture historique et résonances contemporaines*. Paris.

Goerg, Odile, et Françoise Raison-Jourde, dir. 2012. *Les coopérants en Afrique : Portrait de groupe (années 1950–1990)*. Paris.

Gueye, Omar. 2014. « Mai 68 au Sénégal : Senghor face au mouvement syndical ». Thèse, Faculté des sciences sociales et comportementales, Université d'Amsterdam.

———. 2017. *Mai 68 au Sénégal: Senghor face aux étudiants et au mouvement syndical*. Paris.

Hendrickson, Burleigh. 2013. « Imperial Fragments and Transnational Activism : 1968(s) in Tunisia, France, and Senegal ». PhD diss., Northeastern University.

———. 2017. « From the Archives to the Streets : Listening to the Global 1960s in the Former French Empire ». *French Historical Studies* 40, n°2 : 319–42.

Horn, Gerd-Rainer. 2007. *The Spirit of '68 : Rebellion in Western Europe and North America, 1956–1976*. Oxford.

Hounzandji, Aimé. 2016. « Le Mai dahoméen : Mouvement étudiant pour une université au Dahomey (Bénin) ». Dans *Etudiants africains en mouvements : Contribution à une histoire des années 68*, dir. Françoise Blum, Pierre Guidi et Ophélie Rillon, 153–72. Paris.

Jennings, Eric. 2014. *La France libre fut africaine*. Paris.

Kiriakou, Héloïse, et Matthew Swagler. 2016. « The Congolese Revolution and the Rise of " Youth " Power ». Dans *Etudiants africains en mouvements : Contribution à une histoire des années 68*, dir. Françoise Blum, Pierre Guidi et Ophélie Rillon, 57–76. Paris.

Lacroix, Bernard. 1983. « Les jeunes et l'utopie : Transformations sociales et représentations collectives dans la France des années 1968 ». Dans *Mélanges offerts au professeur Jacques Ellul*, 719–42. Paris.

Lewin, André. 2009–11. *Ahmed Sékou Touré (1922–1984) : Président de la Guinée*. 8 t. Paris.

Loyer, Emmanuelle. 2008. « Introduction ». Numéro spécial d'*Histoire@Politique, politique, culture, société* 6. www.cairn.info/revue-histoire-politique-2008-3.htm.

Loyer, Emmanuelle, et Jean-François Sirinelli, dir. 2008. « Mai 68 dans le monde : Le jeu d'échelles ». Numéro spécial d'*Histoire@Politique, politique, culture, société* 6.

Mesli, Sami. 2009. « La grève de mai–juin 1968 à l'université de Dakar ». Dans *1968 : Des sociétés en crise ; Une perspective globale/Societies in Crisis ; A Global Perspective*, dir. Patrick Dramé et Jean Lamarre, 101–19. Laval.

Monaville, Pedro. 2013. « June 4th 1969 : Violence, Political Imagination, and the Student Movement in the Congo ». Dans *The Third World in the Global 1960s*, dir. Samantha Christiansen et Zachary Scarlett, 159–70. New York.

Pauthier, Céline. 2014. « L'indépendance ambiguë : Construction nationale, anticolonialisme et pluralisme culturel en Guinée (1945–2010) ». Thèse de doctorat, Université Paris VII.

———. 2016. « Indépendance, nation, révolution : Les enjeux du " complot des enseignants " de 1961 en Guinée ». Dans *Etudiants africains en mouvements : Contribution à une histoire des années 68*, dir. Françoise Blum, Pierre Guidi et Ophélie Rillon, 31–56. Paris.

Portelli, Hugues. 2008. « La Ve République et les partis ». *Pouvoir*, n°126 : 61–70.

Rabeherifara, Jean-Claude, et Françoise Raison-Jourde. 2008. « Identité, contestation et métissage : La chanson malgache dans les années 1970–1980 ». Dans *Entre la parole et l'écrit :*

Contributions à l'histoire de l'Afrique en hommage à Claude-Hélène Perrot, dir. Monique Chastanet et Jean-Pierre Chrétien, 171–204. Paris.

Rabenoro, Irène. 1995. « Le vocabulaire politique malgache pendant les événements de mai 1972 ». Thèse de doctorat ès lettres, Université Paris VII.

Raison-Jourde, Françoise, et Gérard Roy. 2010. *Paysans, intellectuels et populisme à Madagascar : De Monja Jaona à Ratsimandrava (1960–1975)*. Paris.

Rajaonah, Faranirina. 2005–6. « Etre étudiant en métropole à l'avènement de l'indépendance : L'Association des étudiants d'origine malgache de 1947 à 1960 ». *Afrika Zamani*, nº13–14 : 1–22.

Rioux, Jean-Pierre. 1989. « A propos des célébrations décennales du Mai français ». *Vingtième siècle* 23, nº1 : 49–58.

Saunders, Chris. 2013. « 1968 and the Context of Apartheid : Students, Race, and Politics in South Africa ». Dans *The Third World in the Global 1960s*, dir. Samantha Christiansen et Zachary Scarlett, 133–41. New York.

Scarlett, Zachary. 2013. « China's Great Proletarian Cultural Revolution and the Imagination of the Third World ». Dans *The Third World in the Global 1960s*, dir. Samantha Christiansen et Zachary Scarlett, 39–56. New York.

Snider, Colin. 2013. « " A More Systemic Fight for Reform " : University Reform, Student Movements, Society, and the State in Brazil, 1957–1968 ». Dans *The Third World in the Global 1960s*, dir. Samantha Christiansen et Zachary Scarlett, 101–15. New York.

Suret-Canale, Jean. 2011. *Suret-Canale de la résistance à l'anticolonialisme*, dir. Pascal Bianchini. Paris.

Swagler, Matthew, et Héloïse Kiriakou. 2016. « Autonomous Youth Organizations' Conquest of Political Power in Congo-Brazzaville, 1963–1968 ». Dans *Etudiants africains en mouvement : Contribution à une histoire des années 68*, dir. Françoise Blum, Pierre Guidi et Ophélie Rillon, 57–76. Paris.

Traore, Sékou. 1984. *La Fédération des étudiants d'Afrique noire en France*. Paris.

Wagret, Jean-Michel. 1963. *Histoire et sociologie politique de la République du Congo-Brazzaville*. Paris.

Zancarini-Fournel, Michelle, et Philippe Artières, dir. 2008. *68 : Une histoire collective (1962–1981)*. Paris.

Bringing Vietnam Home
The Vietnam War, Internationalism, and May '68

SALAR MOHANDESI

ABSTRACT   The Vietnam War made May '68 possible. The war prompted young radicals to experiment with new forms of struggle, reinvent radical internationalism, and ultimately embrace revolution. Transnational exchanges and a changing political conjuncture pushed some radicals to argue that the best way to aid their Vietnamese comrades abroad was to bring the war home to France. Their efforts to translate the exemplary struggles in Vietnam into a domestic idiom helped trigger the events of May '68. Seen in this transnational context, May '68 was one front among many in a broader, worldwide anti-imperialist struggle, led primarily by the Vietnamese. In France, Vietnam became a universal symbol of revolt, supercharging other struggles, while radicals elsewhere were inspired to translate the French May into their own national contexts. This article shows just how profoundly Vietnam shaped the radical imaginary of the "68 years."

KEYWORDS   May 1968, Vietnam War, internationalism, revolution, social movements

In the 1967 omnibus film *Far from Vietnam*, Jean-Luc Godard muses aloud about what it means to support a struggle when one is so far, in every sense of the word, from the scene.[1] He admits, with brutal honesty, that he wanted to travel to Vietnam, but the Democratic Republic of Vietnam declined his offer. This refusal, he confesses, was for the best. Driven by altruism, yet knowing nothing of their revolutionary struggle, he might have ended up "doing them more harm than good." Vietnam was not his struggle; how could he possibly film it? You cannot "talk about bombs when they are not falling on your head," he sagaciously pointed out.[2]

Godard posed one of the most important political questions of the period: how could one most effectively demonstrate solidarity with a struggle that is not one's own? Antiwar radicals in France experimented with many forms of international solidarity in the 1960s: they formed grassroots committees in support

1. For the film, see Véray, *1967, loin du Vietnam*.
2. Godard et al., *Loin du Vietnam*.

French Historical Studies • Vol. 41, No. 2 (April 2018) • DOI 10.1215/00161071-4322930
Copyright 2018 by Society for French Historical Studies

of the National Liberation Front for South Vietnam (NLF); hosted teach-ins; held mass marches; agitated in neighborhoods, schools, and factories; assisted deserting GIs; and put the United States on trial for genocide. Some even attempted to organize international brigades to combat US imperialism directly in Southeast Asia. But by the end of the decade, an escalating war, an increasingly militant global political landscape, and a new conception of anti-imperialist struggle pushed thousands of radicals to embrace one form of solidarity above all others.

"Instead of invading Vietnam with generosity," Godard explained, we must "let Vietnam invade us."[3] In other words, the best way to support the Vietnamese revolution would be to "create a Vietnam" in France. For Godard in 1967, this meant looking to the struggles already unfolding in France, such as the Rhodiaceta factory strike in Besançon, which prefigured the explosive events of May 1968. While *Far from Vietnam* became enormously important for the young radicals later involved in the May events, the directors debuted the film not in a Parisian theater but inside the Rhodiaceta plant itself. The connection was not lost on the audience. Georges Maurivard, a Rhodiaceta worker, introduced the film by affirming: "It will be about us."[4]

Neither Godard nor any of the thousands of radicals who pursued this strategy invented the idea in the 1960s, but they did, through a dense transnational network, reanimate it for their own historical conjuncture. Some French radicals, especially youths, formed a new antiwar international to coordinate their efforts. Through these exchanges, many came to believe that the best way to assist their Vietnamese comrades would be to open a second front within the imperialist countries of North America and Western Europe. The best form of solidarity, therefore, was one that could reproduce the distant struggle they sought to support. To do so, they translated that struggle into their own particular contexts.[5] In France, young radicals' efforts to bring home the anti-imperialist revolution in Vietnam triggered a series of events that would set off May '68. Internationally, just as Vietnamese revolutionaries inspired the French, the events of May '68 inspired radicals elsewhere, who in turn tried to translate May '68 into their own domestic vernaculars.

3. Godard et al., *Loin du Vietnam*.

4. *Cinéma*, "Loin du Vietnam"; Ross, *May '68 and Its Afterlives*, 87–89. For Chris Marker's film projects at Besançon, see Stark, "'Cinema in the Hands of the People'"; and Reid, "Well-Behaved Workers Seldom Make History," 69–74.

5. My use of the concept of translation derives from Antonio Gramsci, who set out in the *Prison Notebooks* to translate the revolutionary struggles in Russia for the very different historical conditions of Western Europe. *Translation*, in this sense, refers to the act of rendering an exemplary struggle from one social formation into another. For more on Gramsci's understanding of translation, see Thomas, *Gramscian Moment*, 238–39.

The importance of antiwar struggle for May '68 has not been lost on historians. Scholars have shown how Vietnam radicalized activists, provided radicals with an opportunity to bypass the French Communist Party (PCF), and allowed them to experiment with new tactics, strategies, and organizations that would take center stage during May.[6] I build on this literature to show that Vietnam also served as the precondition for a new internationalism, inspired radicals to embrace revolution, and shaped their very political horizon. In the minds of many radicals, Vietnam soon became a universal symbol of revolt, supercharging other struggles across the political terrain. For that reason, even though it seemed to fade as a particular issue after May '68, Vietnam continued to shape radical politics throughout the "'68 years." Even when totally engrossed in domestic struggles, radicals never forgot the reality of Vietnam.

This focus on young radicals may at first appear at odds with recent interpretations of May '68, which have rightly moved away from a narrow focus on student activists in the French capital. Historians have expanded the timeline, looked outside Paris, and unearthed the stories of forgotten actors. They have shown that May '68 cannot be reduced to the actions of a handful of revolutionary youth groups, even if they played an undeniable role in sparking the May events.[7] My renewed focus seeks not to challenge those insights but to underscore them. By situating May within a wider, transnational field, I show that those radical French youths long placed at the center of the May events actually stood on the periphery of a vast wave of global contestation. Radicals saw themselves as junior partners in a worldwide anti-imperialist struggle and regarded May as nothing more than another front in the revolutionary wave led by Vietnam. In other words, political developments in Western countries like France in the 1960s cannot be understood in isolation; they were contingent upon a vast transnational struggle, centered on what was then called the "Third World" and, above all, in Vietnam.[8] Thus, although May '68 was no doubt overdetermined, the Vietnam War served as one of its essential conditions of possibility.

Internationalizing the Antiwar Struggle

French antiwar struggles emerged from a vast, though sometimes invisible, political ecosystem shaped by the accumulation of prior struggles, the most

---

6. Jalabert, "Aux origines de la génération 68"; Pas, "Sortir de l'ombre du Parti communiste français"; Pas, "Six heures pour le Vietnam"; Dreyfus-Armand and Portes, "Les interactions internationales"; Rousseau, *La Colombe et le napalm*; Rousset, "Vietnam, Indochine"; Keenan, "'Vietnam Is Fighting for Us.'"

7. For a good review of the recent literature, see Jackson, "Mystery of May 1968."

8. Ross, *May '68 and Its Afterlives*, was one of the first scholarly works to emphasize this dimension of the '68 years. See also Kalter, *Discovery of the Third World*.

important of which was undoubtedly the movement against the Algerian War. The war changed the entire landscape of French politics, making possible future struggles against the Vietnam War. The Algerian War politicized a generation of young people, who gained invaluable organizing experiences. It also galvanized intellectuals to unify as an engaged political force. To protest the war, they made use of the radical press, formed antiwar committees, and collectively authored declarations that endorsed Algerian independence, encouraged resistance and desertion, and supported those radicals directly assisting the National Liberation Front (FLN).[9] Indeed, many radicals became deeply involved in the struggle for Algerian independence, collaborating with the FLN, laundering money, forging documents, distributing illegal literature, and assisting deserters, to list only a few examples. This organized opposition to the Algerian War taught radicals important skills, created durable activist networks, helped turn public opinion in favor of national liberation, and strengthened radical currents that began to challenge the PCF, which had adopted a wait-and-see attitude to the war.[10]

Thus, when the Vietnam War began to make headlines, a core of activists in France were already radicalized, networked, and battle-tested. Vietnam in turn transformed that core, facilitating the formation of a coherent, organized, and alternative radical force within French politics. Crucially, as historians have shown, the Vietnam War consummated the split between radicals and the PCF, allowing the former to effectively outflank the latter.[11] Whereas the PCF broadcasted an ambiguous call for "Peace in Vietnam," radicals countered with the intransigent "NLF will win!" Whereas the Communist Party sponsored only the most moderate actions, radicals called for militant, confrontational struggle. And whereas the PCF leadership saw Vietnam as only another tragic issue in need of resolution, the radicals regarded the war as the focal point of a worldwide struggle. For the radicals, the objective was not simply to end the war in Vietnam but to rapidly transform the global system that made such wars possible in the first place. Indeed, this is the primary reason why these activists can be categorized as *radicals*: true to the word's etymology, they all sought to grasp the fundamental "roots" of the issue, despite their internal disagreements.

With Vietnam, French radicals truly came into their own.[12] To be sure, radicals were far from unified, and a number of competing currents rushed to seize the space forced open to the left of the PCF. The future leaders of the Parti Communiste Marxiste-Léninistes de France, a pro-Chinese splinter from the

9. For a comparison of intellectual opposition to the Algerian War and the Vietnam War, see Schalk, *War and the Ivory Tower*.

10. Joly, *French Communist Party*.

11. Pas, "Sortir de l'ombre du Parti communiste français."

12. Zancarini-Fournel, "1962–1968," 38–43.

PCF, organized the Centre Information Vietnam in early 1967.[13] A far more significant initiative came from the Union des Jeunesses Communistes Marxistes-Léninistes (UJCml), a Maoist youth group that originated within the PCF.[14] After their expulsion from the Union des Etudiants Communistes (UEC), the PCF's youth organization, these students formed an independent group on December 10, 1966, making antiwar activity one of their highest priorities.[15] Their efforts soon resulted in the Comités Vietnam de Base (CVBs), flexible, grassroots, antiwar organizations embedded in neighborhoods, schools, and factories.[16]

But the most successful of these autonomous radical antiwar initiatives was the Comité Vietnam National (CVN). Like the CVBs, the CVN sponsored militant actions, adopted a radical attitude toward the war, and encouraged grassroots committees across France—its principal organizer, Laurent Schwartz, even called for teach-ins at Renault.[17] Yet the two formations differed in crucial respects. First, the CVBs offered unconditional allegiance to the Democratic Republic of Vietnam (DRV), whereas the CVN, though still supporting North Vietnam against American aggression, remained more cautious. Second, unlike the CVBs, the much larger CVN could rely on the star power of intellectual celebrities such as Jean-Paul Sartre, a founding member. Most important, whereas the CVBs were wary of other groups, the CVN was profoundly inclusive, uniting a number of distinct currents, including dissident Communists, Christian socialists, militants from the Parti Socialiste Unifié (PSU), and above all, Trotskyists representing different tendencies.[18]

One of the most dynamic groups working within the CVN was the Jeunesse Communiste Révolutionnaire (JCR). Like that of the UJCml, the core of the JCR consisted of young activists expelled from the UEC. On April 2, 1966, the expelled students, now joined by other radicals, founded their own organization, which soon claimed a number of sections outside Paris.[19] Declaring in

13. "Manifeste pour un soutien politique au peuple vietnamien," Feb. 1967, F Delta Res 701, Bibliothèque de Documentation Internationale Contemporaine, Nanterre, France (hereafter BDIC).

14. The literature on the UJCml is massive. For some historical works, see Bourseiller, *Les Maoïstes*, 54–63, 77–88; and Bourg, "Red Guards of Paris."

15. Johnson, *French Communist Party versus the Students*, 54–57.

16. Keenan, "'Vietnam Is Fighting for Us,'" 73–87.

17. Schwartz, "Il faut crever l'écran."

18. For an example of the CVBs' critical attitude toward other antiwar initiatives, see *Victoire pour le Vietnam*, "L'ancien et le nouveau comité," 2. For an overview of the composition of the CVN, see Pas, "Sortir de l'ombre du Parti communiste français," 90–101.

19. French Trotskyism has received less attention than French Maoism. For some accounts of the JCR, see Fields, *Trotskyism and Maoism*, 49–50; Bensaïd, *Impatient Life*, 35–41; and Krivine, *Ça te passera avec l'âge*, 91–93.

their inaugural paper that "the war in Vietnam will be, in the months to come, one of the essential axes of our fight," JCR radicals served as the foot soldiers of the CVN.[20] They organized the grass roots, developed the CVN in the provinces, and extended the radical antiwar struggle to high school students, encouraging the formation of the Comité Vietnam Lycéens.[21] One of its leaders, Alain Krivine, even served on the National Bureau of the CVN. As one of the most radical currents, the JCR helped push the CVN toward a more revolutionary position. But this relationship proved transformative for JCR radicals as well, who benefited from the historical memory and international connections of older militants. Through the CVN's efforts, JCR radicals gained indispensable organizing experiences that would come to the fore during the tempest of May '68.

JCR politics, like its composition, were heterogeneous. The nucleus of the group was affiliated with the French section of the Trotskyist Fourth International. Others hailed from the youth branch of the PSU.[22] One early member of the group, queer activist Guy Hocquenghem, would later lead the libertarian Maoist group Vive La Révolution![23] The JCR's Trotskyism was thus tempered by a potent infusion of other political trends, most importantly Guevarism. Like most radical youth, JCR radicals were profoundly inspired by anti-imperialist revolutions abroad.[24] But they also looked firmly to political movements in the United States. For example, in 1965 the young Sorbonne radicals who later formed the nucleus of the JCR wrote a detailed article about struggles in Berkeley, reporting on the history of the civil rights movement, the free speech movement, and the formation of the Vietnam Day Committee. For the JCR, the rise of a radical antiwar movement targeting the "system" carried enormous international consequences.[25] "Criticism of the Vietnam War," the JCR optimistically forecasted, "is rapidly transforming into a radical movement of opposition to the Democratic Party and the antidemocratic system that rules the U.S.A."[26] This movement, the JCR hoped, could produce a "real mass political force" in the very heart of the United States, which would in turn completely transform the international balance of power.

Sharing this optimism about developments in the United States, the CVN took solidarity with American struggles a step further by forging durable links with American activists. The CVN's founding event, the "Six Heures du Monde

20. *Avant-garde jeunesse*, "Editorial," May–June 1966.
21. Pas, "Sortir de l'ombre du Parti communiste français," 116, 161–62.
22. Bensaïd, *Impatient Life*, 52.
23. Haas, "Death of the Angel," 117, 119.
24. Krivine, *Ça te passera avec l'âge*, 93–94.
25. *Avant-garde Sorbonne*, "Le Vietnam à Berkeley."
26. *Avant-garde Sorbonne*, "Le Vietnam à Berkeley."

pour le Viet Nam," a colossal teach-in modeled after those of the American movement, brought US radicals such as Courtland Cox of the Student Nonviolent Coordinating Committee (SNCC) and David Dellinger to speak about the antiwar struggle in the United States.[27] After the "Six Heures," the CVN worked with the Paris American Committee to Stopwar, a group of antiwar American expatriates led by Maria Jolas, to formalize these relationships with their American comrades. "Maria was linked to the American anti-war movement," the CVN's Schwartz recalls, "and was our link with it."[28] Through Jolas's efforts the Paris American Committee to Stopwar served not only as a major information center for Americans abroad but also as a vital relay for French radicals.[29]

From the beginning, the CVN aimed to internationalize the antiwar struggle led by American radicals. As early as May 1965 Schwartz wrote to Stephen Smale, one of the leaders of the American Vietnam Day Committee, wondering if there might be a way to ensure continued international support for American efforts. "Perhaps," he suggested, "we could think of an international Committee against war in Vietnam." And if not that, at the very least, "an international day of protest, say in October."[30] As it happened, the Americans took Schwartz's advice and organized a massive international day of protest in October 1965.[31] Soon after, Smale himself spoke about international solidarity at the first "Six Heures" in Paris. "People in France have asked me if there is any point in Frenchmen getting involved in the Vietnam protest," Smale said. "I tell them definitely yes."[32] Because the Vietnam War was an international war, he explained, the antiwar struggle likewise had to be international.

Schwartz, for his part, consistently argued that the CVN's actions had to be understood within an international framework. In his editorial in the first issue of the CVN's paper, he explained: it is "false" that "only the American Left and the Vietnamese can do anything" about the war. "Our American friends feel very alone and often discouraged. They need broad international support."[33] He

---

27. Keenan, "'Vietnam Is Fighting for Us,'" 87–89; Coates, "Mass Rally in Paris Backs War Crimes Tribunal," 13–14.

28. Schwartz, *Mathematician*, 413.

29. Keenan, "'At the Crossroads of World Attitudes and Reaction,'" 66. Jolas worked with the NLF in Paris, tutoring Vietnamese representatives about the US antiwar movement, assisting with outreach, and organizing events, such as the 1968 Paris Women's Conference. Wu, *Radicals on the Road*, 210.

30. Laurent Schwartz to Stephen Smale, May 14, 1965, in Stephen Smale Papers, BANC MSS 99/373 c, carton 3, Bancroft Library, University of California, Berkeley.

31. "News from the Vietnam Day Committee," n.d., in Social Protest Collection, BANC MSS 86/157 c, Bancroft Library; *The International Protest Movement against American Intervention in the War in Vietnam*, report prepared by the International Secretariat of the National Committee to End the War in Vietnam and the Vietnam Day Committee, 1966, also in Social Protest Collection, Bancroft Library.

32. Stephen Smale, "Talk at Mutualité," May 26, 1966, 1, in Stephen Smale Papers, carton 3, Bancroft Library.

33. Schwartz, "La victoire du Viet-Nam c'est . . . "

then listed the ways in which the CVN served as the nexus of a number of intersecting international antiwar networks. Some CVN activists tried to organize an international boycott of American products. Others worked with American expats in Paris, veterans of the French Resistance, activists from the old Jeanson network, SNCC, the American Students for a Democratic Society (SDS), the Dutch Provos, and the German SDS not only to help deserting GIs find safety but to assist subversive soldiers in building antiwar networks within the US military itself.[34] The CVN was also heavily involved in the Russell Tribunal, an international effort to put the United States on trial for war crimes. And some activists even tried to organize international brigades for Vietnam.[35]

Lastly, primarily through the efforts of the JCR, the CVN found itself at the center of an emerging radical youth international against the war. As early as 1965 the JCR called for a "coordinated" international antiwar force.[36] Hoping to move beyond simply forging personal contacts, sharing information, or synchronizing occasional demonstrations, some French radicals aimed to build not only a feeling of internationalism but also what they now called an "international front."[37] Influenced by their American connections, some antiwar radicals set out to organize this internationalism into an *international*, a formal international organization capable of uniting radicals from different countries.

Building a Radical International

While they certainly intended to include everyone "from Vietnam to America" in this new international, some French radicals also began to insist on the special value of a radical antiwar international specifically within the advanced capitalist countries of North America and Western Europe, or what they called the "heart of imperialism."[38] For while revolutionaries in the Global South quickly took the lead by forming their own radical internationalisms, culminating in the Tricontinental Conference in January 1966, many young radicals felt that the leadership of the traditional Left in North America and Western Europe had "definitively thrown overboard the principles of proletarian internationalism"

---

34. Keenan, "'At the Crossroads of World Attitudes and Reaction,'" 69–71; Klimke, *Other Alliance*, 84–86; Perrin, *G.I. Resister*; Greg Calvert, oral interview no. 1452, 222–26, in "Student Movements of the 1960s," Oral History Research Office, Butler Library, Columbia University, New York; *Vietnam*, "Lettre de la S.D.S."

35. *Le monde*, "Deux cents volontaires français"; *Le volontaire*, Sept. 1967, 1–8; Pas, "Sortir de l'ombre du Parti communiste français," 118–25.

36. Jeunesse Communiste Révolutionnaire, "Halte à l'agression impérialiste au Viêt-Nam," supplément à *Avant-garde Sorbonne*, Nov. 1965, 4, in F Delta Res 2089, BDIC.

37. Comité Vietnam National, "Communiqué à la presse," Jan. 19, 1967, 1, in F Delta 151, BDIC.

38. Comité Vietnam National, "Communiqué à la presse"; Jeunesse Communiste Révolutionnaire, "Halte à l'agression impérialiste au Viêt-Nam," 4.

precisely when they were needed most.[39] For them, the social democratic parties that comprised the Socialist International had almost all become accomplices of imperialism. Was it not Léon Blum who made the decision to declare war on Vietnam in 1946? Had the French Section of the Workers' International not overseen the Algerian War? As for the Communists, while they still enjoyed an international network after Joseph Stalin disbanded the Comintern in 1943, radicals felt that this, too, had become hopelessly accommodationist, reflecting the USSR's prioritization of peaceful coexistence with imperialism over solidarity with revolutionary movements.

Unsurprisingly, this turn provoked a rupture in the international communist movement. The People's Republic of China blasted the USSR for elevating its national interests over global revolution. As their disputes escalated into a split in the early 1960s, China struggled to become the leader of global anti-imperialism.[40] At this time, a number of Maoist or pro-Chinese groups emerged in North America and Western Europe. While there were some attempts to unite these scattered groups and parties into a new pro-Chinese international, they ended in failure, and the People's Republic of China proved unable to fill the space left by Soviet communism.[41]

One internationalist tendency, however, seized the opportunity to forge an antiwar international. In December 1965 the newly reunified Trotskyist Fourth International (FI), which included figures like Ernest Mandel, reconfirmed its commitment to anti-imperialist struggle and in particular the Vietnamese revolution.[42] In June 1966 the FI leadership declared that "the most urgent immediate task facing revolutionary Marxists on a world-wide scale is to strengthen the struggle against the imperialist aggression in Vietnam and for the Vietnamese Revolution." That meant "tirelessly stressing the need for an anti-imperialist united front on an international scale."[43] To stop the Vietnam War, radicals had to build a new antiwar international.

But with its organizational capacities severely limited, the FI could never play that role itself. Ernest Tate, an FI international organizer, recalls that in the early 1960s the French section claimed perhaps a hundred members, the Belgians only fifty or sixty, and the FI did not even have an organized presence in Great

39. Krivine, "Editorial." For internationalism in the Third World, see Young, *Postcolonialism*, chaps. 12–14, 16.

40. Lüthi, *Sino-Soviet Split*; Friedman, *Shadow Cold War*.

41. Abramowicz, "Le Parti prochinois en Belgique," 93–94.

42. Alexander, *International Trotskyism*, 304–39.

43. World Congress of the Fourth International, "International Situation and the Tasks of Revolutionary Marxists," 48.

Britain.[44] As a result, the FI resumed the strategy of "entering" existing political organizations, especially with the aim of winning over youth.[45] As they put it in 1965, the FI "attaches particular importance to the working and student youth, who stand in the vanguard today in a number of countries."[46] As it turned out, the FI's efforts proved quite fruitful. In Belgium, entryism in the Socialist Party helped radicalize its youth section, the Jeunes Gardes Socialistes, which grew so militant that its parent organization expelled the group in 1964.[47] In France, the FI's efforts pulled some students in the Sorbonne Letters section of the UEC toward Trotskyism, ultimately giving birth to the JCR.

The FI not only radicalized youth but also provided them with a rudimentary network that made future multilateral conversations possible. On October 15, 1966, about three thousand young radicals representing twenty groups—some Trotskyist; others, like the German SDS, not—made use of those connections to hold an antiwar convergence in Liège.[48] According to Mary-Alice Waters, a representative from the United States, these groups set aside their differences to unite around "support to the Vietnamese Revolution, the demand for immediate withdrawal of American troops from Vietnam, and the demand for European countries to get out of NATO."[49] The following day many of the groups stayed to finalize a tentative program for future international antiwar coordination.[50]

The JCR left the gathering determined to maintain the momentum. "For the first time," JCR activists enthused, "an independent organization of the youth, attacked by the bureaucratic leadership of the workers' parties, took the initiative of an international gathering against imperialism and capitalist military pacts."[51] Soon after Liège, the JCR collaborated closely with the Jeunes Gardes Socialistes to organize an even larger international conference on March 11, 1967, in Brussels.[52] There radicals produced a statement that not only

44. Tate, *Britain 1965–1969*, 25–26. For Trotskyism in France, see, among others, Fields, *Trotskyism and Maoism*, 41–86.

45. *International Socialist Review*, "Dynamics of the World Revolution."

46. World Congress of the Fourth International, "International Situation and the Tasks of Revolutionary Marxists," 48.

47. Desolre, "Contribution à l'histoire du trotskysme," 66–67.

48. Jeunes Gardes Socialistes, "Organisations participantes," Oct. 16, 1966, 1, box 47, folder 4, Socialist Workers Party Records, Hoover Institution, Palo Alto, CA (hereafter SWP Records).

49. Mary-Alice Waters, "Report on European Trip," Nov. 4, 1966, 1, box 46, folder 13, SWP Records.

50. Jeunes Gardes Socialistes, "LIEGE, 16.10.1966," Oct. 16, 1966, box 47, folder 4, SWP Records.

51. *Avant-garde jeunesse*, "LIEGE, 15 octobre 1966," 2.

52. *Avant-garde jeunesse*, "Première conférence internationale de la jeunesse." Tate recalls that in preparation the Jeunes Gardes Socialistes and the JCR "issued a call to the International's few youth organizations to send people to Europe to help with its organization," and the Young Socialists in Canada responded by sending an organizer. Tate, *Britain 1965–1969*, 184. See also *Avant-garde jeunesse*, "La conférence de Bruxelles."

discussed the purpose of a permanent international formation but also clearly explained why international coordination among antiwar activists in North America and Western Europe was essential. Whereas most Americans had largely subordinated international coordination with radicals in Western Europe to building relations with movements in the Global South, Western European radicals made the case that a radical international within the advanced capitalist world could be just as important for the antiwar struggle.

Their statement argued that US aggression did not operate independently but actually depended on an "international capitalist alliance."[53] This alliance was codified in certain formal organizations, like the North Atlantic Treaty Organization (NATO). As the radicals explained, NATO "is the military expression of the solidarity of the capitalist countries of Europe and North America," with the United States serving as its "pivot."[54] In a certain sense, then, the capitalist countries had their own "international" led by the United States. Since the US war effort depended so much on the support of the major Western European countries, radicals had to form their own anti-imperialist international to pressure those allied governments.[55]

This argument posed a potential problem for French radicals. In addition to criticizing the war, President Charles de Gaulle withdrew France from NATO's military command structure in 1966. Yet French radicals remained undeterred. Despite de Gaulle's rhetoric, they argued, France was still a part of the North Atlantic Alliance and objectively remained an important pillar of US aggression. A pamphlet from the CVN in Rennes developed the argument even further. Reminding readers that US aggression in Vietnam was made possible by "an imperialist front" led by the United States, the pamphlet argued that even if de Gaulle occasionally dissented, "the Gaullist positions differ from the American theses only over the means of containing the peoples' liberation movement: that which JOHNSON attempts to achieve by force, DE GAULLE tries to obtain through the diplomatic route."[56] French policy still legitimized the broader logic behind American aggression, which meant that the struggle in France was still crucial to breaking the hegemonic power that sustained the Vietnam War. Indeed, far from dissuading radicals, de Gaulle's role further galvanized them. His stance, the Brussels statement explained, should be welcomed because it

53. "Basic Political Resolution Adopted by the Conference of the Vanguard Youth Organizations of Europe for the Coordination of Aid to the Vietnamese Revolution and the Struggle against NATO," Mar. 12, 1967, 1, box 22, folder 3, SWP Records.

54. "Basic Political Resolution," 3.

55. For US efforts to win European support, see Logevall, "American Effort."

56. "Comité Universitaire pour le Vietnam," 1967, 1, in F Delta 151, BDIC.

"objectively weakens" NATO.[57] It showed that contradictions had appeared within the enemy internationalism and that US actions were straining the alliance on which its foreign policy depended. In this context, a radical international in North America and Western Europe could be especially effective.

The NLF and the DRV welcomed these initiatives. As several scholars have shown, Vietnamese revolutionaries expanded their struggle to include the "diplomatic front," arguing that the war would have to be fought not only in the jungles of Southeast Asia but also on the ideological terrain. They therefore aimed to mobilize international opinion against the war, encourage activists in countries like those in Europe to pressure their governments, and ultimately isolate the United States. To that end, the Vietnamese made a concerted effort to foster global antiwar sentiment.[58]

While the NLF and the DRV strived for maximum inclusivity, carefully supporting all antiwar forces, they encouraged the efforts of the radicals. In 1966 the DRV applauded the formation of the CVN in the pages of the *Courrier du Vietnam*, North Vietnam's primary foreign language newspaper, and Ho Chi Minh wrote a personal message to Schwartz, which CVN activists interpreted as "official recognition of the role of the CVN in the struggle against the war."[59] To the dismay of the PCF, French radicals regularly communicated with the DRV embassy in Paris, NLF and DRV representatives spoke at CVN events, and the two sides worked together in organizing antiwar actions.[60] As DRV prime minister Pham Van Dong explained in a 1967 letter to the CVN, "Our struggle is also yours, dear friends—let's move forward to victory!"[61]

Vietnamese revolutionaries also supported deeper international coordination among radicals. During the Brussels conference in March 1967, for example, Mai Van Bo of the North Vietnamese delegation in Paris sent radicals a letter of appreciation for their initiative. In this way the Vietnamese struggle acted as a binding element. The Vietnam War brought together otherwise isolated individuals, and Vietnamese communists encouraged radical antiwar activism. With the blessing of the Vietnamese, this radical international solidified into a viable political force. Radicals moved to establish a permanent secretariat in Brussels; formed an executive bureau composed of six organizations, including the JCR; and began reaching out to other antiwar forces.[62]

---

57. "Basic Political Resolution," 3.
58. For Vietnamese "People's Diplomacy," see Brigham, *Guerrilla Diplomacy*; Mehta, "'People's Diplomacy'"; and Wu, *Radicals on the Road*, 113.
59. Schwartz, *Mathematician*, 396.
60. *Vietnam*, "Un message du F.N.L. au C.V.N."
61. *Vietnam*, "Une lettre du Premier Ministre Pham Van Dong."
62. *Avant-garde jeunesse*, "La conférence de Bruxelles."

Toward Revolution

While radical antiwar youth pursued a variety of forms of coordinated struggle, developments during 1967 pushed many to embrace one idea in particular. First, a wave of domestic struggles expanded the political horizon in the dominant imperialist countries. In France, for example, workers struck at a nylon and polyester factory in Besançon on February 25, 1967, with demonstrations rapidly spreading to neighboring plants.[63] The strike, which prefigured the militant mass actions of May '68, suggested to radicals of all tendencies that a new cycle of struggle was taking hold of France.[64]

Second, the continued escalation of the Vietnam War, in spite of coordinated worldwide condemnation, radicalized antiwar forces. In December 1967 the number of US military personnel on the ground reached 485,600. By the end of the year the United States had dropped over 1.5 million tons of bombs on the North and the South—compared with 635,000 tons during the Korean War and 503,000 tons in the entire Pacific theater during the Second World War.[65] Faced with such carnage, radicals in countries like France began to look for other forms of solidarity.

Lastly, frustrated radicals in the Americas took the lead by pursuing a new strategy, inspiring others around the world. The most effective act of solidarity, they proposed, would be to seriously disrupt affairs in their own countries. The earliest, most forceful proponents of this idea were black radicals in the United States. Drawing on robust political traditions, black radicals in the 1960s argued that African Americans constituted an "internal colony" whose struggle for national liberation formed an integral part of the worldwide struggle against colonialism and imperialism.[66] This self-identification as a colonized people allowed a specific form of transnational solidarity to emerge.[67] Indeed, for black radicals, such as the Revolutionary Action Movement, the basis of their solidarity with the Vietnamese lay in their analogous experiences of colonial oppression.[68] As the radical journal *Soulbook* explained in 1967, African Americans constituted America's "internal Vietnam."[69] African Americans were colonized in a similar way, faced a common enemy, and fought for the same goal of

63. Hatzfeld and Lomba, "La grève de Rhodiaceta."

64. *Garde rouge*, "Le combat des travailleurs contre Rhodiaceta." For the cycle of "worker insubordination," see Vigna, *L'insubordination ouvrière*.

65. Karnow, *Vietnam*, 525.

66. See, e.g., Carmichael and Hamilton, *Black Power*. See also Kelley, *Freedom Dreams*, 36–109; Singh, *Black Is a Country*, 174–211; and Young, *Soul Power*.

67. Mohandesi, "Black Americans, French Quebeckers."

68. Stanford, "Revolutionary Action Movement," 72–91.

69. Editors, "On Vietnam."

liberation as the Vietnamese. Given this profound connection, the best way to aid their Vietnamese comrades was to open another front inside the imperialist world.

Initially confined to small, radical formations, these ideas soon inspired larger black groups such as the Black Panther Party and even SNCC. During a meeting between a delegation of American antiwar activists and representatives of the NLF in Bratislava, Czechoslovakia, in September 1967, John Wilson of SNCC told his Vietnamese counterparts that "we feel very close to your struggle and understand it to its fullest since we are a colonized people also."[70] "Therefore," he concluded, "it is our job to disrupt American society by any means necessary. The duty of a revolutionary who finds himself captured in the heart of imperialism is to destroy that imperialism by any means necessary so that it cannot carry its aggression to other people of color around the world."[71]

For their part, some Vietnamese revolutionaries applauded African Americans for fomenting revolution inside the United States. An August 1966 article in the *Courrier du Vietnam* explained: "The first front against American imperialism is in Vietnam. The second is in the United States itself. In this country there are 20 million blacks oppressed, exploited, and despised like slaves." They realize, the article continued, that "they share a common enemy with the Vietnamese people, American imperialism, and that to win freedom and equality, they must, like the Vietnamese people, oppose antirevolutionary violence with revolutionary violence."[72]

Surprisingly, although this article acknowledged the special bond between the Vietnamese and African Americans, it simultaneously expanded the idea of the second front to include the white antiwar movement. These "two movements," the white and the black, "merging into an imposing force," the article read, "constitute the Second Front against American imperialism." Placed behind enemy lines, African Americans and white radicals could offer tremendous assistance to the Vietnamese. "Attacked on both fronts," the article concluded, "American imperialism will be defeated by the American and Vietnamese people."[73] At first, most white radicals did not take up the offer, although that would change after May '68.

But if white Americans were not ready to join the second front, radicals elsewhere were. In April 1967 Che Guevara issued an appeal not just for a second

70. John Wilson, "Statement by John Wilson, Conference—Talks between Vietnamese and Americans," Sept. 1967, 1, in SNCC Archives, box 59, folder 298, King Center, Atlanta, GA; Miller, *"Democracy Is in the Streets,"* 278–80; DeBenedetti, *American Ordeal,* 192–93.
71. Wilson, "Statement," 1–2.
72. Sy, "Le deuxième front."
73. Sy, "Le deuxième front."

front but for multiple fronts, articulating what Daniel Bensaïd of the JCR later called "the internationalist manifesto of our generation."[74] While Fidel Castro as early as 1966 offered to dispatch thousands of Cuban volunteers to Vietnam, Che suggested that the best way to assist the Vietnamese revolution would be to intensify struggles wherever else American imperialism was engaged.[75] Vietnam, he said, is "isolated." To break that isolation, revolutionaries had to "create, two, three, many Vietnams."[76] In other words, instead of fortifying one front, they had to build new ones. While in certain respects Che merely updated an already familiar idea of solidarity, his contribution proved decisive. He articulated a complex strategy into an elegant slogan, found a way to justify the move from the two to the many, and put that idea into practice.

Vietnamese representatives had the opportunity to officially endorse Che's strategic proposal at the first meeting of the Organization for Latin American Solidarity (OLAS) in Havana the following July. "As comrade Ernesto 'Che' Guevara put it, once '2, 3, or many Vietnams' emerge, once the struggle of the American people, and in particular, the black sector, develops in the heart of the USA with the force of a storm," Vietnamese officials explained, then "it is certain that North American imperialism will no longer stay standing."[77] Solidifying this emerging alliance between the Vietnamese, Latin Americans, and African Americans, SNCC's Stokely Carmichael spoke at the meeting as well.[78] "The struggle we are engaged in is international," he argued. "We know very well that what happens in Vietnam affects our struggle here and what we do affects the struggle of the Vietnamese people."[79] OLAS's General Declaration echoed the sentiment: "The heroic struggle of the people of Viet Nam aids all revolutionary peoples fighting against imperialism to an inestimable degree and constitutes an inspiring example for the peoples of Latin America."[80]

Against the backdrop of this emerging worldwide front against US imperialism, the NLF updated its program soon after the conference. Radicalizing its 1960 platform, the new program assumed an aggressive internationalist stance. In part 4, section 3, the NLF vowed to "actively support the national liberation movement of the peoples of Asia, Africa and Latin America against imperialism and old and new colonialism," as well as "the just struggle of Black people in the United States for their fundamental national rights," and "the struggle of the American people against the US imperialists' war of aggression in Viet Nam." In

74. Bensaïd, *Impatient Life*, 54; Anderson, *Che Guevara*, 718–20.
75. Castro, "At the Closing Session of the Tricontinental."
76. Guevara, "Message to the Tricontinental," 361.
77. *Vietnam*, "'Créer 1, 2, 3."
78. Joseph, *Waiting 'til the Midnight Hour*, 191–94; Seidman, "Tricontinental Routes of Solidarity."
79. Carmichael, "Solidarity with Latin America," 104.
80. *International Socialist Review* OLAS General Declaration, 55.

a passage read by radicals the world over, the NLF called on radicals to consolidate their movements into a "world peoples' front in support of Viet Nam against the U.S. imperialist aggressors."[81]

French radicals followed these developments with great interest. The CVN invited Carmichael to speak in December 1967, and his fiery call to move from protest to revolution met with widespread enthusiasm from the youth.[82] At the same time, young radicals swiftly adopted Che's slogan as what Bensaïd later called the "categorical imperative of solidarity."[83] Some radicals, such as those in the JCR, began to argue that given this changing political climate it might be time to think seriously about bringing the war home to France. Of course, while African Americans, Vietnamese, and Latin Americans could all claim to struggle against the same enemy, US imperialism, it was far more difficult for the French to make the same case. French radicals solved the problem by arguing, along the lines of the Brussels statement, that imperialism was not reducible to the foreign policy of the United States alone. While the United States formed imperialism's "head," it needed the support of other capitalist countries in Europe, which meant that European radicals had an equally revolutionary part to play in the struggle.

These ideas were codified in the antiwar youth international's official announcement for their next conference, scheduled to take place in Berlin in February 1968. The statement, released by the executive bureau of the Brussels Conference in December 1967, claimed that imperialism's "goal is to terminate the development of the global revolution," wherever it may be. While Vietnam was certainly the flashpoint of the struggle, "a decisive confrontation between the international revolution and counterrevolution," the struggle extended globally. "Europe," the statement continued, also "constitutes a decisive battlefield in the anticapitalist and anti-imperialist struggle." Thus the duty of revolutionaries in Europe was to open another front against "the international counterrevolution." "This strategy," the statement concluded, "finds its expression in Guevara's words: 'create two, three, many Vietnams!,' a conception that revives proletarian internationalism."[84] With this, the antiwar international had transformed into a revolutionary, anti-imperialist international.

Gathering of the Clans

On February 17, 1968, over five thousand radicals from fifteen Western European and North American countries gathered in West Berlin for the largest radical

---

81. *Vietnam Courier*, "Political Programme," 7.
82. Schwartz, *Mathematician*, 399; Joseph, *Stokely*, 225–29.
83. Bensaïd, *Impatient Life*, 54.
84. *Avant-garde jeunesse*, "Appel de la conférence de Bruxelles."

antiwar conference of the decade.[85] From France came activists from the JCR; the CVN; the Etudiants Socialistes Unifiés, the youth section of the French PSU; the Union Nationale des Etudiants de France, the French student union; and figures like Daniel Cohn-Bendit. "It was the first real gathering of the clans," recalled Tariq Ali, who represented the British Vietnam Solidarity Campaign.[86] What brought them together, despite their many differences, was Vietnam. For two days, radicals exchanged tactics, briefed one another on the political situations in their countries, and discussed how to contribute to the Vietnamese revolution, with many arguing that the time had come to intensify the revolutionary struggle within the imperialist countries themselves. Castro's words, inscribed into the enormous NLF flag blanketing the main auditorium, set the tone for the conference: "The Duty of Every Revolutionary Is to Make Revolution."

Their objective soon became clear: to build the worldwide anti-imperialist front in the heart of the advanced capitalist world. Ray Robinson and Dale Smith of SNCC spoke of the need to wage revolution in the United States. "As long as parents in Vietnam are crying about their children," Smith exclaimed in Berlin, "parents in the USA should cry about their children, too."[87] Peter Weiss, the German revolutionary artist, declared: "The NLF—the sole and victorious representative of the revolutionary people—has given us the task of organizing the resistance in the metropoles."[88] SDS leader Rudi Dutschke dramatized the need to internationalize the revolution: "If to the Viet-Cong there will not be added an American, a European, and an Asiatic Cong, the Vietnamese revolution will fail as others before."[89]

At the same time that these radicals were contemplating revolution, Vietnamese communists were unleashing a devastating surprise attack throughout South Vietnam. Beginning on January 30, 1968, the Vietnamese lunar New Year Tet, nearly eighty thousand Vietnamese insurgents launched what was at that point the largest offensive of the war, overrunning a hundred cities, towns, and provincial capitals throughout the country, and even storming the US embassy in Saigon, in a coordinated strike that shocked the entire world.[90] Millions of people, told for years that the war was almost over, now gaped at images of slain

85. For the Berlin conference, see Klimke, *Other Alliance*, 91–96; and Gilcher-Hotley, *Die 68er Bewegung*, 7–10. For a transcript of the speeches, see SDS Westberlin and Internationales Nachrichten- und Forschungsinstitut, *Der Kampf des vietnamesischen Volkes*.

86. Ali, *Street Fighting Years*, 242.

87. SDS Westberlin and Internationales Nachrichten- und Forschungsinstitut, *Der Kampf des vietnamesischen Volkes*, 93.

88. SDS Westberlin and Internationales Nachrichten- und Forschungsinstitut, *Der Kampf des vietnamesischen Volkes*, 90.

89. Quoted in Düffler, "Anti–Vietnam War Movement," 299.

90. For the Tet Offensive, see Turley, *Second Indochina War*, chap. 6.

GIs sprawled on the embassy floor. Tet exposed the US military's vulnerabilities and proved that the Vietnamese could win.

Its effect on young radicals was immeasurable. To radicals, the worldwide anti-imperialist front was no longer just rhetoric; revolution had become a reality. News of the ongoing offensive poured in as thousands of these radicals gathered in Berlin. Ali later recalled how

> the Tet offensive had begun even while we were preparing to open the Congress. Every fresh victory was reported to the Congress amidst louder and louder applause. The Vietnamese were demonstrating in the most concrete fashion imaginable that it was possible to fight and win. This was critical in shaping the consciousness of our generation. We believed that change was not only necessary, but possible.[91]

Following the offensive as it unfolded, radicals felt that they were fighting alongside the NLF. "This was a time," Ali continued, "when it really seemed as if our actions in the West were co-ordinated with what was happening on the actual battlefields in Vietnam."[92] Vietnamese revolutionaries were beating imperialism in Southeast Asia; it was time for radicals to do their part in the heart of imperialism. Tet accelerated political time. Victory was around the corner; worldwide revolution felt imminent. When radicals left Berlin, they took with them new tactics, contacts, and slogans, as well as a sense of unity and a feeling of incredible urgency. The task at hand, the CVN explained, was to ensure that this "European Front" could become "more than words" and grow into a real force in "the war against imperialism in the metropoles."[93]

The Second Front Opens in Europe

Many French radicals returned from Berlin committed to revolution. Losing no time, they prepared to "inaugurate a new type of political demonstration" on February 21, 1968, to "break decidedly with the routine of nonchalant processions."[94] From Berlin, they brought not only a German SDS banner and a variety of confrontational street tactics but also the fast-march chant "Ho Ho Ho Chi Minh," which now spread throughout Western Europe.[95] The most

---

91. Ali, *Street Fighting Years*, 242.
92. Ali, *Street Fighting Years*, 247.
93. *Vietnam*, "Berlin," 7.
94. *Avant-garde jeunesse*, "21 février, journée du Vietnam héroïque," 14. See also Bensaïd, *Impatient Life*, 56; and Comité Vietnam National, "Le 21 février sera la journée du Vietnam héroïque," Feb. 1968, and Comité Vietnam National, "Tout pour la victoire," Feb. 1968, F Delta Res 2089, BDIC.
95. Krivine, *Ça te passera avec l'âge*, 96; Dreyfus-Armand and Gervereau, *Mai 68*, 140.

important export, however, was a more fully developed conviction to wage the revolution at home. That day, radicals from the CVN, the JCR, and the Union Nationale des Etudiants de France would not simply protest the war but "make the Latin Quarter into the Heroic Vietnam Quarter."[96]

On February 21 six CVN activists planted the NLF and DRV flags on the Sorbonne as hundreds of others changed street signs, renamed buildings, and covered the walls of the Latin Quarter with posters celebrating the recent victories of the NLF. Boulevard Saint-Michel became Boulevard du Vietnam Héroïque; the Lycée Saint-Louis became the Lycée Nguyen Van Troi, after the guerrilla executed in 1964 for attempting to assassinate US Secretary of Defense Robert McNamara and future ambassador Henry Cabot Lodge; an effigy of Lyndon B. Johnson was hung in the Fontaine St. Michel, just over the subdued devil, and set ablaze; and the words "FNL Vaincra" appeared in burning letters above the gates of the Jardin du Luxembourg.[97] In arguably their most militant antiwar action yet, a coalition of radicals took Che's idea of "creating two, three, many Vietnams" literally, bringing Vietnam to Paris by mutating its very physiognomy.

The campaign continued into the following months. On March 18, 1968, antiwar radicals bombed the offices of three American businesses. Two days later several hundred demonstrators smashed the windows of the American Express offices on the Rue Scribe. The police arrested six activists, including Nicolas Boulte, one of the leaders of the CVN, and Xavier Langlade of the JCR. Radicals immediately viewed the arrests as part of a state campaign to repress antiwar demonstrations, and the CVN issued a communiqué calling on all activists to mobilize.[98] Significantly, the defense of antiwar activists brought rival factions closer together.[99] On March 22, 1968, students from different political tendencies occupied an administrative building on the Nanterre campus, forming the Mouvement du 22 Mars, a coalition that included activists from groups like the JCR.[100] The actions of the March 22 Movement soon snowballed, prompting the closure of Nanterre and the Sorbonne and ultimately eliciting the police repression that kicked off the events of May '68.[101] That month, mass student unrest combined with a general strike of over nine million workers, paralyzing the country.

96. *Avant-garde jeunesse*, "21 février, journée du Vietnam héroïque," 14.

97. *Vietnam*, "21 février," 8; Grimaud, *En mai*, 71–73; Jalabert, "Aux origines de la génération 68," 73–74.

98. Comité Vietnam National, "Après les attentats anti-américains de Paris."

99. Seidman, *Imaginary Revolution*, 72.

100. For the March 22 Movement, see Duteuil, *Nanterre 1965–66–67–68*; and Seidman, *Imaginary Revolution*, 74–84.

101. For more on the sequence of events, see Seidman, *Imaginary Revolution*, 17–160.

All this later led Sartre to suggest that "the origins of May lie in the Vietnamese Revolution."[102] Vietnam, as radicals themselves recognized, "played a determinant role in radicalizing youth."[103] It allowed radicals to become an independent force, gain important organizational experiences, and invent new political forms that prefigured May. Indeed, in some cases, especially at the high school level, the Vietnam committees simply transformed into the action committees of May.[104] In this way, Laurent Jalabert argues, antiwar activism provided radicals with a "veritable political formation."[105]

But Sartre had something more profound in mind: the Vietnamese revolution lay at the origins of May '68 because it expanded "the field of the possible."[106] If Vietnamese peasants could defeat the most powerful military machine in human history, then anything was possible. Vietnam played what became known as an "exemplary" role, inspiring French activists.[107] In this way Vietnam set in motion the defining characteristic of this entire period, what might be called a chain of exemplarity. "As the Vietnamese success inspired the students," Ali reflected on May '68, "so now the triumph of the students inspired the workers."[108] To this sequence of resonating examples—which was by no means unidirectional, as militant worker struggles worked back on the students—one could easily add how the workers' rebellion in France in turn inspired radicals across Europe and North America.

Vietnam expanded the field of the possible by putting the idea of revolution squarely on the agenda. "All militants," the Maoist Gauche Prolétarienne, one of the UJCml's successors, explained the following year, "know that the ideas they had in their heads during the May struggles came for the most part from the practice of the Vietnamese people."[109] Not only did Vietnamese communists revive the practice of revolution, their struggles redefined revolution itself as the worldwide struggle against imperialism, as the coordinated opening of fronts all over the world. On May 7, 1968, *Action*, the platform of the action committees, explained in its first issue that the fight in France, which "has only begun," was connected to the "crisis of imperialism oppressing people in Vietnam, in Latin America, everywhere in the 'Third World.'"[110] Two days later, on

102. Sartre, "Itinerary of a Thought," 62.
103. Ligue Communiste, "Washington, Tokyo, Berlin, Londres, Amsterdam . . . Paris, F.N.L. Vaincra!," Nov. 1969, 2, F Delta Res 151, BDIC.
104. Pas, "'Six heures pour le Vietnam,'" 181; Gobille, *Mai 68*, 14.
105. Jalabert, "Aux origines de la génération 68," 78.
106. Sartre, "Itinerary of a Thought," 63.
107. Perlman and Gregoire, *Worker-Student Action Committees*, 37.
108. Ali, *Street Fighting Years*, 273.
109. *Cahiers de la Gauche prolétarienne*, no. 1 (Apr. 1969), quoted in Ross, *May '68 and Its Afterlives*.
110. *Action*, "Pourquoi nous nous battons."

the eve of the famous "Night of the Barricades," radicals at an international meeting in Paris discussed how they could contribute to this global anti-imperialist struggle by detonating a revolution "in the advanced capitalist countries."[111] For many, May '68 was not a singular, French event; it was merely one front in the worldwide revolution, with the Vietnamese at the head. As the JCR argued in June, although the "French revolution," by which they meant the events of May '68, was temporarily defeated, it "could have constituted one of the 'many' Vietnams that Che advocated." All the struggles acted "reciprocally," they explained: struggles in France could help the world revolution, while "the victory of the Vietnamese revolutionaries reinforces our own fight."[112] Of course, not everyone who participated in the May events saw things in this way, but many of those radicals who helped prepare, trigger, and then sustain those events did.

The JCR, March 22 Movement, and others were able to help open this revolutionary front precisely because they tried to translate the ideas and struggles of the Vietnamese into the French context, making Vietnam their own. In contrast, the UJCml argued that this vision of solidarity only instrumentalized the struggles of the Vietnamese, doing violence to the particularity of the Vietnamese revolution. Instead, they adopted a very literal form of solidarity. Their primary activity consisted of convincing everyone to read the *Courrier du Vietnam*, for them the first and last word on anything that had to do with Vietnam. Echoing every position of the DRV, the UJCml served as a mouthpiece. While it made for effective propaganda, this stance ultimately rendered the group's antiwar work rigid, preventing it from taking the creative leaps that other radicals in the JCR, March 22 Movement, or the CVN did.

The UJCml, not coincidentally, was caught completely off guard when events rapidly escalated in France.[113] Content to simply present what it assumed to be the authentic voice of the revolution abroad, unwilling to interpret Vietnamese struggles for their own conditions, and unable to see how deeply Vietnam resonated with other seemingly distinct issues at home, the UJCml missed the events of May '68.[114] Instead of joining thousands of youth on the barricades, the UJCml leadership tried to convince its members that gathering around the Vietnamese embassy was the best way to show their "support and complete solidarity" for the DRV, at that moment engaged in negotiations with

111. Jeunesse Communiste Révolutionnaire, "Berlin-Louvain-Rome-Londres-Paris: Meeting International," May 9, 1968, F Delta 1061 (4) part 1, BDIC.

112. H. R., "Viet Nam."

113. Bourseiller, *Les Maoïstes*, 89–104.

114. It was this same behavior that led the group to condemn the events as a trap, forbidding its own militants from participating. Instead, it called for students to "go to the factories and popular neighborhoods to unite with the workers," the only class who could make the revolution. UJCml, "Et maintenant, aux usines!" May 7, 1968, F Delta 1061 (4) part 1, BDIC.

the United States in Paris.[115] After the May events, the JCR admonished the UJCml, explaining that remaining loyal to the Vietnamese did not mean following their every wish but, rather, activating the essence of their example. "It was stupid," wrote JCR members, scolding the UJCml, "to put oneself at the service of the Vietnamese because the Vietnamese cannot judge for us the possibilities of our actions."[116] Their too literal vision of solidarity, which prevented them from playing a part in a potential revolutionary opening, was one major reason that the UJCml dissolved.

Some UJCml members learned from this mistake. In June they conceded that "the Vietnamese example is universal."[117] These radicals—many of whom later formed the Gauche Prolétarienne, the most dynamic of the Maoist groups in France after 1968—developed the new direction in their paper *La cause du peuple*. "The mass movement of May–June in France," a lengthy article announcing their adhesion to the worldwide anti-imperialist front explained, "is a link in a long chain that encircles imperialism before strangling it. The revolutionary flames spread from one end of the world to the other."[118]

May prompted radicals to confront the challenges of "creating many Vietnams." On the one hand, as the UJCml pointed out, this vision of solidarity risked speaking for the oppressed, with an orientalizing, even imperialist perspective—privileging Western radicals' own idealist projections over Vietnamese voices. If they ignored difference, radicals not only decontextualized struggles but also risked substituting themselves for the Vietnamese, turning solidarity into its opposite. Others like the JCR, however, recognized that bending the stick too far the other way—insisting on absolute difference—risked foreclosing all creative resonance with the Vietnamese struggle, reducing solidarity to either hero worship or an imperative to police others. Radicals struggled to find the best way to approach this field of differences to make repetition possible, for without difference there could be no repetition, only imitation. Yet too much difference would occlude all reproduction, and with it solidarity itself. Both ignoring difference and fetishizing it threatened to undermine radical struggle.

Resonating Revolutions

The exhilarating events of May 1968 convinced radicals across Western Europe and North America that the strategy of building multiple fronts against

115. "Le peuple vietnamien vaincra!," May 9, 1968, tract 4602, Bibliothèque Nationale de France. The UJCml was forced to postpone the demonstration because of the police presence, but they claimed the original plan was nevertheless "entirely correct." "La manifestation du dimanche 12 mai est reporté," n.d., tract 4603, Bibliothèque Nationale de France.

116. *Avant-garde jeunesse*, "Luttes étudiantes, luttes ouvrières," 6.

117. *La cause du peuple*, "L'exemple du peuple vietnamien."

118. *La cause du peuple*, "Soulèvement géneral," 10.

imperialism could succeed. In retrospect, it seems unsurprising that the break-through would come in France, a country known for its vibrant revolutionary past. At the time, however, nothing seemed more unlikely. Norberto Bobbio, who would found Lotta Continua, one of the largest of the extraparliamentary groups in Italy, spoke for many when he recalled how most radicals initially saw the American and German movements, and not the French, as vanguards.[119] As Krivine explained in an interview with Waters: "We worked here month after month to organize demonstration after demonstration in support of the students' struggle in Germany and Italy. We never thought that our turn would come so soon."[120]

May '68 transformed the political horizon. If Tet showed that the Viet-namese could defeat the Americans, for young activists across the globe May '68 seemed to show that revolution was possible in the advanced capitalist world. Radicals from neighboring countries flooded into the French capital. In September 1968 Krivine explained, "They want to discuss with us, they want to learn from our experience, they want to aid us financially."[121] Radicals across North America and Western Europe looked to France for inspiration. The Italian theo-rist and militant Sergio Bologna recalled, "The French May changed every-thing"; it was "a watershed in the collective imagination."[122]

Radicals interpreted May in light of their own national contexts. The Ital-ians in particular had reason to pay attention, since similar conditions in France and Italy—a militant working class, a long history of revolutionary struggle, a rich Marxist culture, and an obstructionist Communist Party leadership—suggested Italy could be next. And in fact, Italy would see its own decades-long wave of revolutionary struggles, the "Creeping May."[123] May also had a consid-erable effect on activists in the United States, especially those in SDS. The events in France prompted many SDSers to turn their attention to Western Europe, effectively reversing the polarities of the international network. "On the whole," the SDS National Interim Committee decided, "the consensus was that Euro-pean travel is to be stressed at this time. Everybody shouldn't go to Hanoi as we have been doing; the struggle in the advanced capitalist countries has been ignored by SDS."[124] In addition, the French general strike not only forced US radicals to reconsider the New Left's earlier dismissal of the working class as

119. McGorgan, "Vive La Révolution and the Example of Lotta Continua," 319.

120. Reprinted as "Interview with Alain Krivine," in *France: The Struggle Continues* (New York, Sept. 1968), 22, in New Left Collection, box 19, folder 2, Hoover Institution.

121. "Interview with Alain Krivine."

122. Bologna, "Memoirs of a Workerist."

123. Lumley, *States of Emergency*.

124. *New Left Notes*, "Minutes of the New NIC."

conservative or bought off but pushed some white US radicals in a more revolutionary direction.[125]

The impact of May was powerful, too, in countries like Great Britain, where revolution seemed unlikely. As Ali put it, "None of us ever believed that anything remotely resembling France could happen in Britain that year."[126] Of course, British radicals still thought that the May events could be translated into the British context, although this could not be done by simply mimicking the sequence that played out in France. In the words of the International Socialists: "What is required is not the heroic gesture or the symbolic confrontation (any more than the perfect revolution); nor is it vicarious participation in the self-activity of others (whether they be in Hanoi or Paris)."[127] Revolution in Britain would necessarily assume a different form, one that involved a much longer, less glamorous struggle. But even while recognizing those differences, the International Socialists could still declare: "France today, Britain tomorrow!"[128]

May '68 gave substance to the idea of "creating two, three, many Vietnams" in Europe. As the new slogan went, "create two, three, many Parises."[129] In this way, May '68 and Vietnam fused together in the minds of many radicals in North America and Western Europe. "The world had to be changed and France and Vietnam proved that it is possible to move forward," recalled Ali.[130] This strategy was regarded not as an unchangeable doctrine, however, but as a flexible guide to action, to be translated according to distinct conditions.

Vietnam Is Everywhere

By 1968 tens of thousands of radicals came to see international solidarity as a process of translating the exemplary struggle in Vietnam into their own domestic contexts. Of course this idea left considerable room for interpretation. For some, especially in the United States and West Germany, translating Vietnam into a Western European or North American context meant embracing guerrilla warfare.[131] But for others, translation involved creative experimentation that took account of historical differences, not mimicry. For these radicals, then, emulating the struggles of the Vietnamese communists meant not protracted peasant insurgency but organizing in the factories, for example. In the late 1960s

125. Sale, *SDS*, 456–57. For the New Left's dismissal of the working class, see Levy, *New Left and Labor*, 111. For the turn to working-class struggle, see Mohandesi, "'Becoming one with the people.'"

126. Ali, *Street Fighting Years*, 296.

127. *International Socialism*, "1968—the Ice Cracks."

128. Cliff and Birchall, "France."

129. "Interview with Alain Krivine," 22.

130. Ali, *Street Fighting Years*, 305.

131. Varon, *Bringing the War Home*.

Italian workers simplified this idea into the slogan "Vietnam is in our factories," which also became popular in France.[132] Indeed, radicals deliberately invented expressions like "The university is our Vietnam," or "The struggle at Fiat must become the Vietnam of the bosses of Italy," or even portmanteaus such as "Fiat-Nam," to capture this articulation of the Vietnamese struggle with the specificity of domestic conditions.[133]

But Vietnam was such a rich laboratory of struggle that it could serve as a model for many different movements at home, making possible a whole field of translations. Feminists, for example, took direct inspiration from the Vietnamese revolution. In fact, in France an important battle for women's liberation played out over Vietnam. During the war the PCF tried to bolster its antiwar message of charity and goodwill by inviting women to express their antiwar politics through their "natural" maternal instincts. "Today we address ourselves particularly," one flier read, "to all the women, to you mothers, also to you whose profession it is to care for, heal, and teach children."[134]

In contrast to this victim-centered approach to solidarity that forced women back into traditional roles, revolutionary feminists pointed to Vietnam, insisting that Vietnamese women were obliterating these very roles in the act of revolutionary struggle. As a Mouvement de Libération des Femmes flyer explained:

> In Vietnam, women do not stay confined to their maternal and domestic role. . . . They take on, in their own right, constant reconstruction, the defense of villages, or they enlist in the liberation army. *They therefore wholeheartedly take part in the fight*, whether that means picking up the rifle or taking on responsibilities.
>
> In actively struggling, in the same way as the men, for the liberation of the Vietnamese people, they move toward their own liberation, breaking with the image and the role that until now has been assigned to them: passivity, domestic tasks, the exclusive functions of mother and spouse.

"There is ruin, death, suffering in Vietnam," the flier concluded, but also the seeds of something new: "*the laying of the foundations of a new world, liberating women and men.*"[135]

To be sure, women's liberation was a cornerstone of the Vietnamese revolution. In the 1950s traditional gender relations in the North were challenged as

132. For example, *Tout! Ce que nous voulons*, "ITALIE, Fiat."

133. See, e.g., Silj, *Malpaese, criminalità, corruzione e politica*, 92.

134. PCF, "Femmes de la région parisienne," May, 23, 1972, F Delta Res 151, BDIC. On the PCF's anti-war activity, see Lazar, "Le Parti communiste français," 241–51.

135. Des groupes du M.L.F., "20 janvier: Journée internationale pour le Vietnam: Des groupes de femmes y participent, voilà pourquoi," (possibly 1972), F Delta Res 151, BDIC.

women found work outside the home, participated in political life, and won legal equality with men. North Vietnam notably promised women equal pay, paid maternity leave, access to free childcare, the right to divorce, and equal rights of use, ownership, and disposal of property acquired before and during marriage. During the war revolutionary women in both the North and the South continued to push gender boundaries. They played an indispensable role in the war, carrying supplies, building infrastructure, managing the village economy, organizing political opposition, taking up arms, and at times even assuming leadership positions in the revolution.[136] Of course, important barriers to full gender equity continued to exist, but North American and Western European feminists upheld the Vietnamese struggle as a crucial model for women's liberation in their own countries.[137] "Our Vietnamese sisters hold out their hand," the first issue of *Le torchon brûle* explained. "They show us the example."[138]

Vietnamese revolutionaries were well aware of the exemplary role they played, and both the NLF and the DRV invited Western radicals to translate the Vietnamese revolution in ways that enlivened their own struggles at home. The Vietnamese Women's Union, for example, not only argued that in some ways women's liberation was more advanced in Vietnam, encouraging the idea that Western women could learn from their example, but also calibrated their message to appeal to different kinds of women abroad, from older, maternalist, peace activists to younger, more militant, radical feminists.[139] Vietnamese revolutionaries, in other words, strove to make their example translatable for different contexts.

But it was not uncommon for this process of translation to assume a life of its own. In some cases, translations gave way to projections as some radicals tried to make Vietnam a model for what they wished to see, ignoring the concrete realities of the struggle. To be sure, these projections also traveled in both directions, as Vietnamese revolutionaries at times seemed to project their own desires onto struggles abroad, exclaiming, for instance, that the United States was on the brink of revolution.[140] In other cases, radicals detached Vietnam from its particular context, a divided country in Southeast Asia, and turned it into a universal symbol. In the words of the workers who self-managed the Lip watch factory in Besançon for several months in 1973: "VIETNAM: is not the

136. Eisen, *Women and Revolution*; Barry, *Vietnam's Women*; Taylor, *Vietnamese Women at War*; Drummond and Rydstrom, *Gender Practices*.
137. Wu, *Radicals on the Road*, pt. 3.
138. *Le torchon brûle*, "Sisterhood Is Powerful!"
139. Wu, *Radicals on the Road*, esp. 205.
140. Sy, "Le deuxième front."

endowment of the Vietnamese. In Franc-Comtoise, you say 'Lip.'"[141] In these cases, "Vietnam" ceased to belong to the Vietnamese; it became a global tendency that assumed different forms. Just as some radicals redefined the relationship between imperialism and the United States as one of synecdoche, they did the same with "Vietnam" and the country of Vietnam, positioning them as opposite poles in a Manichaean struggle. Imperialism represented reaction, repression, counterrevolution; Vietnam connoted revolution, autonomy, and heroism. Vietnam became everything as everything became Vietnam.

As Vietnam appeared everywhere, however, it seemed to vanish as a particular issue. In France, as radicals liberated Vietnam from the news cycle and translated that struggle into their own everyday reality, they also tended to slowly withdraw from specifically antiwar activity. After 1968 they turned their attention to factory struggles or new social movements at home.[142] Historians have since argued that radicals "returned to the hexagon" because domestic events overtook international ones. Others have argued that radicals had no use for Vietnam once they secured autonomy from the PCF.[143] Still others have suggested that with negotiations in 1968 radicals saw their antiwar demands fulfilled. But radicals knew that the war was far from over. If anti–Vietnam War activity declined, it was because radicals felt the best way to aid Vietnam was not simply to rally around Vietnam as such but to translate Vietnam into a domestic idiom.[144] They always regarded their own domestic struggles as an integral part of an international movement, and they continued to see the Vietnamese struggle as the vanguard in the global fight against imperialism. Radicals never abandoned Vietnam; they assimilated Vietnam so thoroughly it seemed to disappear as an issue. As Fredy Perlman, an American radical present during the May events, reported on French radicals in 1968, "The war in Vietnam ceased to be an 'issue' and became a part of their own daily lives."[145]

Although many French radicals spread the idea of "Vietnam" across the political terrain, they never forgot its specific reality, which is why Vietnam soon returned to its status as a particular issue. Despite a lull after 1968, a new round of antiwar contestation took shape in the early 1970s, led by a constellation of new organizations, such as the Mouvement National de Soutien aux Peuples d'Indochine and the Centre d'Information sur la Lutte Anti-impérialiste. Of these new groups, the Front Solidarité Indochine, led by former CVN activists

141. *Liberation*, "L'imagination au pouvoir," Aug. 10, 1973, quoted in Keenan, "'Vietnam Is Fighting for Us,'" 290.

142. Keenan, "'Vietnam Is Fighting for Us,'" 277–78, 288–96.

143. For example, Pas, "'Six heures pour le Vietnam,'" 182–83.

144. Keenan gestures at this argument in "'Vietnam Is Fighting for Us,'" 290–91.

145. Perlman and Gregoire, *Worker-Student Action Committees*, 94.

like Schwartz, emerged as the most dynamic.[146] The Front Solidarité Indochine, along with the Ligue Communiste, the successor of the JCR, even helped organize another international antiwar convergence, this time in Milan, Italy, in May 1973. "For the first time since the Berlin demonstration in February 1968," the Ligue Communiste explained, "anti-imperialist Europe will meet again in one same city, en masse in the streets."[147] In this way, French radicals continued the antiwar struggle even after the American movement declined.[148]

Thus, while radicals certainly appropriated "Vietnam" for their own ends, suffusing it with meanings that may have surprised Vietnamese revolutionaries, they never treated Vietnam as a blank canvas. Vietnam remained a crucial reality, which is why concrete developments in the Vietnamese liberation struggle often produced major effects on radicals.[149] This is precisely what happened in the late 1970s. After formal unification in 1976, reports arrived of human rights abuses. Tens of thousands of Vietnamese refugees took to the seas in dilapidated rafts, where many starved, drowned, or were murdered by pirates. Then, in December 1978, the Socialist Republic of Vietnam invaded Cambodia, its socialist ally.[150] The invasion, followed by occupation, only compounded years of social dislocation at the hands of Khmer Rouge, precipitating a humanitarian crisis of catastrophic proportions. Radicals in France found it impossible to reconcile these horrific events with the foundational ideas of internationalism, anti-imperialism, and socialist revolution—in short, with the image of Vietnam that had guided them earlier in the decade. Obviously these events did not single-handedly destroy the French radical Left, which was already in decline by the late 1970s, but because its identity was so powerfully shaped by the Vietnamese struggle, these events exacerbated an ongoing crisis within the radical Left. It is no accident that these disasters in Southeast Asia more or less coincided with the collapse of the radical Left as an organized force and with the end of the long cycle of struggle surrounding the May events. For if the Vietnam War helped make May '68 possible, genocide, internecine war, and refugee crises in Southeast Asia in the late 1970s helped sound its death knell.[151] Vietnam not only stood at the origins of May but also was a part of its end.

SALAR MOHANDESI is an Andrew W. Mellon postdoctoral fellow in history at Bowdoin College.

146. "Appel," 1971, F Delta 761/12/4, BDIC; Keenan, "'Vietnam Is Fighting for Us,'" 296–303; Jalabert, "Un mouvement contre la guerre du Vietnam," 221–38.

147. *Rouge*, "L'heure du soutien."

148. Rousseau, "Du Vietnam héroïque à la défense des droits de l'homme," 483–84.

149. Rousset, "Vietnam, Indochine," 810–12.

150. Evans and Rowley, *Red Brotherhood at War*.

151. Mohandesi, "From Anti-Imperialism to Human Rights," chaps. 7–8.

Acknowledgments

The author would like to thank the participants of the February 2017 colloquium "May '68: New Approaches, New Perspectives," the two anonymous reviewers, and especially the editors of this special issue, Donald Reid and Daniel Sherman, for their helpful comments and suggestions.

References

Abramowicz, Manuel. 2009. "Le Parti prochinois en Belgique dans son contexte historique (1963–1989)." *Dissidences 7: La Belgique Sauvage: L'extrême gauche en Belgique francophone depuis 1945*, 93–103.

Action. 1968. "Pourquoi nous nous battons." May 7, 4.

Alexander, Robert Jackson. 1991. *International Trotskyism, 1929–1985: A Documented Analysis of the Movement*. Durham, NC.

Ali, Tariq. 2005. *Street Fighting Years: An Autobiography of the Sixties*. New York.

Anderson, Jon Lee. 1997. *Che Guevara: A Revolutionary Life*. New York.

Avant-garde jeunesse. 1966. "Editorial." May–June, 2.

———. 1966. "LIEGE, 15 octobre 1966." Nov.–Dec., 2–3.

———. 1967. "La conférence de Bruxelles." Apr.–May, 18.

———. 1967. "Première conférence internationale de la jeunesse." Feb., 2.

———. 1968. "Appel de la conférence de Bruxelles." Jan.–Feb., 28.

———. 1968. "Luttes étudiantes, luttes ouvrières." Supplément, May 18, 5–6.

———. 1968. "21 février, journée du Vietnam héroïque." Feb.–Mar., 14, 20.

Avant-garde Sorbonne. 1965. "Le Vietnam à Berkeley." Nov., 9.

Barry, Kathleen, ed. 1996. *Vietnam's Women in Transition*. New York.

Bensaïd, Daniel. 2013. *An Impatient Life: A Political Memoir*, translated by David Fernbach. London: Verso.

Bologna, Sergio. 2016. "Memoirs of a Workerist." *Viewpoint Magazine*, Jan. 12. viewpointmag.com /2016/01/12/1968-memoirs-of-a-workerist.

Bourg, Julian. 2005. "The Red Guards of Paris: French Student Maoism of the 1960s." *History of European Ideas* 31, no. 4: 472–90.

Bourseiller, Christophe. 1996. *Les Maoïstes: La folle histoire des gardes rouges français*. Paris.

Brigham, Robert K. 1999. *Guerrilla Diplomacy: The NLF's Foreign Relations and the Viet Nam War*. Ithaca, NY.

Carmichael, Stokely. 2007. "Solidarity with Latin America." In *Stokely Speaks: From Black Power to Pan-Africanism*, edited by Ethel N. Minor, 101–10. Chicago.

Carmichael, Stokely, and Charles V. Hamilton. 1967. *Black Power: The Politics of Liberation*. New York.

Castro, Fidel. 1966. "At the Closing Session of the Tricontinental." Jan. 15, Havana. www.marxists .org/history/cuba/archive/castro/1966/01/15.htm.

La cause du peuple. 1968. "L'exemple du peuple vietnamien." June 29–30, 6.

———. 1968. "Soulèvement géneral [*sic*] des peuples du monde." Nov. 1, 10–11.

Cinéma. 1968. "Loin du Vietnam," Jan., 37.

Cliff, Tony, and Ian Birchall. 1968. "France: The Struggle Goes On." www.marxists.org/archive/cliff /works/1968/france/index.htm.

Coates, Ken. 1966. "Mass Rally in Paris Backs War Crimes Tribunal." *World Outlook* 4, no. 40: 13–14.

Comité Vietnam National. 1968. "Après les attentats anti-américains de Paris, M. Boulte, l'un des diri-géants du Comité Vietnam National et plusieurs lycéens sont arrêtés." *Le monde*, Mar. 23.

DeBenedetti, Charles. 1990. *An American Ordeal: The Antiwar Movement of the Vietnam Era*. Syra-cuse, NY.

Desolre, Guy. 2009. "Contribution à l'histoire du trotskysme en Belgique: La question de l'entrisme (1948–1964)." *Dissidences 7: La Belgique Sauvage: L'extrême gauche en Belgique francophone depuis 1945*, 64–73.

Dreyfus-Armand, Geneviève, and Laurent Gervereau, eds. 1988. *Mai 68: Les mouvements étudiants en France et dans la monde, Catalogue de la BDIC*. Paris.

Dreyfus-Armand, Geneviève, and Jacques Portes. 2000. "Les interactions internationales de la guerre du Viêt-Nam et Mai 68." In *Les années 68: Le temps de la contestation*, edited by Gene-viève Dreyfus-Armand, Maryvonne Le Puloch, and Antoine de Baecque, 49–68. Brussels.

Drummond, Lisa, and Helle Rydstrom. 2004. *Gender Practices in Contemporary Vietnam*. Singa-pore.

Düffler, Jost. 2003. "The Anti–Vietnam War Movement in West Germany." In *La guerre du Vietnam et l'Europe, 1963–1973*, edited by Christopher Goscha and Maurice Vaïsse, 287–305. Brussels.

Duteuil, Jean-Pierre. 1988. *Nanterre 1965–66–67–68: Vers le mouvement du 22 mars*. Mauleon.

Editors. 1967. "On Vietnam." *Soulbook: The Quarterly Journal of Afroamerica* 2, no. 3: 181.

Eisen, Arlene. 1984. *Women and Revolution in Viet Nam*. London.

Evans, Grant, and Kevin Rowley. 1990. *Red Brotherhood at War: Vietnam, Cambodia and Laos since 1975*. London.

Fields, A. Belden. 1988. *Trotskyism and Maoism: Theory and Practice in France and the United States*. New York: Autonomedia.

Friedman, Jeremy. 2015. *Shadow Cold War: The Sino-Soviet Competition for the Third World*. Chapel Hill, NC.

Garde rouge. 1967. "Le combat des travailleurs contre Rhodiaceta." Apr., 4–5.

Gilcher-Hotley, Ingrid. 2001. *Die 68er Bewegung: Deutschland, Westeuropa, USA*. Munich.

Gobille, Boris. 2008. *Mai 68*. Paris.

Godard, Jean-Luc, Joris Ivens, William Klein, Claude Lelouch, Chris Marker, Agnès Varda, and Alain Resnais. 1967. *Loin du Vietnam*. France.

Grimaud, Maurice. 1977. *En mai, fais ce qu'il te plaît*. Paris.

Guevara, Che. 2003. "Message to the Tricontinental." In *Che Guevara Reader: Writings on Politics and Revolution*, edited by David Deutschman, 350–62. Melbourne.

Haas, Ron. 2007. "The Death of the Angel: Guy Hocquenghem and the French Cultural Revolution after May 1968." PhD diss., Rice University.

Hatzfeld, Nicolas, and Cédric Lomba. 2008. "La grève de Rhodiaceta en 1967." In *Mai–juin 68*, edi-ted by Dominique Damamme, Boris Gobille, Frédérique Matonti, and Bernard Pudal, 102–13. Ivry-sur-Seine.

H. R. 1968. "Viet Nam: De la guérilla rurale à la guérilla urbaine." *La nouvelle avant-garde jeunesse*, June 1968, 13.

International Socialism. 1968–69. "1968—the Ice Cracks." No. 35: 1–2.

International Socialist Review. 1963. "Dynamics of the World Revolution: Text of the Resolution Adopted by the First ('Reunification') Congress of the United Secretariat (Seventh World Congress)." 24, no. 4: 129–39.

———. 1967. OLAS General Declaration (repr.). 28, no. 6: 50–55.

Jackson, Julian. 2010. "The Mystery of May 1968." *French Historical Studies* 33, no. 4: 625–53.

Jalabert, Laurent. 1997. "Aux origines de la génération 68: Les étudiants français et la guerre du Vietnam." *Vingtième siècle*, no. 55: 69–81.

———. 2011. "Un mouvement contre la guerre du Vietnam: Le Front Solidarité Indochine, 1971–1973." In *Vietnam, 1968–1975: La sortie de guerre*, edited by Pierre Journoud and Cécile Ménétrey-Monchau, 221–38. Brussels.

Johnson, Richard. 1972. *The French Communist Party versus the Students: Revolutionary Politics in May–June 1968*. New Haven, CT.

Joly, Danièle. 1991. *The French Communist Party and the Algerian War*. New York.

Joseph, Peniel E. 2006. *Waiting 'til the Midnight Hour: A Narrative History of Black Power in America*. New York.

———. 2014. *Stokely: A Life*. New York.

Kalter, Christoph. 2016. *The Discovery of the Third World: Decolonization and the Rise of the New Left in France, c. 1950–1976*, translated by Thomas Dunlap. Cambridge.

Karnow, Stanley. 1991. *Vietnam: A History*. New York.

Keenan, Bethany. 2009. "'Vietnam Is Fighting for Us': French Identities in the U.S.–Vietnam War, 1965–1973." PhD diss., University of North Carolina at Chapel Hill.

———. 2013. "'At the Crossroads of World Attitudes and Reaction': The Paris American Committee to Stopwar and American Anti-war Activism in France, 1966–1968." *Journal of Transatlantic Studies* 1, no. 11: 62–82.

Kelley, Robin D. G. 2002. *Freedom Dreams: The Black Radical Imagination*. Boston.

Klimke, Martin. 2010. *The Other Alliance: Student Protest in West Germany and the United States in Global Sixties*. Princeton, NJ.

Krivine, Alain. 1966. "Editorial." *Avant-garde jeunesse*, Nov.–Dec., 2.

———. 2006. *Ça te passera avec l'âge*. Paris.

Lazar, Marc. 2003. "Le Parti communiste français et l'action de solidarité avec le Vietnam." In *La guerre du Vietnam et l'Europe, 1963–1973*, edited by Christopher Goscha and Maurice Vaïsse, 241–51. Brussels.

Levy, Peter B. 1994. *The New Left and Labor in the 1960s*. Urbana, IL.

Logevall, Fredrik. 2003. "The American Effort to Draw European States into the War." In *La guerre du Vietnam et l'Europe, 1963–1973*, edited by Christopher Goscha and Maurice Vaïsse, 3–16. Brussels.

Lumley, Robert. 1990. *States of Emergency: Cultures of Revolt in Italy from 1968 to 1978*. London.

Lüthi, Lorenz M. 2008. *The Sino-Soviet Split: Cold War in the Communist World*. Princeton, NJ.

McGorgan, Manus. 2010. "Vive La Révolution and the Example of Lotta Continua: The Circulation of Ideas and Practices between the Left Militant Worlds of France and Italy Following May '68." *Modern and Contemporary France* 18, no. 3: 309–28.

Mehta, Harish C. 2009. "'People's Diplomacy': The Diplomatic Front of North Vietnam during the War against the United States, 1965–1972." PhD diss., McMaster University.

Miller, James. 1987. *"Democracy Is in the Streets": From Port Huron to the Siege of Chicago*. New York.

Mohandesi, Salar. 2015. "'Becoming one with the people': L'établi américain hier et aujourd'hui." *Les temps modernes*, nos. 684–85: 120–46.

———. 2015. "Black Americans, French Quebeckers, and the Allied Struggle against Internal Colonialism." Paper presented at the Southern American Studies Association, Atlanta, GA, Feb.

———. 2017. "From Anti-imperialism to Human Rights: The Vietnam War and Radical Internationalism in the 1960s and 1970s." PhD diss., University of Pennsylvania.

Le monde. 1967. "Deux cents volontaires français prêts à lutter contre les Américains au Vietnam." Feb. 16.

New Left Notes. 1968. "Minutes of the New NIC." June 24, 8.

Pas, Nicolas. 1998. "Sortir de l'ombre du Parti communiste français: Histoire de l'engagement de l'extrême-gauche français sur la guerre du Vietnam, 1965–1968." Mémoire DEA, Institut d'Etudes Politiques, Paris.

———. 2000. "'Six heures pour le Vietnam': Histoire des Comité Vietnam français, 1965–1968." *Revue historique*, no. 301: 157–85.

Perlman, Fredy, and Roger Gregoire. 1968. *Worker-Student Action Committees: France, May '68*. Kalamazoo, MI.

Perrin, Dick. 2001. *G.I. Resister: The Story of How One American Soldier and His Family Fought the War in Vietnam*. Victoria, BC.

Reid, Donald. 2012. "Well-Behaved Workers Seldom Make History: Re-viewing Insubordination in French Factories during the Long 1968." *South Central Review* 29, no. 1: 68–85.

Ross, Kristin. 2002. *May '68 and Its Afterlives*. Chicago.

Rouge. 1973. "L'heure du soutien." May 11, 12.

Rousseau, Sabine. 2002. *La Colombe et le napalm: Des chrétiens français contre les guerres d'Indochine et du Vietnam, 1945–1975*. Paris.

———. 2008. "Du Vietnam héroïque à la défense des droits de l'homme." In *68: Une histoire collective, 1962–1981*, edited by Philippe Artières and Michelle Zancarini-Fournel, 481–86. Paris.

Rousset, Pierre. 2008. "Vietnam, Indochine." In *La France des années 68*, edited by Antoine Artous, Didier Epsztajn, and Patrick Silberstein, 805–13. Paris.

Sale, Kirkpatrick. 1973. *SDS*. New York.

Sartre, Jean-Paul. 1969. "Itinerary of a Thought." *New Left Review*, no. 58: 43–66.

Schalk, David L. 1991. *War and the Ivory Tower: Algeria and Vietnam*. Oxford.

Schwartz, Laurent. 1966. "Il faut crever l'écran." *Le nouvel observateur*, Nov. 16–22.

———. 1967. "La victoire du Viet-Nam c'est . . . " *Pour le Viet-Nam*, Feb. 1967, 1.

———. 2001. *A Mathematician Grappling with His Century*, translated by Leila Schneps. Basel.

SDS Westberlin and Internationales Nachrichten- und Forschungsinstitut, eds. 1968. *Der Kampf des vietnamesischen Volkes und die Globalstrategie des Imperialismus, Internationaler Vietnam-Kongreß 17./18. Februar 1968, Westberlin*. Berlin.

Seidman, Michael. 2004. *The Imaginary Revolution: Parisian Students and Workers in 1968*. New York.

Seidman, Sarah. 2012. "Tricontinental Routes of Solidarity: Stokely Carmichael in Cuba." *Journal of Transnational American Studies* 4, no. 2: 1–25.

Silj, Alessandro. 1994. *Malpaese, criminalità, corruzione e politica nell'Italia della prima Republica 1943–1994*. Rome.

Singh, Nikhil Pal. 2004. *Black Is a Country: Race and the Unfinished Struggle for Democracy*. Cambridge, MA.

Stanford, Maxwell C. 1986. "Revolutionary Action Movement (RAM): A Case Study of an Urban Revolutionary Movement in Western Capitalist Society." MA thesis, Atlanta University.

Stark, Trevor. 2012. "'Cinema in the Hands of the People': Chris Marker, the Medvedkin Group, and the Potential of Militant Film." *October*, no. 139: 117–50.

Sy, Chien. 1966. "Le deuxième front contre l'impérialisme américain." *Le courrier du Vietnam*, Aug. 29, 6.

Tate, Ernest. 2014. *Britain 1965–1969*. Vol. 2 of *Revolutionary Activism in the 1950s and 60s*. London.

Taylor, Sandra. 1999. *Vietnamese Women at War: Fighting for Ho Chi Minh and the Revolution*. Lawrence, KS.

Thomas, Peter. 2009. *The Gramscian Moment: Philosophy, Hegemony, Marxism*. Boston.

Le torchon brûle. 1971. "Sisterhood Is Powerful!" Spring, 8.

Tout! Ce que nous voulons. 1970. "ITALIE, Fiat: L'Indochine est dans ton usine." Sept. 23, 2.

Turley, William S. 2009. *The Second Indochina War: A Short Political and Military History, 1954–1975*. 2nd ed. Boulder, CO.

Varon, Jeremy. 2004. *Bringing the War Home: The Weather Underground, the Red Army Faction, and Revolutionary Violence in the Sixties and Seventies*. Berkeley, CA.

Véray, Laurent. 2004. *1967, loin du Vietnam: Film collectif réalisé par Jean-Luc Godard, Joris Ivens, William Klein, Claude Lelouch, Chris Marker, Alain Resnais, Agnès Varda*. Paris.

Victoire pour le Vietnam. 1967. "L'ancien et le nouveau comité." Nov.–Dec., 2.

Vietnam. 1967. "'Créer 1, 2, 3 . . . Vietnam': Les Vietnamiens à l'O.L.A.S." Oct., 8.

———. 1967. "Une lettre du Premier Ministre Pham Van Dong." Oct., 7.

———. 1967. "Un message du F.N.L. au C.V.N." Dec., 7.

———. 1968. "Berlin: La Jeunesse Européenne pour le Vietnam." Mar., 7.

———. 1968. "Lettre de la S.D.S." Feb., 4.

———. 1968. "21 février." Mar., 8.

Vietnam Courier. 1967. "Political Programme of the South Viet Nam National Liberation Front." Sept., 7.

Vigna, Xavier. 2007. *L'insubordination ouvrière dans les années 68: Essai d'histoire politique des usines*. Rennes.

World Congress of the Fourth International. 1966. "The International Situation and the Tasks of Revolutionary Marxists." *International Socialist Review* 27, no. 2: 37–48. www.marxists.org /history/etol/document/fi/1963-1985/usfi/8thWC/usfi01.htm.

Wu, Judy Tzu-Chun. 2013. *Radicals on the Road: Internationalism, Orientalism, and Feminism during the Vietnam War Era*. Ithaca, NY.

Young, Cynthia A. 2006. *Soul Power: Culture, Radicalism, and the Making of a U.S. Third World Left*. Durham, NC.

Young, Robert J. C. 2001. *Postcolonialism: An Historical Introduction*. Oxford.

Zancarini-Fournel, Michelle. 2008. "1962–1968: Le champ des possibles." In *68: Une histoire collective, 1962–1981*, edited by Philippe Artières and Michelle Zancarini-Fournel, 17–55. Paris.

"The US Embassy Has Been Particularly Sensitive about This"

Diplomacy, Antiwar Protests, and the French Ministry of Foreign Affairs during 1968

BETHANY S. KEENAN

ABSTRACT   This article examines changes in how the French Ministry of Foreign Affairs handled anti–Vietnam War protests in the period immediately following the May–June 1968 uprisings. Through a study of the Quai d'Orsay Asie-Océanie archives along with American Embassy and CIA documents, the article adds to research on French domestic protest activity and expands understanding of the philo-American shift in French foreign policy following May. In its emphasis on how foreign policy affected domestic experience, the article argues for the importance of situating May globally to evaluate its full impact.

KEYWORDS   May '68, Vietnam War, Franco-American relations, protest movements, French foreign policy

On Anticolonial Day, February 21, 1968, anti–Vietnam War protesters took over the Latin Quarter. Renaming the streets after Vietnamese war victims, thousands marched, chanted, sang, and hanged and burned a giant effigy of Lyndon B. Johnson.[1] One year later, on Anticolonial Day in 1969, protests were decidedly more muted. Even though the war raged on, the Vietnam War Peace Talks were occurring on French soil at that very moment, and students were still protesting other issues. The largest antiwar gathering only brought about 450 people to a quiet, closed meeting in Paris.[2] It was quite the switch.

---

1. *Vietnam*, "21 février"; *Le monde*, "Manifestations en France et à l'étranger"; *Le Figaro*, "Huit mille personnes"; *L'humanité*, "Manifestation au quartier Latin." Anticolonial Day, originally used to oppose colonialism during the Algerian War, had been revived by young leftists to protest the Vietnam War starting in 1967. For more information on the demonstration, see Keenan, "'Vietnam Is Fighting for Us,'" 229, 248–53.
2. *Le monde*, "Un meeting du Comité Vietnam jeudi à la Mutualité"; Direction Centrale des Renseignments Généraux, "La 'Journée Anticolonialiste du 21 février," Mar. 6, 1969, Archives Diplomatiques du Ministère des Affaires Étrangères, Corneuve, série Asie-Océanie sous-série Conflit Vietnam (hereafter AOCV) no. 185.

French Historical Studies • Vol. 41, No. 2 (April 2018) • DOI 10.1215/00161071-4322942
Copyright 2018 by Society for French Historical Studies

Determining what led to such a change in protests offers an opportunity to look at French identity and experience in the wake of the May events. Scholars have written extensively on the role of pre-May antiwar protests in the student movement in France, with researchers underlining how participation in protests served as a training ground of sorts for actions in May and allowed students and others a chance to reflect on France's identity and role in the bipolar Cold War world.[3] Similarly, excellent research has analyzed how the Gaullist government used the Vietnam War to carve out a position for itself internationally.[4] And, of course, the debates at the square-or-not-square table in Paris between the four Vietnam War powers have generated volumes.[5] But how these topics fit together, and what practical impacts they had domestically in the wake of the May–June 1968 events, has not been recognized.

By looking at the archival reports of the Asie-Océanie department of the Ministry of Foreign Affairs for 1968 into early 1969, supplemented by documents from the American Embassy in Paris and CIA reports on France, we can evaluate changes in French government policy at the microlevel and see how developments in government foreign policy positions after May affected the French domestically. In this article I examine the changing role of the French Ministry of Foreign Affairs (also known as the Quai d'Orsay) in monitoring and controlling antiwar demonstrations in France in the immediate aftermath of the May–June 1968 uprisings. After explaining the chronology of changes in French policies on protest, I analyze the domestic and foreign impacts of these policy evolutions, looking first at what such shifts reveal about how French ministries functioned before moving into an examination of what the changes explain about anti–Vietnam War activism in France after May. I use the Quai d'Orsay

3. In a chapter Geneviève Dreyfus-Armand and Jacques Portes situate the French protest movement within the larger sphere of international student activism, arguing that student activity varied by country and served not as a catalyst but as a *point de fixation* that allowed protesters to engage with "American imperialism, fascination for the third world, the romanticism of wars of liberation." See Dreyfus-Armand and Portes, "Les interactions internationales," 68. More recent work that concentrates on the specific experiences of France includes Keenan, "'Vietnam Is Fighting for Us,'" and Keenan's study of the French-American group the Paris American Committee to Stopwar, "'At the Crossroads of World Attitudes and Reaction.'" Pierre Journoud's study of diplomatic relations, *De Gaulle et le Vietnam*, highlights the significance of student activism to de Gaulle's diplomatic actions during the Vietnam War. Key works also include Laurent Jalabert's study of student activism and Nicolas Pas's dissertation and the article drawn from it: Jalabert, "Aux origines de la génération 1968"; Pas, "Sortir de l'ombre du Parti Communiste Français"; Pas, "'Six heures pour le Vietnam.'" These works hold that Vietnam War protests served as a catalyst for the events of May '68.

4. On Gaullism and Vietnam, see esp. Journoud, *De Gaulle et le Vietnam*; and Martin, *General de Gaulle's Cold War*. Baulon, "Mai 68 et la réconciliation franco-américaine," does an excellent job of laying out how French foreign policy transitioned to a more philo-American stance after the events.

5. See, e.g., Gardner and Gittinger, *Search for Peace in Vietnam*; Asselin, *Bitter Peace*; and Kimball, *Nixon's Vietnam War*.

archives to examine how the French government conceptualized and addressed issues of free speech, showing how changes in protest monitoring after May emphasized the significance of the site where it took place as a factor in determining the limits of free speech. I then consider the situation more globally, looking into what the emerging protest policy can explain about transformations in Franco-American relations during this period. While I agree with Pierre Journoud that any philosophical shift in French foreign policy toward the Vietnam War occurred before May, my research demonstrates that practical applications of new stances toward the United States appeared after May and grew in intensity with the role of Paris as host city for the peace talks and the aftereffects of May. My findings thus support Garrett Joseph Martin's and J. P. Baulon's contentions that the post-May period reflected a philo-American shift in French government actions. Finally, I emphasize the importance of international French activities on domestic French developments in the wake of May. As Jeremi Suri has noted, in the aftermath of the tumult of 1968 "cooperation among the great powers reinforced established authorities."[6] France may not have been a great power, but my research demonstrates a similar evolution in Gaullist policy: as the French government worked more closely with the Americans for peace abroad, it simultaneously worked harder to quell French protest movements to gain control at home. This close analysis of the Asie-Océanie files therefore shows the need for a larger historical approach, encompassing both foreign and domestic activity, to understand the significant changes that occurred in France in the aftermath of the May events.

Changes in Foreign Ministry Reactions to Protests during 1968

In 1968, prior to the outbreak of protests in May, ministry interactions with anti–Vietnam War protests were simple: the government primarily observed rather than acted. This is understandable, as before the May events, left-wing views on the Vietnam War paralleled those of the Gaullist government. While some of the more radical protesters, who insisted on the call "NLF [National Liberation Front] will win!" rather than "Peace now!," pushed for a more pro–Vietnamese Communist stance than the official governmental view, de Gaulle had carved out a strong international reputation with his outspoken statements about

---

6. Suri, *Power and Protest*, 213. Suri gives considerable space to the French 1968 protests earlier in the book but discusses events after June 1968 only briefly and ends his analysis of the French situation with de Gaulle's loss of power, which occurred as détente took off. While I agree with Suri that "De Gaulle had never regained the self-confidence he lost in May 1968" (194), my study shows that, like the other superpowers Suri discusses, French leaders as well turned to cooperation at an international level while working to clamp down on protests domestically.

Vietnam and American hegemony. The government could thus allow even more radically aimed protests to continue without loss of prestige or control.[7]

One notable exception to this policy before 1968 was the attempted Bertrand Russell International War Crimes Tribunal, a multinational group of intellectuals and activists who constituted themselves into a "court" in 1967 to "try" the United States for war crimes in Vietnam. In this case, the French government stepped in to refuse the tribunal the right to hold its trial on French soil. Publicly, the government claimed that allowing the tribunal to pass "legal" judgments would interfere with the government's control over the legal system. In his letter explaining the ban, de Gaulle remarked that "all justice, in its principle as well as in its execution, belongs only to the State."[8] Privately, the government admitted it was concerned about the damage such a high-profile activist event might do to Franco-American relations and, the Americans believed, were worried that the French stance on the Vietnam War might be "tie[d] down" to whatever decision the tribunal made.[9] But this highly visible event was the only protest at the time that prompted intervention, even though others were also public, often volatile, and known or suspected ahead of time. For example, the attack on the American Express building on March 22, which led to the creation of the Mouvement du 22 Mars, appears in the Quai d'Orsay archives only as a police surveillance report, which indicates the government knew something was afoot for that day but gives no indication that the Ministry of Foreign Affairs discussed preventative measures.[10] General protests and exhibits about the war were allowed to proceed without interference regardless of their size or potential for violence—and numerous protests were held, increasing in number over the first quarter of 1968.[11]

The explosion of the May events coincided almost exactly with the choice of Paris to host the Vietnam peace talks. Given the significant role the Vietnam War had played in the development of student activism, it would have seemed

7. While the French Left did repeatedly attempt to undermine de Gaulle's stance—notably via very public displays countering Gaullist diplomacy when American vice president Hubert Humphrey visited in 1967—the government let protests continue. For information on the Humphrey protests, see Keenan, "'Vietnam Is Fighting for Us,'" 108–17; for more on interactions between the French Left and the Gaullist government over the Vietnam War, see Keenan, "'Flattering the Little Sleeping Rooster.'"

8. Charles de Gaulle to Jean-Paul Sartre, Apr. 19, 1967, in Sartre, *Situations, VIII*, 44. Pas discusses how members of the Comité Vietnam National combined their Vietnam War committee work and their tribunal work: "Sortir de l'ombre du Parti Communiste Français," esp. 189–96.

9. "FM AMEMBASSY PARIS [McBride] TO RUEHC/SECSTATE WASHDC," Dec. 29, 1966, National Security Files, box 172, France, vol. 9, 1/66–9/66: cables (1 of 2), Lyndon Baines Johnson Presidential Library, Austin, TX.

10. Prefecture of Police to Foreign Ministry, Mar. 21, 1968, AOCV no. 185.

11. On the increase of protests in the months leading up to May, see Keenan, "'Vietnam Is Fighting for Us,'" 229–66.

likely that protests targeting the talks themselves, located across the river on the Right Bank, would break out at the talk sites. This possibility, coupled with the fact that earlier protests against the war lined up with Gaullist views, while May–June protests were decidedly anti-Gaullist in flavor, meant the government became more wary.[12]

Yet during May and June no problems related to the peace negotiations occurred. Along with the police, the Quai d'Orsay kept tabs on Vietnamese nationals and far-left student activists, but no student protests ever extended to the talks' location on the Right Bank. In part, government protection of the talk site discouraged potential protesters. The Maoist Comités Vietnam de Base (local Vietnam committees; CVB) scrapped plans to demonstrate "unconditional support" for North Vietnam by marching to the Hôtel Lutetia, where the North Vietnamese delegation was staying, because organizers decided that it would be too "risky." Claiming that protests at the Lutetia would be "repressed with extreme violence" by the police, who would grab the chance to "'justify' the violence of these last days [of protest in May], trying to intimidate, to decapitate, and to crush the anti-imperialist movement," the CVB called off the march.[13] At other points during the protests, police blocked the Seine bridges, "ready to cut Paris in two if necessary to halt demonstrators from crossing over from the Latin Quarter to the Right Bank."[14]

The "extraordinary security," as the New York Times described it, might have been intimidating, but as students were more than willing to clash violently with the Compagnie Républicaine de Sécurité at other locations in Paris, it seems more likely that the real reason for lack of protest at the talk sites came down to a shift in French protester priorities: a move to looking at France, and not abroad, as the locus of anti-imperialist activity. Michael Seidman, noting that anti-Americanism figured as a theme on "only a few" posters from the May events, remarked that "antiwar demonstrations may have helped to spark the

12. The prefecture of police informed the Foreign Ministry on May 14 that, while so far things had been calm, there was a risk that if a delegation from South Vietnam arrived and was protested by "Vietnamese favorable to North Vietnam, or French far-left organizations, students favorable to South Vietnam would immediately hit back with matching protests." It is unclear which groups the police meant here by "far left," as both the Maoist and Trotskyist groups had been actively protesting Vietnam before May, but the reference to "students favorable to South Vietnam" likely refers to the violent far-right group Occident, which had clashed with left-wing students repeatedly at Vietnam-centered events in the months leading up to May. Préfecture de Police, "Confidentiel," Paris, AOCV no. 185.

13. "Le peuple vietnamien vaincra!," May 9, 1968, tract 4602, and "La manifestation du dimanche 12 mai est reporté," no date, tract 4603, Bibliothèque Nationale de France. My thanks to Salar Mohandesi for providing me with copies of these documents.

14. Garrison, "Policemen in Paris Storm Student-Held Barricades." The New York Times also reported that, once workers joined the students and sparked mass strikes, the French government had taken steps to make sure that the talks were not disturbed, including placing "hundreds of policemen" at the Hôtel Crillon and securing a power plant to guarantee that electricity would not be cut off. Hess, "General Strike to Back Students Starts in France."

[May] movement, but were not among its raisons d'être."[15] Police continued to monitor the few Vietnam War–connected meetings that took place, but they reported low attendance and interest, which did not pick up in the immediate aftermath of the protests. A press conference on the war on June 21, for example, organized by a member of the international Stockholm Conference on Vietnam, attracted only "twenty or so" people—ten of whom, the police report noted, were journalists.[16] The war became, as members of the Paris American Committee to Stopwar (PACS) noted, "almost forgotten in this period of local disturbances."[17]

One reason for the declining number of protests lay with the students, who had formed the backbone of the earlier antiwar movement. Student attention, as PACS noted, was now fixated elsewhere. Student participation in antiwar protests was also diminished by government moves to regain control in the aftermath of May, most notably the ban on *gauchiste* groups such as the Jeunesse Communiste Revolutionnaire (Revolutionary Communist Youth; JCR) and the Union des Jeunesses Communistes Marxistes-Léninistes (Union of Marxist-Leninist Communist Youth), left-wing groups that had worked closely with the Vietnamese War–focused CVB and Comité Vietnam National (National Vietnam Committee). The result was, as Laurent Jalabert has noted, that after May the Vietnam War "no longer mobilized" student activism.[18]

What protests did continue faced a much more active government response. As early as June, responding to American concerns, the Ministry of Foreign Affairs began searching for ways to limit protest activity. Its first prong of attack lay with determining if events had a "public character" that could be considered "public propaganda" unsuitable for a host city. When the United States signaled concern over a June 28 protest at the Centre International d'Information, which it believed was connected to an attempt to restart the Russell Tribunal, the French sought to ban it not on the legal grounds used earlier against the Russell Tribunal but out of concern for the environment needed for the war negotiations.[19] In a letter to the minister of foreign affairs, the Asia

15. Seidman, *Imaginary Revolution*, 143.

16. Prefecture of Police, June 21, 1968, AOCV no. 185. The volume of antiwar protests dropped precipitously in the aftermath of May and moved from being led by *gauchistes* to being held primarily by the French Communist Party. On the reduction in activism, see Keenan, "'Vietnam Is Fighting for Us,'" 269–305.

17. "Meeting notes," May 29, 1968, Paris American Committee to Stopwar (PACS), box 1/meetings, Wisconsin Historical Society, Madison.

18. Jalabert, "Aux origines de la génération 1968," 78.

19. E. M. Manac'h to Le Cabinet du Ministre [Monsieur Bruno de Leusse], Paris, July 2, 1968, AOCV no. 185. Declassified American intelligence shows US concern about the meeting as an attempt to continue the Russell Tribunal, noting that "this meeting will constitute the first of three sessions of the IWCT [International War Crimes Tribunal] in Paris, although there will be no official or overt acknowledgment of that fact," and listing in detail all known participants and plans. CIA Intelligence Information Cable, June 28, 1968, www.cia.gov/library/readingroom/docs/DOC_0005430982.pdf.

section of Foreign Affairs asked to stop the film showing that the protest group had planned, arguing that inclusion of the press conference and exhibition meant that the meeting had a "public character" and explaining that they felt that, given "concern over maintaining an atmosphere favorable to calm discussions between the Americans and the North Vietnamese, such public propaganda activity is regrettable and it would be better to ban it in our capital."[20] The quick response to the protest showed a clear shift in government priorities.

The change in ministry reactions emerged alongside increased American pressure to limit protests. Since May, American contacts had been bringing more planned protests to French attention and more frequently requesting action on the protests. Encouraging the French to do something about the June 28 protest, the Americans had informed the French of the American "wish that all possible be done on the French side in order to preserve the favorable climate and the atmosphere of objectivity which, until now, have surrounded the negotiations underway."[21] By July such contacts with the Americans had increased to the point that the French government seemed resigned to hearing from the United States as soon as the Americans learned of a protest. In a memo listing a series of planned events, the French had remarked, "We can't rule out a reaction from [American chief negotiator] Mr. Harriman." In the margins, someone scrawled a note in response: the American ambassador, Sargent Shriver, had already contacted them.[22]

In the face of what the French deemed an "escalation" of protest activity at the start of July, which they felt threatened the "calm, objective atmosphere" of the peace talks, put "moral pressure" on the United States, and risked sparking counterprotests, the Ministry of Foreign Affairs proposed a new solution: authorize large protests in the provinces but not in Paris.[23] The government furthermore wanted protests to "take place in the most discreet fashion, without marches on public streets, nor meetings in State buildings, and with American consulates protected from all hostile demonstrations."[24] By moving protests to the provinces, the French government increased its interference in protests while not contravening French rules of free speech, creating an out-of-sight, out-of-mind approach that temporarily appeased the US delegation.

Yet much to the dismay of both the United States and France, several Paris-based protests still slipped through, either because the police felt that they

20. E. M. Manac'h to Le Cabinet du Ministre.

21. "Note pour le cabinet du ministre," June 28, 1968, AOCV no. 185.

22. "Note Pour le Cabinet du Ministre a/s manifestations pour le Vietnam," Paris, July 11, 1968, AOCV no. 185.

23. "Note Pour le Cabinet du Ministre a/s manifestations pour le Vietnam"; Le Ministre des Affaires Etrangères à Monsieur le Ministre de l'Intérieur, Paris, July 12, 1968, AOCV no. 185.

24. Le Ministre des Affaires Etrangères à Monsieur le Ministre de l'Intérieur.

qualified as private or because they were announced so quickly that there was no time to intervene.[25] For example, police activity kept a Geneva Accords anniversary protest on July 20 from becoming a street event.[26] The intervention showed that the government was serious about keeping protests "private," with limited participation and off public thoroughfares. However, because the protest had happened at all, the United States offered only halfhearted thanks, remarking that it had gone "the least bad it could have."[27]

The French hit much harder with their next move: outright banning of an event planned by PACS on July 26 because of the meeting's public nature.[28] PACS, an American group in France, offered a convenient target. Its members were foreigners and thus limited in their protest possibilities, as French law prohibited foreigners from participating in activities that might interfere with French politics. PACS was also a desirable target because the meeting ban satisfied the Americans by silencing an American antiwar voice on French soil. Targeting PACS also shielded the French from accusations that they were silencing the free speech rights of their own citizens. The move had the added benefit of pleasing the American delegation in Paris, as became clear in the immediate aftermath. When French journalist and PACS supporter Claude Bourdet inquired into reasons for the ban, a police staff member "practically admitted" to him that "the interdiction came following an intervention from the American delegation to the talks at the Hotel Majestic."[29] The action showed the government's increased control over antiwar protesting and its greater attempts to placate the Americans. Banning the meeting, on grounds that it was too public, made a statement without causing considerable fallout.

The move proved inadequate, however. With the coming of fall, French groups continued organizing protests, and the United States now seemed to expect their banning as a "token of [French] goodwill."[30] Continually worried about the "major inconveniences" protests could cause, but not responsible for implementing the ban—a responsibility that fell to the Ministry of the Interior—the Ministry of Foreign Affairs began pressuring Interior and the

25. The Asie-Océanie files do not indicate how many protests were moved to the provinces.

26. At this protest, teams from the Communist Mouvement de la Paix delivered petitions to the US consulate, which did not want to receive any delegations. Monsieur de Beaumarchais, de la part d'Yves Delahaye, July 22, 1968, AOCV no. 185.

27. Monsieur de Beaumarchais, de la part d'Yves Delahaye.

28. Préfecture de Police, July 25, 1968, AOCV no. 185; Le Ministre de l'Intérieur à Monsieur le Ministre des Affaires Etrangères, Paris, July 30, 1968, AOCV no. 185.

29. Léo Hamon to Maria Jolas, Aug. 1, 1968, Paris, box 1/PACS dissolution papers, Wisconsin Historical Society. Le monde reported that a source had told it that the meeting "had been banned due its public nature, incompatible, they specified, with the current undertaking of international conversations in Paris" ("Précisions sur l'interdiction à Paris").

30. J. le Blanc, "Re: l'Huma," n.d., AOCV no. 185.

prefecture to follow up on protests more quickly.[31] It also pushed to make even provincial locations less effective, requesting, for example, that one protest scheduled to happen outside Paris be allowed only if it "takes place in a private and closed-entry location, [with] no publicity given to its debates and [with] it not showing the characteristics of a public protest."[32] The stated limitations seemed to point toward a goal of making protest of the war not worthwhile at all.

In the midst of this rule tightening, the hammer fell on PACS in mid-October 1968.[33] From the prefecture, PACS members learned that their group had been banned completely, allegedly due to its public nature and involvement with American military deserters in France. Etienne Manac'h, responsible for the Asie-Océanie division, claimed that he had had no prior knowledge of the decision to ban the group, but a government spokesman told the *New York Times* that the decision was made "because the government wants absolutely nothing to trouble the [ongoing Vietnam War] negotiations."[34] It is interesting to note that the ban came hard on the heels of a meeting between former French prime minister Michel Debré and American president Lyndon Johnson. In a conversation in the United States on October 11, Johnson commented to Debré that "it is a tribute to the character of the French people . . . that despite their views on the Viet-Nam war, they made it possible for us to hold the talks in their country." Debré responded by assuring the president that "there was no doubt that for the duration of the talks, the French Government would do what was necessary to assure a propitious material, political, and intellectual atmosphere for them."[35] Within a week, PACS had been banned.

While not the result of Ministry of Foreign Affairs' actions, the move fit within the growing philo-American intolerance of protests and desire to prove that the French could serve the international role of hosts. The Communist Mouvement de la Paix had protested the earlier meeting ban, releasing a statement proclaiming that "the choice of Paris as the site of the peace talks should not mean, in any way, that we are obliged to give up actions in the capital that call for an end of American aggression in Vietnam."[36] Bourdet denounced the PACS ban as a measure that made the group "a victim on the altar of Franco-American rapprochement."[37] But complaining was in vain. The wish the Asie-

31. E. Manac'h to Aubert, and H. Alphand to Aubert, Paris, Oct. 1, 1968, AOCV no. 185.

32. Note, Oct. 5, 1968, AOCV no. 185.

33. *France-soir*, "Un groupement parisien de pacifistes U.S. interdit."

34. *New York Times*, "Antiwar Americans Curbed by France." For more details on PACS and its dissolution, see Keenan, "'At the Crossroads of World Attitudes and Reaction.'"

35. Memorandum of Conversation: Washington, Oct. 11, 1968. Subject: US-French Relations; Soviet Intervention in Czechoslovakia; the Middle East; and Viet Nam, quoted in Miller, *Western Europe*, 85.

36. *Le monde*, July 30, 1968.

37. *Le monde*, "M. Claude Bourdet s'élève."

Océanie division had expressed for a "calm, objective atmosphere" in Paris was shared widely and had serious consequences for antiwar protesters in France.

Around the same time as the dissolution of PACS in October, the Ministry of Foreign Affairs laid out its "doctrine" on protest clearly, setting the new guidelines for antiwar protests down in writing. The rule, an internal memo announced, was to "only tolerate [anti–Vietnam War meetings] if they are incontestably private, the criteria for which is as follows: written invitations, closed location, control at the entry."[38] This marked a decisive departure from the attitude of the previous year, when street protests were kept under observation by the government but were allowed to proceed nonetheless. The ministry's new stance meant that these "private" meetings allowed for free speech but limited how such speech could be disseminated and clearly specified that such speech was to stay out of the public arena and out of sight—especially the sight of anyone involved in the peace talks.

Because enforcement of bans fell to the Ministry of the Interior and the police, the Ministry of Foreign Affairs quickly became frustrated with the implementation of its "doctrine." Officials felt that the Ministry of the Interior followed their guidelines too literally, thus letting protest meetings proceed that technically followed the rules but angered the United States, on the one hand, and spilled too much into the public arena, on the other. Thus, for the remainder of the year and into the next, the Ministry of Foreign Affairs concentrated on attempting to redefine "public." It tried and failed to get a Mouvement de la Paix meeting in October stopped, because while it was "formally" private, one could not "conceal . . . that the meetings fit into . . . a large public opinion campaign."[39] To make sure an international meeting in Boulogne-sur-Mer took place with "extreme discretion," it requested that the locations be closely watched, to guarantee that they were indeed private locales and that international participants were monitored in transit to avoid any chance of protests breaking out en route.[40] It called on the police to intervene in a Parti Communiste Français antiwar petition campaign on the grounds that plans to collect signatures on factory sidewalks could be considered public activity.[41] By delimiting what counted as "public," the Ministry of Foreign Affairs hoped to control

38. E. Manac'h, Paris, Oct. 15, 1968, AOCV no. 185.

39. Note, Paris, Oct. 15, 1968, and note, Oct. 18, 1968, AOCV no. 185. The Interior Ministry refused to ban the protest because ministry officials felt that it did meet the requirements of a "private" meeting.

40. Le Ministres des Affaires Etrangères à Monsieur le Ministre de l'Intérieur, Paris, Oct. 23, 1968, AOCV no. 185.

41. Préfet de Police report, Jan. 10, 1969, AOCV no. 185; Direction Centrales des Renseignements Généraux, Paris, Feb. 7, 1969, "La Campagne Communiste en Faveur du Vietnam," AOCV no. 185. Handwritten notes from the Foreign Ministry on both documents question if the protest locations are truly private.

the number of protests. Its inability to fully do so became apparent even to the Americans: when the mid-October meeting could not be banned, US embassy personnel reported that the Ministry of Foreign Affairs official they spoke to "was clearly embarrassed by the decision."[42]

From the start of 1968 to the start of 1969 the number of anti–Vietnam War protests did decline. Of course, the Ministry of Foreign Affairs could not claim full credit for the decrease. As noted, students had lost interest in Vietnam. A November antiwar protest fizzled, with student action committees arguing that it "did not refer to French problems" and thus "would get hardly any audience."[43] And some notable protests did occur: a small group of activists hung the National Liberation Front flag from Notre-Dame, and street actions broke out when newly elected President Richard Nixon visited in early 1969.[44]

Yet Ministry of Foreign Affairs actions had caused changes in French government relations with antiwar protest movements. The repeated push for moves to the provinces or to private locations reflected the ministry's desire for limited protest visibility and attractiveness and a wish to appease the Americans at the cost of French public expression. The government had also become much more proactive. For instance, when Vice President Hubert Humphrey visited in 1967, out-of-control protests forced him to change his car route into Paris and even cancel his dinner plans. The protests that did break out against Nixon were much less volatile, in no small part because the government had had known activists arrested before he arrived.[45]

Policy Problems and Procedural Changes Post-May

As the chronology indicates, the more restrictive protesting doctrine faced obstacles, and closely examining the move to tighter control over antiwar protests reveals insights into both philosophical concerns facing the government and more basic domestic realities. First, regarding domestic reality, the archives demonstrate the difficulties besetting the inner workings of the French government. As the Ministry of Foreign Affairs attempted to coordinate with the Ministry of the Interior so that its policies could be enforced, it encountered numerous problems. Sometimes these were mundane; Interior and Foreign Affairs had to clarify to whom memos should be addressed, for example, because interoffice

---

42. President's Daily Brief, Oct. 18, 1968, www.cia.gov/library/readingroom/docs/DOC_0005976415 .pdf.

43. *Le monde*, "'La journée pour la paix au Vietnam.'"

44. *Le monde*, "Le drapeau du FNL a flotté dimanche"; *Le monde*, "L'agitation pour l'arrivée du Président Nixon."

45. *Le monde*, "L'agitation pour l'arrivée du Président Nixon."

mail risked getting lost.[46] Obtaining information about protests and protesters posed problems as well. The Ministry of the Interior was responsible for most surveillance and was expected to share its information with the Quai d'Orsay, but Foreign Affairs frequently had to source its own information, much to its dismay. "How regrettable," one official wrote to a colleague, "that you should have to read *L'humanité* to keep up!"[47] Multiple letters from the Ministry of Foreign Affairs pushed for follow-up and asked for policy enforcement. This nagging led to increasingly sharp responses pointing out that the Ministry of the Interior was doing its job and did not need reminders, causing Foreign Affairs to finally note that they should probably stop bringing the policy up—or risk seriously annoying their colleagues.[48]

More significantly, the division of tasks between offices highlighted the gap between domestic policy and domestic practice. The Ministry of Foreign Affairs shifted its definition of acceptable protests and set ideal standards of what was permissible, but actually banning protests fell to the Ministry of the Interior. The division between the ministries and their tasks highlighted the separation between desire and enforcement, meaning that in practice policy had to stand down before procedure.

Policy changes, although they may not have been continually enforced to the Quai d'Orsay's desire, are useful in seeing the practical impacts of May–June 1968 on the Gaullist regime. The evolution demonstrates that the government was no longer content to simply observe groups. The changed focus arose in part due to Gaullist foreign policy but also reflected lessons learned from May. When the police protests were evaluated, they looked for direct ties to May: in a memo about banning the July PACS meeting, the police signaled to the Quai d'Orsay that one participant was the brother of May activist Alain Krivine of the JCR. Jean-Michel Krivine had not participated in the JCR, but the reference implied that the connection alone made him a threat.[49] Additionally, the proactive move of arresting militants before protests showed unwillingness now to allow protests simply to play out. Finally, the repeated requests for protests to be "discreet" and the insistence that protests be kept out of public space showed that the government was much more aware of the possibilities that could arise from left-wing antiwar activity on the street. The government may have had difficulties coordinating its efforts, but in the aftermath of May it had learned to be wary.

46. J. le Blanc to M. Delahaye, Paris, Oct. 5, 1968, AOCV no. 185. Instructions on how to address mail sought to avoid a "rather significant delay."

47. EM to Le Blanc, Paris, Sept. 20, 1968, AOCV no. 185.

48. Ministre de l'Intérieur à Monsieur le Ministre des Affaires Etrangères, Paris, Jan. 30, 1969, AOCV no. 185.

49. Préfecture de Police, July 25, 1968, AOCV no. 185.

Protest Policy Changes and Evolutions in Franco-American Relations

The glimpses that the Ministry of Foreign Affairs moves offer into changed Franco-American relations are even more revealing. De Gaulle had become known for his public stance against US actions in Vietnam. His repeated calls for a negotiated peace based on self-determination irked the Americans and offered him the opportunity to position France as an international role model.[50] But when negotiations became a possibility and Paris appeared on the hosting short list, de Gaulle's tone began to soften. He offered public praise for a Lyndon Johnson negotiating move and publicly supported Paris as the host location for peace talks.[51]

The desire to host may have provoked the shift in foreign policy, but May doubtless accelerated the improvement in Franco-American relations. At the height of the crisis, just before his infamous trip to Baden-Baden, de Gaulle met with the American ambassador and argued that the United States and France were inextricably linked despite their differences. As he told Sargent Shriver, "At bottom, we are, you and us, in the same camp: of freedom."[52] By aligning himself with the United States in the Cold War, de Gaulle set himself against the Left in France and indicated an opening up to American initiatives.

The United States, moreover, saw clearly what the uprisings offered for American interests. As early as May 28 Ambassador Shriver was reporting back to the United States that "whatever the outcome of present trials, it already is clear that De Gaulle's authority in France will be significantly reduced, and that his standing and France's leverage in the international area will be considerably diminished." Shriver pointed out that "France's internal problems should encourage any tendencies already at work for De Gaulle to ease off on his anti-American posture" and concluded by remarking that "in general De Gaulle must have need for better relations with US to bolster his reputation at home."[53] On June 4 the embassy reported to Washington that "for [the] short term we can probably expect modulation and rounding of edges in foreign policy. This could mean tactical warming of Franco-American relations, cooling towards Moscow and restraint regarding Vietnam," and noted hopefully that "cooperation in certain areas could develop, particularly since France will be in trouble

---

50. On the evolutions in Gaullist foreign policy, see Baulon, "Mai 68 et la réconciliation franco-américaine"; Martin, *General de Gaulle's Cold War*; and Journoud, *De Gaulle et le Vietnam*.

51. Hess, "De Gaulle Praises Action by Johnson"; Frankel, "U.S. Accepts Hanoi's Plan to Begin in about a Week." Journoud places de Gaulle's shift at this pre-May moment (*De Gaulle et le Vietnam*, 309–11).

52. Hess, "De Gaulle Cites Ties with U.S."

53. Embassy in France to the Department of State, May 28, 1968, Paris, quoted in Miller, *Western Europe*, 79.

financially and doctrine may become less important than pragmatism."[54] The Americans fully intended to use de Gaulle's need for a stronger domestic position in the wake of May to their advantage.

The first post-May ban requested by the United States, of the meeting at Ranelagh in late June–early July, showed the shrewdness with which the United States played its cards and how the Americans worked to curry French favor. Stating that they were worried that the protest might put too much "pressure" on US delegates, the Americans contacted the Quai d'Orsay with the hope that the French could do something. The United States mentioned protesters' connections to the Russell Tribunal, the only pre-May protest blocked outright by the state for interference in foreign affairs. The reference reminded the French that they had blocked activities before and invoked Gaullist power to control the public. The professed concern over "pressure" brought up the French need to present Paris as a suitable, and above all neutral, host city for the ongoing talks, especially in the wake of May. According to a French report, the undersecretary of the American embassy "did not hide his disappointment" on learning that the French police would not ban the protest.[55]

The Americans badgered the French to act. The undersecretary immediately followed the rejection of the Ranelagh ban by complaining about other protests that had been allowed.[56] At one point the undersecretary called twice in one day and then demanded a meeting to get an explanation for why a protest was happening.[57] The American ambassador himself called to express his concerns, moving beyond leaving communications to his staff.[58] The increased pressure on the French showed an American desire for and expectation of results, indicating an awareness that now their requests might receive a favorable response.

Throughout, the United States flattered the French, demonstrating an awareness of the need to placate France's (or, in their view, de Gaulle's) ego. Banning a protest would, Undersecretary Dean said at one point, be a "token

54. AmEmbassy Paris to SecState WashDC, "Situation Report Noon June 4," June 4, 1968, National Security File, Country File: France, box 173, vol. 13, cables (1 of 2), 1/68–7/68, Lyndon Baines Johnson Presidential Library.

55. Note, Paris, July 5, 1968, AOCV no. 185.

56. Note, Paris, July 5, 1968, AOCV no. 185. The protest was an organized march to deliver petitions to mark the Geneva convention. While he complained that the protests were "an act of propaganda and a means of pressuring the American delegation in Paris," Undersecretary Dean ended by noting that "as a rule . . . [the US team] was not receiving any delegation [of protesters] at all" (note, Paris, July 5, 1968, AOCV no. 185), thus indicating that the United States was doing its own part on French soil to limit protest efficacy.

57. J. le Blanc to E. Manac'h, Paris, Sept. 23, 1968, AOCV no. 185.

58. Note, Oct. 18, 1968, AOCV no. 185.

of [France's] goodwill."[59] In another case he told them that he had been embarrassed when a protest took place. He was also disturbed that others seemed to have been planned "without any hindrance from French authorities"—but before he wrote to Washington to explain, he said, he wanted to talk to the French to "hear [their] side of the story."[60] His comments implied that the Americans were giving the French a chance to show that they could control protest activity. In fact, the French, the United States proclaimed, had the power to make sure that negotiations went smoothly. As the ambassador himself said, the French had given "assurances" for a "favorable atmosphere for the talks," and "it would be regrettable to see this change."[61] The Americans continually played to the French desire to prove that the Gaullist government needed to demonstrate control, remained capable of doing so despite the May disruptions, and was still a significant participant in this key international moment.

The repeated calls for "calm," "serene," and "favorable atmospheres" all reflected the importance of the talks to French image. Given that the talks began just as May exploded into real violence, it was ridiculous to proclaim, as Couve de Murville had done, that Paris was the "capital of peace."[62] During May, in fact, the volatile protest had forced the government to underline the need for the French to present the proper attitude as hosts, asking that "our fellow citizens observe a strict reserve and the greatest calm, whatever their sympathy for one or the other [side of the talks]."[63] The student newspaper *Action* quoted the president of the Municipal Council of Paris as being even more direct: "At the moment when Paris, chosen as the meeting site for Vietnam negotiations, thus sees its vocation as capital of peace affirmed, it is inadmissible that a handful of agitators, among whom some are scandalously abusing traditional French hospitality, should indulge in acts of violence that don't even spare the passerby."[64] But even in the aftermath of the disarray, the imagery of a "calm" and "objective" public space recurred. This diplomatic language spoke more to the desired international image that France wished to craft for itself than to the actual, lived reality of 1968 France. French invocations of "calmness" and "serenity" reflected their goal of living up to their new identity as global hosts. The Americans, for their part, willingly played into the French desire to present themselves as holding a significant role in the world by requesting such an atmosphere from the French.

59. J. le Blanc, "re: l'Huma," Sept. 19, 1968, AOCV no. 185.
60. J. le Blanc to E. Manac'h.
61. Note, Oct. 18, 1968, AOCV no. 185.
62. Tanner, "France Expects Full Peace Talks Will Come in Paris."
63. Th., "Au conseil des ministres."
64. *Action*, "Chiens de garde."

In any case, Quai d'Orsay's reactions showed a desire to placate the United States. The Ministry of Foreign Affairs came to expect US contacts. One internal memo began, "Mr. Dean of course drew my attention to this."[65] The French knew that the United States was "particularly sensitive" about antiwar protests—possibly considering the Americans overly so, as they remarked at one point that American reactions to the potential dangers of protests were "perhaps exaggerated."[66] But repeatedly, the Ministry of Foreign Affairs leaped to ban protests as soon as US officials expressed concern, and sometimes even before. The ministry agreed that protests could "pose a problem" for the American delegation and for France's ability to host properly.[67] In Quai d'Orsay's favorite phrase, protests would be a "major inconvenience" to the talks and thus needed to be hidden or stopped.[68] When faced with US displeasure, the Ministry of Foreign Affairs scrambled to justify itself and maintain good relations.

One major interaction with North Vietnam during this period demonstrates the inclination to please the American side. Learning that *gauchiste* students who had met with the North wanted to protest, the minister of foreign affairs asked leader Mai Van Bo to get the students to back off. Van Bo listened politely but insisted that there had been no student meeting, that he had no idea that a protest was planned, and that he had in fact given orders to keep his own people off the street. Questioning his remarks, ministry officials reported that they needed to determine if Van Bo was "being genuine."[69] French officials responded to the United States with acquiescence but to the North Vietnamese with distrust.

Even though France publicly proclaimed in September that its foreign policy had not changed, the crackdowns on protest and the attitudes toward the United States demonstrated a clear philo-American shift in French policy.[70] The Americans noted this as well. In late July American intelligence reported that "Paris seems to be trying to improve the atmosphere with Washington," highlighting among other positive moves that "the French are also cooperating much more closely about security matters for the Paris talks."[71] An October

65. JlB to Manac'h, Paris, Sept. 30, 1968, AOCV no. 185.

66. Note, Oct. 18, 1968, AOCV no. 185; "Note Pour le Cabinet du Ministre a/s manifestations pour le Vietnam."

67. Note, Oct. 18, 1968; "Note Pour le Cabinet du Ministre a/s manifestations pour le Vietnam."

68. See, e.g., a letter from the Foreign Ministry to the Interior, where the minister noted, "I feel obligated to call your attention to the major inconvenience that the continuation of these protests would cause if they did not take place under conditions of extreme discretion." Le Ministre des Affaires Etrangères à Monsieur le Ministre de l'Intérieur, Paris, Oct. 23, 1968, AOCV no. 185.

69. Le Ministre des Affaires Etrangères à Monsieur le Ministre de l'Intérieur, Paris, Nov. 22, 1968, AOCV no. 185.

70. *New York Times*, "Debre Says Foreign Policy of France Will Not Change."

71. President's Daily Brief, July 27, 1968, www.cia.gov/library/readingroom/docs/DOC_0005976273.pdf.

telegram from the embassy concluded that "although there were no basic changes in French foreign policy, one result of the May events had been the improved atmosphere of our bilateral relations."[72] Because of domestic disturbances, some foreign relations had smoothed out.

Protest Policy Changes and Ideas on Free Speech

Of particular interest in an examination of French government protest responses is the chance it offers for a look at how the government conceptualized control over free speech. The government never attempted to censor *what* could be said during Vietnam War protests. Rather, there were attempts to limit *where* it could be said.

By insisting that commentary against the US government be relegated to the provinces or to closely controlled private locations within the capital, the government emphasized that the practice of free speech included a public-private space component wherein expression in physical public space came under state, and not popular, control. In part, the distinction played into the desire to please the United States. After moving the first protest to the provinces in June, the government noted that "the American Embassy stated it was satisfied with . . . having [meetings] in the provinces." French officials proposed "that this same rule be applied to all protests, regardless of the political tendency of their organizers, as long as the protest concerns Vietnam, and that this be the rule throughout the Paris Peace Talks."[73] The attempt to control protest location also reflected a desire to maintain the delicate balance between acting as a proper host city, keeping protests under control and obeying, as the government put it, "the demands that freedom of speech and information impose on us."[74] Location change offered the possibility of controlling speech without appearing to violate a key French right.

Moreover, this fight over location of protests continued the battle for control of public presentation of foreign policy that had begun with de Gaulle's ban of the Russell Tribunal from meeting in Paris. As noted, de Gaulle in 1967 reminded Russell Tribunal organizers that the state controlled the judicial realm. At that time, the French government could not allow use of public space that risked putting a veneer of official legality on a French foreign policy view that did not come from the government itself—although it was willing to allow other protests, no matter how large or where situated. But the post-May call for

72. Telegram from the Embassy in France to the Department of State, Paris, Sept. 2, 1968, 1827Z, quoted in Miller, *Western Europe*, 84.

73. "Note Pour le Cabinet du Ministre a/s manifestations pour le Vietnam."

74. Le Ministre des Affaires Etrangères à Monsieur le Ministre de l'Intérieur, Paris, July 12, 1968.

moving Vietnam-connected protests to the provinces went beyond the concern with the legal claims of the speakers, to an attempt to muzzle anti–Vietnam War speech. The government was thus seeking to reserve public speech on an international matter for itself. May '68 may have allowed for a softening in Franco-American relations, but the government's treatment of protesters showed that its change in opinion meant that French domestic perspectives had hardened. The evolving antiwar protest policies in the aftermath of May highlight the significance of governmental control over the geographic component of free speech.

Protest Changes and Insight into the Vietnam War and May '68

Finally, looking at the reactions to protests underscores the global nature of the Vietnam War and of developments in France after May 1968. American, North Vietnamese, and French responses to protests in France show that the fight for "victory for Vietnam," as the French Left put it, extended beyond Asia to the public areas of France and bring out the need to consider the international arena when evaluating post-May France.

American commentary to the French repeatedly reiterated a concern about a negative atmosphere that could harm US chances at the negotiating table. Although the United States was not on trial, as it had been with the Russell Tribunal, the Americans were clearly worried about operating in a hostile environment and, above all, were seeking to create some positive public opinion. Americans flattered the French, but they also believed that Paris needed to be a level playing field. If one side received a larger cheering squad than the other, attitudes at the talks could be affected, and the United States did not want French protests in the streets to tip the balance inside the building.

Similarly, Van Bo's comment about strict orders as to how the Vietnamese community was to act during talks shows the North Vietnamese were also aware that the world was watching. The North had met with French antiwar activists previously, but their hesitation now showed the higher stakes the negotiations posed and the realization that appearances mattered. To borrow a famous phrase, these concerns over protests in France demonstrate that the battle for "hearts and minds" extended beyond the battlefields and towns of Vietnam, spilling into the streets of Paris.

This global nature of the Vietnam War also holds significance for understanding France's role globally in the late 1960s, as well as how the domestic protests of May–June 1968 had a global character. First, the belief that the French could help determine the negotiating atmosphere by monitoring activity on its streets means that the host country has to be considered an important player in the negotiations. The host country's responsibility for crafting a welcoming, or at the very least neutral, atmosphere gave it a role in facilitating the talks that should not be overlooked. Second, however, the overlap between the development of the Vietnam War talks in Paris and the aftermath of the May events cannot be overemphasized. The increased American push for limits on protests came in no small part from the perception that de Gaulle had been weakened in the aftermath of May and thus that his country would be more open to pro-American adjustments. The United States noted in September that the government of France's position "internally and externally was weakened by May–June French crisis."[75] The French desire to appear as better hosts, in control of their capital city and especially amenable to US demands that would result in a "calm, objective atmosphere" no doubt came from the need to reestablish Gaullist power and French positioning internationally in the wake of May.

Conclusion

Analysis of the Quai d'Orsay archives demonstrates the significance of changes in antiwar protests during 1968. This study adds to our understanding of Franco-American relations by delineating the shifted power dynamic between France and the United States as they worked out host relations. It expands Journoud's exposition of the shift in French foreign policy before May by highlighting the practical steps France took to indicate its new pro-American stance. It adds to Vietnam War studies by illuminating the importance of the host location to understanding how the peace talks played out. It augments work on May '68 by showing that, whereas expected cultural, educational, and social changes may not have occurred, the protests had key ramifications on foreign policy and, by extension, on domestic policy.

Research into the Asie-Océanie division of the Ministry of Foreign Affairs in the aftermath of the 1968 protests serves as a significant reminder that the impact of May did not develop in a French vacuum. Rather, changes after May were influenced by domestic *and* international factors. In considering how French domestic experience evolved after May, the examination of French government reactions to anti–Vietnam War protest activities demonstrates that a global perspective is required.

75. Telegram from the Embassy in France to the Department of State, quoted in Miller, *Western Europe*, 83.

BETHANY S. KEENAN is associate professor of history at Coe College. Her most recent publication is "'At the Crossroads of World Attitudes and Reaction': The Paris American Committee to Stopwar and American Anti-war Activism in France, 1966–1968" in the *Journal of Transatlantic Studies* (2013).

Acknowledgments

The author would like to thank the anonymous readers, editors Don Reid and Daniel Sherman, and the insightful participants of the "May '68: New Approaches, New Perspectives" conference at the National Humanities Center in February 2017 for their excellent suggestions. Research for this project was completed with the help of funding from the National Endowment for the Humanities, Coe College's Beahl and Irene H. Perrine Faculty Fellowship, and the Society for the History of American Foreign Relations' William Appleman Williams Junior Faculty Research Grant. An earlier version of this article was presented at the 2013 Western Society for French History annual conference.

References

Action. 1968. "Chiens de garde." May 7.

Asselin, Pierre. 2002. *A Bitter Peace: Washington, Hanoi, and the Making of the Paris Agreement*. Chapel Hill, NC.

Baulon, J. P. 2005. "Mai 68 et la réconciliation franco-américaine: Les vertus diplomatiques d'une tourmente intérieure." *Guerres mondiales et conflits contemporains* 218: 115–31.

Dreyfus-Armand, Geneviève, and Jacques Portes. 2008. "Les interactions internationales de la guerre du Viêt-Nam et Mai 68." In *Les années 68: Le temps de la contestation*, edited by Geneviève Dreyfus-Armand, Robert Frank, Marie-Françoise Lévy, and Michelle Zancarini-Fournel, 49–68. Brussels.

Le Figaro. 1968. "Huit mille personnes ont manifesté à Paris contre l'action américaine au Vietnam." Feb. 22.

France-soir. 1968. "Un groupement parisien de pacifistes U.S. interdit." Oct. 19.

Frankel, Max. 1968. "U.S. Accepts Hanoi's Plan to Begin in about a Week: Johnson Cautious but Voices a Hope for 'Serious Movement' for a Settlement. French Forecast a De Gaulle Role." *New York Times*, May 4.

Gardner, Lloyd C., and Tet Gittinger, eds. 2004. *The Search for Peace in Vietnam, 1964–1968*. College Station, TX.

Garrison, Lloyd. 1968. "Policemen in Paris Storm Student-Held Barricades." *New York Times*, May 11.

Hess, John L. 1968. "De Gaulle Cites Ties with U.S. as Shriver Offers Credentials: Nation Is Tense." *New York Times*, May 26.

———. 1968. "De Gaulle Praises Action by Johnson." *New York Times*, Apr. 4.

———. 1968. "A General Strike to Back Students Starts in France." *New York Times*, May 13.

L'humanité. 1968. "Manifestation au quartier Latin." Feb. 22.

Jalabert, Laurent. 1997. "Aux origines de la génération 1968: Les étudiants français et la guerre du Vietnam." *Vingtième siècle* 55, no. 1: 69–81.

Journoud, Pierre. 2011. *De Gaulle et le Vietnam, 1945–1969: La réconciliation*. Paris.

Keenan, Bethany S. 2009. "'Vietnam Is Fighting for Us': French Identities and the U.S.-Vietnam War, 1965–1963." PhD diss., University of North Carolina at Chapel Hill.

———. 2011. "'Flattering the Little Sleeping Rooster': The French Left, de Gaulle, and the Vietnam War in 1965." *Historical Reflections/Réflexions historiques* 37, no. 1: 91–106.

———. 2013. "'At the Crossroads of World Attitudes and Reaction': The Paris American Committee to Stopwar and American Anti-war Activism in France, 1966–1968." *Journal of Transatlantic Studies* 11, no. 1: 62–82.

Kimball, Jeffrey. 1998. *Nixon's Vietnam War*. Lawrence, KS.

Martin, Garrett Joseph. 2013. *General de Gaulle's Cold War: Challenging American Hegemony, 1963–1968*. New York.

Miller, James E., ed. 2000. *Western Europe*. Vol. 12 of *Foreign Relations of the United States, 1964–1968*. Washington, DC.

Le monde. 1968. "'La journée pour la paix au Vietnam' n'a connu aucun succès à Paris." Nov. 24–26.

———. 1968. "Manifestations en France et à l'étranger: Paris: Cortège au Quartier Latin et bagarres devant l'ambassade du Vietnam du Sud." Feb. 23.

———. 1968. "M. Claude Bourdet s'élève contre la mesure d'interdiction visant le 'Paris American Committee to Stop War.'" Nov. 1.

———. 1968. "Précisions sur l'interdiction à Paris d'une réunion consacrée au Vietnam." July 28–29.

———. 1969. "L'agitation pour l'arrivée du Président Nixon." Mar. 1.

———. 1969. "Le drapeau du FNL a flotté dimanche sur la flèche de Notre-Dame de Paris." Jan. 21.

———. 1969. "Un meeting du Comité Vietnam jeudi à la Mutualité." Feb. 18.

New York Times. 1968. "Antiwar Americans Curbed by France." Oct. 17.

———. 1968. "Debre Says Foreign Policy of France Will Not Change." Sept. 13.

Pas, Nicolas. 1998. "Sortir de l'ombre du Parti Communiste Français: Histoire de l'engagement de l'extrême-gauche française sur la guerre du Vietnam 1965–1968." PhD diss., Institut d'Etudes Politiques.

———. 2000. "'Six heures pour le Vietnam': Histoire des Comités Vietnam français 1965–1968." *Révue historique* 302, no. 1: 157–85.

Sartre, Jean-Paul. 1972. *Situations, VIII: Autour de '68*. Paris.

Seidman, Michael. 2003. *The Imaginary Revolution: Parisian Students and Workers in 1968*. New York.

Suri, Jeremi. 2003. *Power and Protest: Global Revolutions and the Rise of Détente*. Cambridge, MA.

Tanner, Henry. 1968. "France Expects Full Peace Talks Will Come in Paris: Couve de Murville Foresees U.S. and North Vietnam Widening Negotiations." *New York Times*, May 9.

Th., P. 1968. "Au conseil des ministres." *Le Figaro*, May 9.

Vietnam. 1968. "21 février." 4: 8.

L'expérience sensible du politique
Protagonisme et antagonisme en mai–juin 1968

LUDIVINE BANTIGNY et BORIS GOBILLE

PRÉCIS Sur la base d'archives et de témoignages souvent « à vif », cet article entend consti-
tuer les émotions exprimées par les acteurs de mai–juin 68 en France en objet d'étude à part
entière. En restituant par le bas l'expérience sensible du politique durant l'événement, il
cherche à montrer que les affects sont étroitement liés aux propriétés de la dynamique de
crise en même temps qu'ils participent à sa structuration. Joie du possible entrouvert, impu-
tation de la peur à l'adversaire, colère mobilisatrice, haines croisées : les émotions sont parties
prenantes du protagonisme qui s'empare d'individus découvrant la possibilité d'influer sur le
cours de l'histoire, et de l'antagonisme qui façonne la conflictualité des camps en présence.
L'article souligne ainsi l'intérêt croisé du prisme émotionnel dans l'étude des conjonctures
critiques et des conjonctures critiques dans l'appréhension des émotions par les sciences
sociales.

MOTS CLÉS 1968, émotions, politique, affects, protagonisme

Lorsqu'il explorait le sens des « événements » de mai–juin 1968 en France,
Pierre Bourdieu y décelait d'abord le bonheur d'avoir bousculé l'ordre des
choses et des places, d'avoir remis en cause « tout ce qui est admis comme allant
de soi », et d'avoir généré, le temps d'un printemps, une « extraordinaire expéri-
mentation sociale », en laquelle il voyait « la vérité du rire de Mai »[1]. Emotion
politique s'il en est, cette joie est inséparable des possibles soudain ouverts et des
futurs alternatifs un temps entrevus. Elle n'est bien sûr pas la seule en jeu. Elle
fait ainsi écho à la peur qu'ont un temps éprouvée les gouvernants et les domi-
nants face au grand ébranlement que représente « Mai », et aux haines réciproques qui forment, à leur tour, l'une des trames affectives de l'événement :
empreinte de colère, la haine surgit chez les manifestants face à la répression
policière et, « de l'autre côté », elle s'impose dans l'opposition virulente à la contestation. Indéniablement, les émotions constituent une matrice de l'événement.

---

1. Bourdieu, *Interventions*, 62.

French Historical Studies • Vol. 41, No. 2 (April 2018) • DOI 10.1215/00161071-4322954

Sensibilités et événements critiques

Pourtant, les émotions exprimées en mai–juin 1968 n'ont pas été constituées comme un objet à part entière par les sciences sociales. Il faut sans doute y voir l'effet de leur disqualification durant les événements eux-mêmes et, sans qu'il y ait là de paradoxe, dans des rangs et des « camps » opposés. D'un côté, la dimension affective de l'engagement n'a pas bonne presse parmi les activistes les plus frottés de théorie révolutionnaire, pour qui en faire état reviendrait à dépolitiser les enjeux de la contestation. De l'autre, et comme pour leur donner raison, de virulents opposants au mouvement critique, tel Raymond Aron, s'appuient sur la charge émotive jugée irrationnelle de la protestation pour dénigrer l'événement et, *in fine*, lui enlever sa teneur et sa profondeur politiques. On comprend dans ces conditions qu'il ait été difficile pour les sciences sociales de proposer des analyses centrées sur les émotions, d'autant plus que mai–juin 68 demeure un épisode historique encore très polarisé dans la mémoire politique française : elles risquaient de s'exposer à un procès pour parti pris ou pour défaut de distanciation.

Mais le discrédit qui entoure les émotions est plus profond et lointain. Les sciences sociales en général et l'histoire en particulier se sont longtemps méfiées des émotions, difficiles à objectiver et jugées tour à tour fuyantes, insaisissables et au fond anhistoriques[2]. Il y avait là une façon de reconduire l'opposition entre raison et émotion, très occidentale dans le tranchant de son partage depuis Zénon et Platon : le premier fustigeait les « mouvements de l'âme déraisonnables et contre-nature », le second les poètes bousculant par leur chant la sérénité de la cité. Le clivage a persisté dans le discours des élites : « émotions » et « émeutes » se sont longtemps confondues, disqualifiées comme plébéiennes chez des notables inquiets de la colère populaire. La dichotomie s'est encore durcie à la tombée du dix-neuvième siècle : la « psychologie des foules » selon Gustave Le Bon associait les émotions à la manipulation et les reléguait au rang d'inconscient collectif sans contrôle ni discernement.

Pour autant, le silence qui pèse sur les affects dans la littérature historique et sociologique consacrée à 1968 est étonnant dans la mesure où cet ancien paradigme a considérablement changé : les émotions ne sont plus opposées à la raison. On le sait désormais : les facultés émotionnelles non seulement font partie intégrante de l'individu rationnel, mais encore elles constituent un fondement de sa raison même. En suivant ce paradigme cognitif, George Marcus a pu parler

---

2. Il n'est pas possible, dans cet article, d'entrer dans la subtilité des distinctions sémantiques entre « émotion », « affect », « passion », « sentiment », etc., qui font d'ailleurs l'objet de définitions évolutives et instables. Pour une clarification en sociologie de l'action collective, voir Sommier, « Les états affectifs ou la dimension affectuelle des mouvements sociaux ».

d'une « intelligence émotionnelle » : l'émotion est, elle aussi, une faculté de juger[3]. Partant, l'exploration des émotions en jeu en mai–juin 1968 n'est pas une façon de dépolitiser l'événement, tant l'expérience affective est en soi une manière essentielle—et nécessaire—de s'y engager. Les émotions ne sont donc ni l'envers de la raison, ni l'envers du social et du politique.

A cet égard, il est intéressant de mobiliser les réflexions de l'économiste et philosophe Frédéric Lordon. « Les affects sont la matière même du social, et plus particulièrement ils sont l'étoffe de la politique », rappelle-t-il, dans le sillage de Baruch Spinoza ; car la politique est un art de produire des effets—un art d'affecter. S'il est des idées agissantes, c'est bien parce qu'elles sont affectantes ; elles se dotent de puissance du fait des affects qui les accompagnent ; sans la capacité d'affecter, elles seraient sans force et au fond sans conséquences. Les « passions séditieuses » ou contestataires portent en elles un « devenir perpendiculaire » et tranchent avec le temps courant de la résignation[4]. En prenant cette expérience sensible à bras le corps—et de corps il est forcément question avec les émotions—les sciences sociales ne cessent pas pour autant d'être *sociales*. La prise en compte du registre affectif ne saurait en effet conduire à une psychologisation. L'individu est un « pli singulier du social » : si une idée « touche » ou « fait mouche », c'est parce qu'elle est associée à des affects qui relèvent certes de sa complexion particulière—son *ingenium*, écrit Lordon—mais celle-ci s'enracine dans les structures sociales comme dans les socialisations et expériences sociales multiples de l'individu[5]. La part sociale des affects se mesure également à l'existence de « régimes émotionnels », c'est-à-dire de styles d'émotions communs à des groupes sociaux à une époque donnée, comme l'écrit William Reddy. Certes, ces régimes sont traversés de pratiques et d'écarts propres à des sous-groupes voire à des individus—un groupe social ne marche jamais « comme un seul homme » et l'expression des émotions est toujours une « navigation » entre différents pôles, une adaptation aux attentes et aux règles en même temps qu'une distance à leur égard et un jeu avec elles. Néanmoins, la conduite effective d'un individu n'est jamais purement idiosyncrasique : les régimes émotionnels se structurent autour d'idéaux et de normes qu'il faut bien nommer collectifs parce qu'ils sont associés à une histoire, une condition ou une expérience partagée. Aussi l'étude des affects appartient-elle aux sciences sociales. A la science politique également, car un « régime collectif d'affects », écrivent Lordon et le philosophe Yves Citton, renvoie à une dynamique affective, à un processus

3. Marcus, *Sentimental Citizen*, 20 ; Boquet et Nagy, « Une histoire des émotions incarnées », 7 ; Boquet et Nagy, « Pour une histoire des émotions », 31.

4. Lordon, *Capitalisme*, 179–81 ; Lordon, *La société des affects*, 101.

5. Lahire, *Dans les plis singuliers du social* ; Lordon, *Les affects de la politique*, 15, 35, 57, 58 ; Lordon, *Capitalisme*, 179–81 ; Lordon, *La société des affects*, 8–9 ; Gobille, « Les idées de mai 68 ».

de composition des émotions qui est en soi un travail politique puisqu'il est à l'origine d'une puissance d'agir[6].

Cette puissance d'agir pourrait renvoyer à la « capacité d'agir », ou *agency*, comme faculté d'interprétation, de critique et de négociation, capacité cognitive et pratique mobilisée en situation. Les champs disciplinaires qui se sont emparés de cette notion sont très divers—des *subaltern studies* aux *gender studies*, en passant par l'histoire du mouvement ouvrier, l'anthropologie de la domination et les *cultural studies*. Ses acceptions sont par conséquent elles-mêmes plurielles, selon le degré de marge de manœuvre qu'elle reconnaît aux dominés, selon qu'on en traque les manifestations dans les discours ou dans les pratiques, selon les contextes où on la met en œuvre—de la tyrannie ouverte aux interstices de la domination—selon, enfin, ce qu'elle qualifie, des micro-résistances à la rébellion ouverte. Tendanciellement cependant, elle fait l'objet d'usages plutôt microsociologiques et micro-historiques centrés sur l'agent individuel ou sur des collectifs restreints, auxquels on reconnaît, précisément, une *agency*. Aussi nous a-t-il paru plus pertinent de travailler ici avec une notion tenant compte de la situation particulière qu'offre un événement critique ou révolutionnaire : celle de *protagonisme*. Le concept en a été forgé par l'historien Haim Burstin dans le cadre d'une anthropologie politique attentive aux pratiques et aux comportements des « révolutionnaires " en action " ». Elle permet d'appréhender comment, dans et par l'événement, des individus ordinaires « prennent conscience d'être les agents potentiels de leur propre histoire », autrement dit comment ils deviennent de « nouveaux sujets politiques ». Inséparable de la découverte *in situ* et *in actu* d'une « capacité d'initiative politique » et de « l'expérience personnelle de l'histoire en acte », elle rend compte de l'attraction vers la vie publique et vers l'engagement d'individus ordinaires souvent sans politisation préalable— ceux qui, précisément, font le nombre au-delà des seuls activistes et militants. Elle suggère enfin que ces mécanismes doivent être observés au niveau des « attitudes qui s'imposent au sein d'un événement », et qu'ils entremêlent des dimensions tout à la fois publiques et privées, politiques et émotionnelles[7].

Burstin a proposé le concept de « protagonisme » en analysant la participation politique et l'intervention populaire dans la France révolutionnaire de 1789–94. Et de fait, c'est notamment à propos de la Révolution française que les dimensions émotionnelles de l'agir sont revenues au cœur du questionnaire. Moment d'exacerbation des affects, le phénomène révolutionnaire sembla

---

6. Reddy, « Emotions et histoire contemporaine », 44 ; Citton et Lordon, « Un devenir spinoziste des sciences sociales ? », 32.

7. Burstin, *Révolutionnaires*, 17, 232, 414, 231, 175, 154–55, 53. Voir aussi Deluermoz et Gobille, « Protagonisme et crises politiques ».

longtemps le théâtre d'une contradiction entre la confiance dans les pouvoirs de la Raison et la libération d'affects irrationnels. Or les émotions, jusqu'aux plus excessives comme celles que propageaient les rumeurs et qui débouchèrent sur des débordements sanglants, apparaissent inscrites dans des rationalités pratiques dès lors qu'elles sont saisies par une analyse processuelle et rapportées à l'état conjoncturel des équilibres et déséquilibres politiques, à la dialectique de la confiance et de la défiance, aux tensions incessantes entre investissements de stabilité et mécanismes de déstabilisation[8].

S'il est particulièrement activé durant et par l'événement lui-même, le registre émotionnel est également au principe de valeurs, de concepts, de visions du monde et d'attitudes qui ont préalablement rendu possible la rupture révolutionnaire, tels le sentiment de l'égalité et le « désinvestissement symbolique et affectif de l'autorité »[9]. Cette perspective a le mérite de ne pas rabattre les raisons d'agir qui président aux événements critiques sur les seuls intérêts ni sur les seules idées et idéologies, mais d'intégrer les transformations qui affectent les sensibilités. La critique de l'autorité et la mise en cause de l'ordre établi en mai–juin 1968 sont difficilement pensables sans l'existence préalable d'une « crise de sensibilité » et d'une « sensibilité de crise ». Liées aux mutations de l'ordre scolaire et à la crise des rapports d'autorité qui déstabilise la plupart des instances de socialisation depuis les années 1950, elles ont contribué à forger des « vocations d'hétérodoxie », restées souterraines avant que l'événement amène au discours (au sens, à la signification politique) ce qui auparavant restait tapi dans le corps—dans les sensibilités[10]. En cela, la prise en compte du soubassement émotionnel de la politisation radicale renouvelle l'appréhension des conditions de possibilité qui président aux événements critiques. Mais la vertu propre de l'événement, parce qu'il politise ce qui jusqu'alors était le plus souvent vécu dans le for intérieur, parce qu'il amène à l'expression ce qui était largement inexprimé, et parce qu'il révèle au grand jour l'ampleur de la fracture qui travaillait souterrainement la société, est de susciter des archives et de permettre l'enquête historique. Les émotions s'éprouvent dans le corps et sont par conséquent difficilement observables. Mais elles se disent aussi, parfois, dans le langage et deviennent alors passibles d'une description. Les situations dans lesquelles cette venue au langage est massive, comme les événements révolutionnaires, constituent des observatoires privilégiés pour les sciences sociales. Ces situations font qui plus est apparaître les émotions dans la puissance de leur étymologie : ce qui

8. Tackett, *Coming of the Terror*.

9. Chartier, *Les origines culturelles de la Révolution française*, 289. Sur l'égalité, voir Hunt, *Inventing Human Rights*.

10. Damamme et al., *Mai–juin 68* ; Pudal, « Ordre symbolique et système scolaire » ; Gobille, « La vocation d'hétérodoxie ».

meut, ce qui fait (se) mouvoir, ce qui est donc en lien avec l'agir autant sinon plus qu'avec le pâtir. Elles remettent également au jour ce que l'émotion, jadis, voulait dire, et renouent avec son sens premier : « disposition dans le peuple à se soulever »[11].

Tout le paradoxe tient alors au fait que l'émotion entendue comme disposition rendant possible l'événement ne devient véritablement motrice du soulèvement qu'*à la faveur* de l'événement : une disposition est là, mais elle ne s'active que parce que l'événement l'active. Aussi est-il fondamental d'analyser le rôle singulier de l'événement lui-même. Celui-ci est un *processus* qui fait fonds sur une économie émotionnelle spécifique et qui la transforme en retour en énergie motrice, plongeant les acteurs dans un « devenir », une subjectivation révolutionnaire[12]. Il lève en quelque sorte une hypothèque, celle des attachements à la « vie normale ». L'analyse de l'expérience subversive dévoile les mécanismes par lesquels les individus dépassent les diverses formes d'attachement à l'existant et se propulsent dans la politique agonistique propre à l'événement critique. Beaucoup découvrent alors que ce qu'ils et elles ressentaient revêt désormais un sens politique, dicible, collectif et tourné vers l'action. Comme le dit après coup Suzanne, militante dans le comité d'action du troisième arrondissement de Paris : « c'était les autres qui énonçaient les idées, mais en fait elles étaient en moi sans que je le sache »[13]. Cette découverte requalifie politiquement le sentiment intime de l'insupportable et le transforme en expression collective de l'inacceptable.

Ainsi, l'événement 1968 est pétri d'expériences sensibles et affectives, où les émotions jouent un rôle important. Le propos de cet article est de les placer au cœur de l'analyse. Il entend moins faire une histoire exhaustive des émotions en 1968 que relire l'événement au prisme de son expérience sensible. Il s'agit de montrer que, bien loin d'être un en-deçà du politique, les émotions constituent un ressort décisif de la dynamique de crise. En effet, elles sont un moteur du *protagonisme* : la « joie du possible » et la « colère » représentent une « énergie propulsive » qui pousse à l'engagement et façonne des solidarités. Elles structurent également l'*antagonisme* : celui-ci ne se résume pas au conflit idéologique ni à l'opposition des intérêts, mais s'organise aussi autour de « peurs », de « haines » et de « répulsions » réciproques. La conflictualité est au plein sens du terme un *dissensus*, c'est-à-dire à la fois un affrontement de visions du monde et un choc de sensibilités. Par rapport aux travaux évoquant les émotions en mai–juin 1968, cet article opère un triple écart. Si les émotions émaillent certains témoignages

11. Rimé, *Le partage social des émotions*, 43–44 ; Sommier, « Les états affectifs », 185.
12. Tackett, *Becoming a Revolutionary* ; Tarragoni, *L'énigme révolutionnaire*.
13. Citée par Daum, *Mai 68 raconté par des anonymes*, 38.

rétrospectifs d'acteurs comme certaines enquêtes d'histoire orale, elles n'y sont pas constituées en objet central, ce qui est au contraire l'enjeu ici. Qui plus est, elles y sont saisies *après coup*, avec tous les problèmes qu'engendrent les remises en ordre mémorielles, qu'elles soient individuelles ou collectives ; à l'inverse, cette enquête, fondée sur des sources neuves et pour la plupart encore inexplo-rées, les captent *sur le vif*, au moment où elles s'expriment et se répondent. Ce faisant, l'article ne les réduit pas à un simple statut expressif—l'expression d'un « vécu intérieur »—mais montre qu'elles sont parties prenantes des coups et échanges de coups qui fabriquent la dynamique de la crise, qu'elles sont, autre-ment dit, des forces sociales agissantes.

Joie du possible

Le sentiment de pouvoir peser sur le cours de l'histoire est un affect puissant qui pousse à se mobiliser, à agir, à prendre des rôles et occuper des fonctions. Il agit comme un facteur déterminant de protagonisme : des hommes et des femmes « sans qualité », obscurs et anonymes, sans passé militant, parfois sans expé-rience de la politique active, deviennent des protagonistes de la destinée collec-tive. C'est même là que la politique commence véritablement selon le philosophe Jacques Rancière : lorsque l'ancien « partage du sensible », qui distribuait les places et les rôles, affectant les uns aux tâches productives et les autres aux responsabi-lités dans la cité, est bouleversé, transgressé au point que celles et ceux à qui n'était reconnu aucun titre à intervenir directement sur la scène du commun, s'en arrogent soudain le droit[14]. La critique de l'autorité, des hiérarchies, de la division du travail, de la délégation, de la séparation, de l'aliénation en mai–juin 1968, qui s'exprime dans les comités d'action, les assemblées générales et les mul-tiples débats agitant les institutions occupées, est inséparable de ce sentiment que la politique est l'affaire de tous. C'est très exactement ce qui a été perçu par le philosophe Michel de Certeau. Affirmant qu'on a pris la parole en 1968 comme on avait pris la Bastille en 1789, il souligne la manière dont le protago-nisme brise la « barrière des spécialités » et révèle « une marge » au bord des cadres et des institutions : « la place d'un soupçon qui retire les représentés de leurs représentations et ouvre l'espace d'un recul »[15]. Un soupçon se fait jour à l'endroit des représentations habituelles, à commencer par la représentation politique, qui légitiment la dépossession des citoyens ; un recul se dessine, telle une soustraction de la division du travail politique, un retrait où commence la réappropriation profane de la scène commune.

14. Rancière, *Politique de la littérature*, 12. Voir également Rancière, *La mésentente*.
15. Certeau, *La prise de parole*, 40, 43, 61.

Cette remise en cause de la division sociale du travail n'est pas que discursive, mais directement pratique. La circulation des places et des rôles, l'ouverture à l'altérité sociale, les « métissages sociaux » et les « rencontres improbables » entre paysans, ouvriers et étudiants, l'abolition des droits d'entrée à la participation politique ainsi que le sentiment d'ébaucher une autre organisation sociale génèrent des affects très puissants, suscités par le protagonisme et l'alimentant en retour[16]. Ce qu'on en retient le plus souvent, ce sont l'enthousiasme et la joie, la certitude de vivre un temps ouvert, un moment révolutionnaire au moins au sens où de l'inédit surgit et où le temps est en suspens. Paradoxalement, cette joie si évidente et si puissante, celle qui demeure si vive dans le souvenir des acteurs, est celle des émotions qui se laisse le moins saisir dans les archives. Elle se voit davantage qu'elle ne se dit : on regarde l'allégresse des visages sur les photographies, sur les écrans quand s'y projettent les films/fragments vivants de l'événement. Mais sur le moment, on l'écrit peu. C'est la poésie qui l'exprime peut-être le mieux, et ce d'autant plus que la reconnaissance des capacités créatrices de chacun est au cœur de nombre de revendications et que s'inventent, sur les murs des villes, une écriture nouvelle et de nouveaux poètes, les « poètes anonymes », les « inscrivains »[17]. Un poème anonyme rédigé en mai dépeint un feu de joie : le feu revient souvent pour décrire cette flamme d'un printemps. Ici, il y a lieu de

> Nourrir de feu
> Du moindre de mes os
> Du collier de mes plaies
> De mes rêves en sang
> Se jeter tout entier
> Dans cette joie nouvelle
> Et faire de mon corps même
> Une Barricade

Un autre poème invite à

> Laisser le rire
> Envahir
> La prairie[18].

L'auteur(e) lui donne pour titre « Rigodon », d'un mot qui semble dire : « dansons ». Cette jubilation s'entend également. Le 6 mai à la Sorbonne, les sept

---

16. Pudal et Retière, « Les grèves ouvrières de 68 » ; Vigna et Zancarini-Fournel, « Les rencontres improbables ».
17. Combes, « " Ecrivez partout " ». Sur l'écriture nouvelle, voir Barthes, « L'écriture de l'événement ».
18. *Poèmes de la révolution*, 65, 41.

étudiants convoqués au conseil de discipline entonnent joyeusement une « Internationale » ; ils sourient, et leur sourire est un défi[19]. Lorsqu'un ouvrier de Flins raconte les débrayages qui un à un font progresser la grève, il décrit ce qu'il ressent d'abord avec son corps, comme s'il pouvait sortir de lui-même : « quand je vais dans une entreprise, une petite entreprise, qui n'ont pas de syndicat et qui demandent notre aide, qu'on les fait débrayer, pis qu'on voit que les gars s'organisent, qu'ils ont la foi, qu'ils mettent tout en œuvre, qu'ils créent un syndicat, un comité de grève, ben je t'assure, j'ai le cœur qui déborde de joie, je chanterais, je laisserais éclater, je ferais n'importe quoi, j'explose moi »[20]. Telle pourrait être l'incarnation même de l'insubordination[21].

La joie se laisse mal consigner dans des tracts ou des comptes rendus d'assemblées. L'allégresse est d'abord celle des décloisonnements : c'est « la joie (ou le sérieux ?) de compartimentations brisées et de camaraderies imprévisibles »[22]. Ils sont précisément décrits dans un texte rédigé à la faculté de Nanterre le 11 juin, sur le mode tant du constat que du souhait : « Ce que le mouvement veut détruire, c'est la séparation de la culture et de l'expérience sociale (la division entre le travail intellectuel et le travail manuel) ; c'est encore la séparation entre la décision et la pratique (la division entre dirigeants et exécutants) ; c'est enfin la diffamation et la récupération de la force créatrice ». Et c'est bien pourquoi la joie vient par « la liberté de parler à égalité, la ridiculisation de la hiérarchie, le courage de mettre toutes les questions au milieu, la destruction de la solitude forcée, la rencontre et l'initiative »[23]. Cette parole, les travailleurs de Rhône-Poulenc à Vitry en expriment le bonheur et la fierté, avec une fois encore le sentiment que rien ne sera plus comme avant : « Alors que l'on nous avait toujours refusé la parole, nous l'avons prise, nous avons appris à parler et cela est irréversible »[24]. Dans le film *Classe de lutte* réalisé par le groupe Medvedkine, on voit la jeune employée Suzanne Zedet prendre pour la première fois la parole en public, devant les portes de son entreprise, l'usine de montres Yema à Besançon, face aux salariés mais aussi face aux cadres et au patron ; peu à peu, elle abandonne le papier qu'elle lisait pour improviser ; peu à peu, elle s'empare des mots pour se les réapproprier—et pour gagner, puisque la grève continue[25]. L'enjeu est d'envisager une autre vie que l'inscription rivée à la société de consommation, de façonner son propre destin, et non pas seulement d'obtenir des avantages

19. *Zoom*, émission du 14 mai 1968, de Jean-Paul Thomas, BNF NUMAV-41563, 18'00.
20. Film de Jean-Pierre Thorn, *Oser lutter, oser vaincre*, 1969, BNF NUMAV-44737, 5'00 sq.
21. Vigna, *L'insubordination ouvrière* ; Vigna et Vigreux, *Mai–juin 1968*, 15.
22. Certeau, *La prise de parole*, 42.
23. Archives de la BNF, Texte Nanterre, 11 juin 1968, BNF LB61-600 (1202).
24. Archives de la BNF, Travailleurs de Rhône-Poulenc, Vitry, 28 mai 1968, BNF LB61-600 (8660).
25. Muel et Muel-Dreyfus, « Week-ends à Sochaux », 330 ; Canut, « Demain ce fut mai », 20.

matériels même s'ils sont importants. A Renault Billancourt, à la fin du mois de juin, la Confédération française démocratique du travail (CFDT) le traduit dans les termes de l'irrévocable : « Chacun a pris conscience que les jours de lutte que nous venons de connaître, face à une Direction rétrograde et à un Gouvernement réactionnaire, font qu'il ne pourra plus en être d'aujourd'hui comme d'hier. La prise de conscience collective de ces travailleurs a été telle au cours de cette extraordinaire période d'action, qu'ils ne peuvent se satisfaire de simples améliorations des conditions matérielles de vie et qu'ils ne peuvent se résoudre à croire que c'est terminé »[26]. On retrouve comme mis en œuvre ici les fondements éthiques et affectifs de l'engagement décrits par Axel Honneth à propos de la « lutte pour la reconnaissance » : dans cette lutte il n'en va pas seulement, loin de là, d'une concurrence pour les moyens d'existence, d'une opposition d'intérêts ; mais de sentiments moraux de justice, de dignité et d'intégrité— individuelles et collectives[27].

La joie jaillit donc à imaginer et à façonner une autre société, comme on le fait dans les comités de quartier surgis sans qu'il y ait toujours de politisation préalable. C'est le cas par exemple du comité de la rue Raymond-Losserand à Paris dans le quatorzième arrondissement—et dont les archives, pourtant abondantes, n'ont jamais été étudiées. Figures du protagonisme, des voisins s'y réunissent et décident de passer au scalpel tout ce qui forge une société, dans ses maux comme ses idéaux : l'éducation, l'argent, les syndicats ou l'égalité. Ces femmes et ces hommes se prennent à rêver mais—sans paradoxe—avec lucidité : « Quand vous lancez des idées vraiment opposées à ce qui est généralement admis, vous pouvez vous attendre à vous faire traiter de doux rêveur. Un an après, vous rencontrez à nouveau celui qui s'était moqué de vous et vous êtes étonné de constater qu'il a réfléchi, qu'il commence sérieusement à se poser des questions. Au total, le renouvellement profond de notre société n'est pas si utopique qu'on pourrait le croire »[28]. Dans cette imagination d'un futur auquel aspirer, mais aussi dans la façon d'assumer la joie qui lui est associée, le comité qui va sans doute le plus loin se réunit au centre Censier de la Sorbonne. Il s'intitule, significativement, « Nous sommes en marche », par une volonté de préserver à l'événement son allure de mouvement et de ne pas le figer. Entre marxisme et situationnisme, mais à l'écart des groupes organisés, ses membres imaginent une société libérée de l'économie concurrentielle et le cortège de ce qui en découlerait : la suppression de la publicité, la conscience de la différence

---

26. Archives de la BNF, CFDT Renault Billancourt, « Ce n'est pas terminé », 27 juin 1968, BNF LB61-600 (8139).
27. Honneth, *La lutte pour la reconnaissance*, 191, 193.
28. Archives de la BDIC, Comité d'action de la rue Raymond-Losserand, « L'action éducative », s.d., BDIC 4 delta 191 Rés.

entre beauté et séduction, la création d'une autre esthétique, notamment industrielle, le contrôle sur l'information dans la mesure où les producteurs en seraient désormais les responsables et les consommateurs, les critiques avisés. Il s'agit aussi de refuser « la violence du " bonheur " faite à tout le monde », bonheur qui passe par la consommation de toujours plus d'objets et donc « bonheur scandaleux des heures supplémentaires, du marchandage de notre force de travail, de notre force vitale, échangés contre quelques hochets en noir et en couleur »[29]. A l'esthétique capitaliste, qui suscite et attise des affects de résignation sinon d'adhésion, s'opposent ici les affects joyeux propres au processus révolutionnaire—la réappropriation de la vie, individuelle et collective, l'affranchissement de la servitude hiérarchique, la restauration d'un temps pour soi et pour l'engagement politique[30].

La colère comme « énergie propulsive » et comme fabrique de solidarités

Cette joie du possible est l'un des facteurs les plus puissants du protagonisme. Elle ne saurait cependant résumer à elle seule les régimes émotionnels de mai–juin 68. Et ce d'autant moins que les émotions manifestantes ne s'inscrivent pas dans un espace irénique, mais dans une structure de jeu agonistique. Laissée de côté par l'interprétation culturelle des événements qui longtemps domina la recherche, la conflictualité constitue une matrice mobilisatrice puissante. Conflictualité qui n'est pas seulement affrontement d'idées, de projets, de visions du monde, mais aussi affrontement émotionnel et physique. Ainsi, le rapport à la violence n'est pas que théorique. Il se révèle comme un rapport physique au pouvoir et à la politique.

Interrogés pendant les événements sur les motivations les poussant à l'engagement, d'aucuns ont pu porter témoignage de cet engrenage qui politise par une impulsion émotionnelle. François L., un élève de classes préparatoires au lycée Henri-IV à Paris, évoque cette évidence proprement corporelle : « lorsque l'on se retrouve sur les barricades et que l'on voit s'avancer les CRS [Compagnies républicaines de sécurité], on les voit cogner sur les camarades, le réflexe sentimental est de faire comme les autres, de prendre son pavé et de le lancer. Effectivement, alors je me suis senti pris dans une situation étrange. Je reconnaissais que dans le cadre actuel, seule la violence pouvait faire quelque chose ». Julien G., 27 ans, diplômé de sciences politiques et étudiant en quatrième année de droit, explicite cette tension qui conduit au politique par une réaction solidaire jugée élémentaire. Tandis que, resté chez lui, il suit le déroulement d'une

29. Archives de la BNF, Comité Censier, « Nous sommes en marche », « Publicité », BNF LB61-600 (934) et ibid., « Amnistie des aveugles », BNF LB61-600 (927).
30. Lordon, *Capitalisme*.

manifestation à la radio, il a la curiosité de sortir et d'en être spectateur plus direct quoique passif. Mais très vite, cette passivité lui devient impossible, matériellement et moralement intolérable : « Et là, d'abord le fait de voir le mur bleu et gris des policiers m'a révolté, cette espèce de muraille qui avançait vers nous [. . .] et j'ai eu envie de lancer aussi mon pavé ». Puis vient le temps de la réflexion sur cette expérience qui passe alors par le corps : « Quand on est dans la rue, en face de la police, et à côté de camarades, la réaction de violence, elle est au niveau de la peau. On ne pense pas à ce qu'il y a derrière. Là, simplement, on est solidaires ». Enfin la violence s'assume comme le lieu même du politique, à la manière d'une certitude qui est avant tout physique : « Je n'ai pas trouvé le lieu où avoir un niveau intellectuel, un niveau de conception, et le seul endroit possible, au fond, c'étaient les barricades. Et alors là, je n'avais pas de questions à me poser ; j'y allais au niveau physiologique, même »[31]. Y aller : c'est un élan, un emportement face aux interventions policières qui rompt le cours de l'ordinaire.

Si le temps paraît sortir de ses gonds, c'est que la répression est jugée comme une déraison. Et dès lors, elle peut créer ce que Burstin a nommé une « énergie propulsive »[32]. On le voit aux reportages filmant en direct les affrontements du 3 mai à Paris. Des hommes et des femmes hurlent aux policiers en train de matraquer étudiants et passants : « Mais arrêtez, arrêtez espèces de brutes. Mais vous êtes fous non ? » Une autre voix s'élève pour s'exclamer : « Ils viennent de Charonne et ils vont recommencer »[33]. Charonne : le traumatisme est encore vif et cette mémoire du « massacre d'Etat », perpétré six ans auparavant durant une manifestation contre l'Organisation armée secrète (OAS) et la guerre d'Algérie, se traduit presque physiquement, surtout lorsque les manifestants sont à leur tour massés aux abords des bouches de métro[34]. L'immense indignation se décline dans le vocabulaire du ravage et du carnage. A Strasbourg, dès le 11 mai, soit le lendemain de la « première nuit des barricades », un tract appelle la population à se mobiliser, dans un cri : « Les forces de police ont provoqué cette nuit à Paris une véritable boucherie »[35]. Le communiqué signé par l'Union nationale des étudiants de France (UNEF), l'Union des Grandes Ecoles (UGE), le Syndicat national de l'enseignement supérieur (SNESup), la Confédération générale du travail (CGT), la CFDT et la Fédération de l'éducation nationale (FEN) le 12 mai parle d'une opinion « bouleversée par la répression policière sauvage qui s'est abattue sur les étudiants et les universitaires du Quartier Latin ». La formulation est elle-même performative en termes d'économie

31. Durandeaux, *Les journées de mai 68*, 13–14, 49.
32. Burstin, *Révolutionnaires*, 32.
33. *Zoom* 14 mai, 08'50.
34. Dewerpe, *Charonne 8 février 1962*.
35. Tract, Strasbourg, « Appel à la population ! », 11 mai 1968, BDIC F delta 1061(9)-I.

émotive : le communiqué tout à la fois constate et souhaite que l'opinion soit « bouleversée » et part de cette émotion pour l'alimenter[36]. Le président de l'Association générale des étudiants de Toulouse (AGET) Alain Alcouffe évoque « un véritable massacre », ajoutant : « Les CRS se vautrent dans le carnage »[37]. « Sauvagerie » est encore le mot qui revient chez des étudiants de Clermont-Ferrand. A Caen, les cheminots retraités CGT se déclarent « émus et indignés » ; ils n'hésitent pas à l'affirmer : « ces brutalités et atrocités leur rappellent les méthodes qu'ils ont subies » sous l'Occupation. Dans la petite ville vosgienne de Gérardmer, lorsqu'un cortège de manifestants passe le 28 mai devant la caserne de gendarmerie, elles et ils s'écrient : « flics assassins ». Un commissaire de police à Paris croit devoir le confier au directeur de la Police municipale : « la haine du flic s'est révélée partout »[38].

Il y a de fait très tôt une lucidité et une forme de réflexivité quant à l'impact essentiel de la réaction émotionnelle. Lors de l'assemblée générale coordonnant les comités d'action en région parisienne, le 19 mai, les militants présents reconnaissent que « la mobilisation policière au Quartier Latin a fait autant pour le développement de la lutte que tous [leurs] tracts et meetings réunis. Elle a catalysé et permis d'organiser une colère accumulée au cours des mois et des années chez des milliers de jeunes, travailleurs, lycéens, étudiants ». « Haine de la police », « haine de la répression » constituent selon les protagonistes du mouvement l'ingrédient décisif de la politisation, ce qui les conduit à cette conclusion : « la force de l'appareil d'Etat gaulliste aura aussi été, à cette occasion, sa principale faiblesse »[39]. Lors de la deuxième nuit des barricades, entre le 24 et le 25 mai 1968, les formulations montent d'un cran dans le registre émotionnel. UNEF, UGE, SNESup, Comités d'action lycéens (CAL) et Mouvement du 22 mars mentionnent « l'atrocité des moyens » déployés par les forces de l'ordre. L'UNEF insiste aussi sur le fait que ces « atrocités policières » créent de l'irréversibilité : il ne peut plus être question désormais d'un retour au passé. Le *statu quo* est brisé et avec lui, finalement, le temps d'avant.

Cette temporalité cisaillant la linéarité familière est encore accélérée début juin avec la mort de Gilles Tautin près de Flins. L'intervention—et l'invasion— des CRS dans l'usine Renault le 10 juin au petit matin sont décrites par les

---

36. Communiqué UNEF, UGE, SNESup, CGT, CFDT, FEN, 12 mai 1968, BNF LB61-600 (6018).

37. Alain Alcouffe, Président de l'AGET, « Le gouvernement a lâché ses chiens », BNF LB61-600 (9196).

38. Archives départementales du Puy-de-Dôme, Assemblée générale des étudiants en lettres de Clermont-Ferrand, Tract, 14 mai 1968, 175J125 ; Archives départementales du Calvados, Tract Cheminots retraités CGT, 18 mai 1968, 1996JP11/243 ; Archives départementales des Vosges, Groupement de gendarmerie d'Epinal, Message, 28 mai 1968, 1998W158* ; Le commissaire de police principal commandant le 7e groupe de Compagnies au Directeur de la Police municipale, 15 mai 1968, APP F/B29*.

39. Coordination des comités d'action, Assemblée générale, 19 mai 1968, BNF LB61-600 (4765).

ouvriers en grève comme un déchaînement de violence frénétique. Un jeune gréviste témoigne : « la première chose qu'ils ont faite, la rage aux dents, c'est
d'arracher les drapeaux rouges » ; un autre confirme : « ils arrachaient tout » ;
et un troisième : « c'était la vraie fureur ». Un vieil ouvrier interpelle les CRS
dans ce qui ressemble à un cri de détresse : « vous venez avec des fusils, des matra-
ques, nous sommes les mains vides »[40]. Ce jour-là, non loin de l'usine, les forces
de police pourchassent les militants venus soutenir les grévistes. Parmi eux se
trouve Tautin, lycéen et membre de l'Union des jeunesses communistes (marxistes-léninistes). D'après le témoignage de son camarade Jean Terrel, membre de
la même organisation et ancien vice-président de l'UNEF, ce n'est pas la panique
qui a poussé les jeunes gens, dont Tautin, à se jeter dans la Seine : « Nous avons
été chargés aux cris de " A l'eau ! Tous à la baille ! " Les camarades trop lents
sans doute à plonger ont été précipités dans l'eau à coups de crosse. De l'autre
côté de la Seine, les flics nous attendaient crosse levée ». C'est à ce moment que
Tautin s'est noyé. Immédiatement, le drame est politisé ; car aux yeux des militants, ce n'est évidemment pas un accident : « Notre camarade est mort assassiné
par les flics de de Gaulle ». Sur des pancartes, des banderoles, au cours des jours
qui suivent son décès, on peut lire : « Gilles, notre haine contre tes assassins,
contre la victoire de ceux qui les ont armés est immense ». La mort du jeune
homme attise l'engagement par l'immensité de la colère et la gravité du deuil.
Cette colère politique se retrouve à Peugeot-Sochaux le lendemain, lorsqu'après
avoir pénétré dans l'usine et matraqué le piquet de grève, les CRS se retrouvent
à leur tour assaillis et tirent, tuant par balle un ouvrier, Pierre Beylot, tandis
qu'un autre, Henri Blanchet, reçoit une grenade offensive en pleine tête et
meurt le lendemain. L'émotion est telle dans les usines périphériques que de
véritables combats ont lieu tout au long de l'après-midi et que les CRS sont finalement contraints de se replier. En référence au lion de Belfort devenu symbole
de Peugeot, les ouvriers peignent sur l'usine en lettres gigantesques : « Le lion est
mort »[41].

Haines et répulsions croisées : La structuration émotionnelle
de l'antagonisme

On l'a relevé avec la mort de Gilles Tautin, ces drames suscitent une haine,
intense et politique, une haine explicite et assumée. Or, la haine n'a pas bonne
presse dans les sociétés policées ; elle doit être refoulée, canalisée voire niée :
la haine populaire est souvent jugée délétère. Et si les émotions en matière

40. Thorn, *Oser lutter oser vaincre*, 43'00.
41. Archives nationales, Journal mural, Atelier populaire ex-Ecole des Beaux-Arts, 17 juin 1968, AN
78AJ37/1.

politique ont longtemps été disqualifiées par les élites, comme émanant le plus souvent de classes laborieuses qui peuvent être aussi dangereuses, la haine *a fortiori* constitue un interdit[42].

Pourtant, les haines réciproques forment une des trames affectives de l'événement. Elles participent de la structuration de l'antagonisme et de la construction des camps en présence. Du côté de la contestation, cette détestation apparaît aux premières heures de la répression ; et ce d'autant plus qu'elle puise à la haine prêtée aux policiers. C'est ainsi par exemple que la section Sciences des Etudiants socialistes unifiés (ESU) condamne des méthodes « dignes du régime franquiste », en décrivant des « CRS, aveuglés par la haine des étudiants, des " rouges ", [et qui] matraquèrent pêle-mêle tous ceux qui se trouvaient sur leur passage, poursuivant même les manifestants dans les immeubles et les cafés »[43]. Mais on le voit, ce rejet virulent s'adresse d'abord au pouvoir et à ses représentants. Il s'alimente des invectives que les membres du gouvernement ne peuvent s'empêcher de lancer. Quand le ministre de l'Intérieur Christian Fouchet parle de la « pègre », le mot est tout à la fois commenté et réapproprié. Cette façon d'assumer le mot haineux et de retourner le stigmate en emblème—procédé de l'antiparastase—est pratiquée par un architecte manifestant et consignée dans un texte qu'il distribue à la criée : « Moi, Michel Ecochart architecte en chef des Bâtiments Civils et Palais Nationaux, me considère avec tous les camarades architectes présents à ce titre à la manifestation de l'UNEF comme rentrant dans la catégorie de " PEGRE " définie par Monsieur Fouchet, Ministre de l'Intérieur »[44]. De même, le Comité d'action étudiants-écrivains, animé notamment par Maurice Blanchot, Marguerite Duras, Dionys Mascolo et des membres du mouvement surréaliste, publie une tribune intitulée « Nous sommes la pègre ». Il « se déclare solidaire des jeunes gens en colère, " enragés " d'hier, " blousons noirs " d'aujourd'hui. Contre cette tentative de ségrégation à l'intérieur du mouvement, nous qui avons participé aux actions attribuées à une prétendue pègre, nous affirmons que nous sommes tous des émeutiers, que nous sommes tous la pègre »[45].

Quant à la manifestation gaulliste du 30 mai, avec ses slogans eux aussi haineux—« Les cocos à Dachau » ou « au poteau » ou « chez Mao », « Le rouquin à Pékin », « Cohn-Bendit à Berlin »—elle suscite une hostilité viscérale[46].

---

42. « Ce sont les " autres " qui haïssent, figures diverses du barbare endogène ou exogène » (Brossat, « Haines et cris », 67).

43. Section Sciences Etudiants socialistes unifiés, « Etudiants », 3 mai 1968, BNF LB61-600 (3767).

44. Archives de la préfecture de police de Paris, « Vomir la pègre », s.d., APP FB50.

45. Comité d'action étudiants-écrivains, « Nous sommes la pègre », *Le monde*, 28 mai 1968.

46. Archives départementales de Seine-Maritime, SDRG Rouen, Message téléphoné à la direction parisienne, 31 mai 1968, 3766W166.

Un poète anonyme diffuse à Paris un texte déversant la violence de ces sentiments forgés de haines en miroir :

Les égouts de Paris ont dégorgé tous les rats tricolores
quand le chef emboucha le clairon des bien-pensants
bien protégés
par les bien-matraquants et les bien-mitraillants
de l'Ordre sacré.
Tous les rats maquillés de croix de Lorraine ont vomi
leur sanie patriotique
« La France aux Français »
« Que surgissent, hérissées de fer et de feu, les frontières »
« Les Juifs à Dachau »
« Prions ensemble le dieu des bourgeois capitonnés de capitaux »
« Allons mes frères réanimer la flamme des ardeurs centenaires »
Ils crient : « Vive la France »,
mais ils pensent,
ces panses à fric,
« Que vivent nos gros sous ».
Inconnu de leur Arc des Triomphes sanguinaires,
dresse-toi,
dresse ta colère,
général ? non
jeune homme de bonne famille ? non
mais un pauvre gars du peuple,
usine ou terre fatigue, oppression,
dresse-toi,
petit gars à la gueule éclatée,
et jette
sur leur foule de rats puant la peur
la grande flamme rouge
de l'Internationale[47].

Enfin les élections de juin suscitent une colère allant jusqu'au dégoût. Dans
un tract, le Comité d'action du lycée Rodin à Paris présente ces élections comme
« fascistes » : « les organisations révolutionnaires sont dissoutes ! Le gouvernement libère les terroristes de l'OAS ! Le pouvoir sème la répression dans les
usines et dans la rue par sa police et ses commandos CDR ! »[48] Les Comités de
défense de la République (CDR) s'attirent souvent cette caractérisation politique, tout comme le Service d'action civique (SAC). Ce discours puise à la

47. Poème distribué à la halle aux Vins après le 30 mai 1968, BNF LB61-600 (2130).
48. Lycée Rodin, Mouvement révolutionnaire, s.d. [juin 1968], BDIC F delta 861/2/1.

détestation mais tout aussi bien la nourrit. Là encore, l'effet de réciprocité est frappant. Par exemple, le CDR du dix-huitième arrondissement de Paris écrit : « Ce que les troupes nazies n'ont pas réussi, Monsieur Cohn-Bendit se promet de le faire. Il veut voir notre Nation à feu et à sang [. . .] Non au nazisme rouge de Cohn-Bendit ! Non au nazisme noir ! Tous derrière le Drapeau Tricolore ! »[49] Les caractérisations politiques s'entrecroisent ainsi. On mesure combien le traumatisme du fascisme sert de repère dans les modalités de la disqualification : l'histoire et ses références dessinent un vivier qui lui-même façonne une configuration affective, imprégnée d'une hostilité agressive.

Les stratégies du discrédit peuvent déborder le registre politique pour s'arrimer à l'expression de la répulsion. Evidemment, celle-ci est elle-même politique, mais ses enjeux se camouflent derrière la formulation d'une aversion quasi physique. La répugnance se décline alors, au sein de l'opposition à la contestation, dans les tonalités du bestiaire, de la boue des bas-fonds ou de la pathologie. A la préfecture de police de Paris, la tournure « faune hantant le Quartier Latin » revient ; le 23 mai, le commissaire principal B., de la police municipale parisienne, évoque « un parfait échantillon de la fange qui fait toujours surface lors d'événements insurrectionnels »[50]. Ce policier rejoint dans sa métaphore les propos de Fouchet sur la pègre.

De son côté, Raymond Aron en fait part dans les articles qu'il rédige au fil des événements. Aron est d'ailleurs celui des commentateurs qui invoque le plus l'importance des émotions. Il admet la puissance des siennes et ne cherche pas à s'en cacher : « Chacun a vécu cette période avec ses émotions. Personne, à ma connaissance, n'est resté calme, lucide, au cours de ces deux semaines. En ce qui me concerne, j'ai vécu ces semaines aux Etats-Unis dans la souffrance et en France dans l'indignation. Mais dans une indignation qui dépasse toutes les indignations que j'ai éprouvées au cours de mon existence ». Raymond Aron n'emprunte pas de détours pour étriller une « irruption de barbares, inconscients de leur barbarie ». Mais il ne s'arrête évidemment pas à la seule description de ses propres émotions : il fait des affects la principale explication des événements. Il écrit : les « causes profondes appartiennent à l'ordre affectif, à l'ordre émotionnel. Au lieu de prendre au sérieux ce que les acteurs *disent*, il faut comprendre ce qu'ils *ressentent*. Les méthodes d'interprétation qui s'appliquent le mieux à la crise récente sont celles qui passent pour les plus médiocres ! *La psychologie des foules* de G. Lebon, ou l'interprétation par les résidus, chère à

---

49. Comité de défense de la République du dix-huitième arrondissement, « Cohn-Bendit », BDIC F delta 62 Rés.

50. Archives de la préfecture de police de Paris, Préfecture de police, Commentaires relatifs aux interpellations effectuées au cours de la manifestation de la nuit du 23 au 24 mai, 24 mai 1968, APP F/B10* ; ibid., Commissaire principal B., Police municipale, 23 mai 1968, APP F/B10*.

Pareto ». On est ici dans la reproduction non seulement de la vision élitiste des désordres sociaux, mais également de la vieille dichotomie entre raison et sentiments. Cette position se dit plus encore dans un passage étonnant sous la plume d'Aron : « Je rappellerai, après d'autres, les travaux des biologistes ; nous savons que les rats et beaucoup d'autres animaux, à partir d'une densité excessive dans un espace donné, manifestent tous les signes de dérèglement que nous rattachons, dans le règne humain, à la névrose. Les étudiants français, en particulier à Paris, souffrent d'une névrose de surpopulation ». Voilà que la « névrose » apparaît et avec elle l'effacement des sujets politiques derrière une supposée pathologie, l'enfouissement de leur capacité d'agir sous leurs instincts quasiment animaux—et anormaux[51].

Est-ce le signe d'une haine ? D'aucuns le croient et le disent. Marc Kravetz, évoquant l'éditorialiste du *Figaro*, fustige « la haine contre-révolutionnaire de l'auteur et de ses abonnés ». C'est une haine encore, mêlée de joie cynique, que le jeune journaliste et ancien leader de l'UNEF perçoit dans le défilé de ceux qu'il nomme, comme beaucoup alors, les « Versaillais ». Si les protagonistes des barricades ont pu croire que la Commune n'était pas morte, selon l'expression resurgie tel un phénix au printemps 1968, ils se doivent de constater que ses adversaires de toujours sont, à compter de fin mai, sur le point de triompher : « A l'heure où les laquais savourent avec une joie toute versaillaise la victoire de la peur et de la haine, le découragement et l'amertume risquent de gagner les militants les plus actifs des journées de mai », note encore Kravetz après la démonstration de force que réussissent les partisans du régime avec la manifestation du 30 mai[52]. Pour beaucoup de commentateurs, c'est en effet le triomphe de la peur. A la Sorbonne, on décrit « le défilé aux Champs-Elysées des Versaillais » comme le fait d'une « meute apeurée »[53].

La peur de l'autre

Le pouvoir aurait-il peur ? La répression disproportionnée n'en serait-elle pas l'indicateur le plus clair ? Du côté de la contestation, on le répète à l'envi, à l'image du Mouvement du 25 avril à Toulouse—inspiré du 22 mars nanterrois : « Le gouvernement [. . .] a peur, il répond par la violence et dévoile que sa " douceur " n'est qu'un calme apparent »[54]. En mettant en avant la peur ressentie

51. Aron, *La révolution introuvable*, 13, 14, 26, 27, 35.

52. Kravetz, *L'insurrection étudiante*, 34.

53. « Les impératifs actuels de l'action révolutionnaire. Les tâches urgentes », Sorbonne, 2 juin 1968, BDIC F delta RES 578/2.

54. Toulouse, Mouvement du 25 avril, « La répression : La réponse à la lutte des étudiants », s.d. [appel à la manifestation du 13 mai], BNF LB61-600 (9173).

par l'adversaire pourtant détenteur du monopole de la violence physique, en soulignant par conséquent sa fragilité, il s'agit d'accroître la force du camp protestataire. Insister sur la peur qu'éprouveraient les puissants, c'est inviter, de son côté, à « ne pas caner ». Il y a là un « dispositif de sensibilisation » destiné à rallier ceux que le rapport de force inquiéterait, à mobiliser les soutiens, à profiter de la faiblesse révélée de l'adversaire pour pousser au plus loin son « avantage », à montrer que la victoire est possible[55]. Après le 13 mai, le SNESup prévient : « Le pouvoir a peur, il sème inconsidérément un mouvement de panique dont il porte l'entière responsabilité ». Le dénoncer, c'est rassurer, faire taire l'inquiétude que pourrait représenter pour une partie de l'opinion l'extension de la grève et des occupations. A Nantes, l'UNEF analyse d'ailleurs la réouverture des universités comme le produit d'une autre peur : Georges Pompidou voudrait par cette concession diviser étudiants et travailleurs, et taire ainsi « la peur panique que lui procure l'unification des luttes ouvrières et universitaires »[56]. Dans le Nord, certains comités d'action regroupant ouvriers et étudiants estiment également que « le patronat et l'Etat sont frappés de stupeur » ; le capitalisme serait « affolé »[57].

Que peut-on savoir de cette peur prêtée au pouvoir par ses adversaires contestataires ? Les archives de police peuvent ici et là en livrer quelques indices. Le 3 mai, le commandant des gardiens de la paix à Paris décrit au directeur général de la police municipale des manifestants faisant montre d'une « ténacité extraordinaire », obligeant sa compagnie au repli. Signe de l'inquiétude grandissante du côté des policiers, à dater du 8 mai tous les effectifs de la police parisienne doivent être porteurs du calot et du casque et tous les véhicules être équipés de grilles de protection. Le 13, le syndicat des gradés de la police nationale s'adresse au préfet Maurice Grimaud pour indiquer « l'insécurité des fonctionnaires » ; même si la peur ne se formule pas comme telle, elle s'inscrit en filigrane dans une requête : que soient supprimés les « points de service » isolés. Le 21 mai, les services préfectoraux au niveau national lancent une consigne sous forme d'alerte à tous les chefs des polices urbaines : les officiers de police sont « instamment invités » à ne faire effectuer de patrouilles à pied ou bicyclette que par groupes de deux gardiens au moins. La tension monte encore d'un cran dans leurs rangs après la mort du commissaire René Lacroix à Lyon, qui commandait les forces de l'ordre sur le pont Lafayette : il a été victime d'une crise cardiaque après qu'un camion chargé de pierres a été lancé par des manifestants.

---

55. Sur cette notion, voir Siméant et Traïni, « Pourquoi et comment sensibiliser à la cause ? ».

56. Archives départementales de Loire-Atlantique, AGEN-UNEF, « Il l'avoue ! », s.d. [17 mai 1968 ?], AD Loire-Atlantique 355W216.

57. Archives départementales du Nord, Comité d'action ouvriers étudiants, « Travailleurs étudiants », s.d., AD Nord, J 1582/20.

On perçoit à lire leurs rapports la vive inquiétude de policiers sous tension, évoquant leur fatigue et leur énervement. Ils apparaissent sans cesse sur le qui-vive. D'après un « blanc » (une note d'information anonyme) des Renseignements généraux (RG) le 10 juin, des commandos venus de l'Odéon envisageraient de se procurer des armes et d'attaquer ainsi armés des fonctionnaires de police ; d'après cette rumeur, les victimes éventuelles seraient choisies parmi les policiers regagnant leur domicile à une heure tardive. On aborde ici une peur physique éprouvée par le bras armé de l'Etat[58]. Qu'en est-il de la peur politique ?

Elle s'exprime peu, on s'en doute : il y a rarement place et lieu pour les acteurs d'avouer leur peur ; ce serait donner du grain à moudre à leurs adversaires. Mais elle se dit à bas bruit. Elle est aussi utilisée comme un instrument politique au service du retour à l'ordre. Les anciens de la Division Leclerc, proches de de Gaulle, brandissent le spectre d'une « situation économique catastrophique sans précédent » comme conséquence directe des événements, et plus encore une autre « menace », celle d'« un colonialisme économique et intellectuel étranger venant à la fois de l'Est et de l'Ouest ». L'antiparastase se faufile entre les lignes[59]. Le ministre gaulliste Maurice Schumann écrit « en défense de la République » : « On a parlé de grande peur. Oui, tous les démocrates, qu'ils soient chrétiens, libéraux ou socialistes, ont peur d'un régime qui, partout où il s'est imposé, a détruit les libertés syndicales et a créé un syndicat unique »[60]. Les partisans du régime reconnaissent donc leur peur, mais leur peur du communisme. Cette peur est exprimée pour être partagée. L'Union pour la défense de la République (UDR) appelle à « faire barrage aux communistes fauteurs de misère et de chômage » en lançant un tranchant : « NON au parti de la peur »[61]. Et l'on sait que l'un des leviers émotionnels privilégiés par de Gaulle dans son discours du 30 mai 1968, destiné à mobiliser la « majorité silencieuse » et à rallier les tenants de l'ordre en vue des élections législatives anticipées, est celui de la peur du « communisme totalitaire ».

C'était attribuer beaucoup aux dirigeants du Parti communiste français (PCF), fort navrés de ce chiffon rouge agité pour les discréditer. Ils cherchent à

58. Archives de la préfecture de police de Paris, Le commandant des gardiens de la paix N., au Directeur général de la police municipale, 3 mai 1968, APP FB/2* ; Direction générale de la police municipale, état-major, section des effectifs, télégramme du 8 mai 1968, APP FB/4* ; Syndicat des gradés de la police nationale, à Monsieur Maurice Grimaud, préfet de police, 13 mai 1968, APP FB/29* ; Archives départementales du Nord, SN SP polices urbaines à tous chefs polices urbaines, 21 mai 1968, AD Nord 1008W 17/7 ; Commissaire principal du 31e arrondissement (Rosny-sous-Bois), Compte-rendu du service d'ordre de la nuit du 22 au 23 mai, 23 mai 1968, APP F/B10* ; Préfecture de police, Blanc des RG, 10 juin 1968, APP F/B18* ; Le commissaire principal chargé du 5e arrondissement à Monsieur le contrôleur général chargé du 1er district, Rassemblement organisé place Maubert par des groupes d'extrême gauche, 8 juin 1968.

59. Division Leclerc, « Que nous arrive-t-il ? », s.d. [mai 1968], BDIC F delta 62 Rés.

60. Schumann, « Le péril est toujours là ».

61. UDR, « Voilà ce qu'on vous a caché », s.d. [juillet 1968], BNF LB61-600 (7513).

toute force à rassurer et contrer l'idée que le Parti serait fauteur de désordre. Le PCF et, dans son sillage, la CGT se présentent comme les organisations de la discipline et de la paix. Au nom de la CGT, Georges Séguy déclare le 21 mai : « L'opinion publique, bouleversée par les troubles et la violence, angoissée par l'absence complète d'autorité de l'Etat, a vu en la CGT la grande force tranquille qui est venue rétablir l'ordre au service des travailleurs ». Dans la deuxième semaine de juin, parlant déjà du mouvement au passé et abandonnant peu à peu le mouvement social à la bataille électorale, le Parti communiste confirme cette image : « Grâce au sang-froid, au calme et à la discipline des travailleurs, à l'autorité du PCF et de la CGT, la route a été barrée à une aventure sanglante, à une éventuelle dictature militaire »[62]. Que la peur dans l'opinion puisse être engendrée par le Parti apparaît à ses dirigeants mais aussi à ses militants comme une véritable calomnie. Lors d'une discussion menée dans une « cellule » du sixième arrondissement de Paris, le 20 juin, ces militants de terrain entendent rassurer : « Non seulement le Parti Communiste Français n'est pour rien dans tout ce désordre, mais encore, par sa fermeté, son calme, sa vigilance, il s'est révélé le vrai rempart contre la guerre civile »[63].

Mais au fond, beaucoup savent que les directions du Parti communiste et de la CGT ne souhaitent pas faire peur. On sait d'ailleurs la rancune et l'animosité manifestées entre la direction du Parti communiste et de la CGT d'une part, et des militants et organisations critiques de leur politique de l'autre. Dans cet antagonisme aussi, on retrouve l'usage de la peur. Les responsables du Parti incriminent très tôt un « climat de peur et de confusion entretenu par les groupes gauchistes »[64]. Ceux-ci sont étiquetés et disqualifiés comme « aventuristes », « troubles », « provocateurs » et « diviseurs ». Le 7 juin, au cœur des graves événements de Flins durant lesquels travailleurs grévistes et étudiants venus les soutenir se battent contre les forces de l'ordre jusqu'à la tragédie, l'union syndicale CGT de la région parisienne stigmatise des « groupes étrangers à la classe ouvrière », agissant « visiblement au service des pires ennemis de la classe ouvrière ». En clair, ce sont des agents provocateurs, peut-être même stipendiés par le pouvoir, payés pour semer la peur.

Cette façon de dénigrer et de se dissocier avec véhémence des individus et groupes jugés extrémistes et dangereux pour la tactique politique du Parti suscite en retour leur colère, leur indignation et, au-delà, le sentiment d'une trahison. André Barjonet, qui démissionne à cette occasion de ses responsabilités au

---

62. Tract du PCF, « Salariés ! », s.d. [8 juin 1968 ?], BNF LB61-600 (6943).
63. Archives nationales, PCF, Cellule Dr Lacapère, quartier de Fleurus, Paris 6e arrondissement, « Révolution, oui—Violence, non », 20 juin 1968, AN 581AP/196.
64. Archives audiovisuelles de la BNF, PCF, *Et maintenant*, BNF NUMAV-45929, 4'00 sq.

sein de la CGT, reprend d'ailleurs à Léon Trotsky le titre de *Révolution trahie*[65]. A Brest, le meeting organisé le 5 juin par la Jeunesse communiste révolutionnaire (JCR), les ESU et le Comité de soutien au Mouvement du 22 mars s'intitule quant à lui « Révolution manquée, révolution trahie »[66]. « Trahis » est enfin le mot qui revient sous la plume de militants proches du situationnisme quelques jours après le drame de Flins : « La grossièreté de ces manœuvres n'a pas échappé aux camarades qui déchiraient leur carte syndicale, se voyaient trahis » ; mais c'est pour ajouter que « les bureaucraties syndicales ont toujours été payées pour transformer la contestation radicale en luttes partielles. Leur survie exige le réformisme ». La rancœur s'exprime sur les lieux mêmes des usines occupées, comme on peut l'entendre à Renault Flins grâce au film réalisé par Jean-Pierre Thorn, *Oser lutter oser vaincre*. Un gréviste y interpelle un responsable de la CGT après l'intervention des CRS qui met un terme violent à la lutte : « Si vous, la CGT, vous aviez dit : " tenons-nous tous par la main ", ben les gars étaient prêts à le faire. Mais vous l'avez pas dit. Vous avez eu peur ». Un autre, lui-même syndiqué, exprime son désarroi en voix off avec toute la détresse liée à la défaite. D'autant que, pendant qu'on l'entend, de gros plans filment en détails le costume et la cravate du permanent syndical, par contraste avec la tenue de l'ouvrier : « On paie nos cotisations pour des clarinettes. On paie nos cotisations pour engraisser des gars qui sont dans les bureaux. On est exploités par les syndicats [. . .] J'explose, j'ai mal au cœur, ça me fout en pétard »[67].

Mi-juin 1968, au moment où s'enclenche le retour à la normale, où les organisations d'extrême gauche sont dissoutes et les manifestations interdites, où les grèves et occupations qui subsistent sont plus sévèrement réprimées encore et où les stratégies des acteurs partisans se réorganisent autour des élections législatives anticipées, l'hypothèse d'une résorption du possible prend corps et, avec elle, de nouveaux affects, comme l'attestent les écœurements, les déceptions, les procès pour trahison qu'enregistrent les citations précédentes. Et ce quand bien même les groupes d'extrême gauche travaillent à soutenir les affects séditieux, en proclamant que « ce n'est qu'un début » et qu'on doit « continuer le combat ». Semblables exhortations peinent à entretenir le protagonisme démultiplié des semaines précédentes : ses conditions de félicité, inséparables des propriétés de la situation critique elle-même, tout particulièrement de l'ouverture du possible et du pensable comme du sentiment de pouvoir peser sur le cours des choses, s'évanouissent. A la joie du possible succède la tristesse du normal—de la normalisation.

---

65. Barjonet, *La révolution trahie*, 40.
66. Zancarini-Fournel, « L'épicentre », 265–66.
67. Thorn, *Oser lutter*, 1'25'00 et 11'35.

Alors commence une autre histoire : l'histoire de ce que le retour à l'ordre fait aux émotions et aux sensibilités de celles et ceux qui ont entrevu une autre société ; l'histoire, aussi, de ce que les protagonistes font par la suite de cette vie soudainement, brièvement mais puissamment placée sous le signe de l'intensité et du devenir. De ce point de vue, l'événement cristallise des styles émotionnels qui ne se résorbent pas complètement avec son reflux. Son énergie propulsive, sa mise en mouvement, la colère politique qui l'accompagne également, alimentent l'activité intense des groupes d'extrême gauche dans la première moitié des années 1970 et se diffractent en de nouvelles causes et de nouvelles radicalités, féministes, écologiques, antinucléaires, antimilitaristes. L'« extraordinaire expérience que sont la découverte et la conquête de l'autodétermination » individuelle et collective, composante centrale du protagonisme, loin de disparaître dès l'été 1968, se prolonge et se diffracte de multiples façons : dans la résistance à l'aliénation de l'ordre usinier qui caractérise l'insubordination ouvrière des années 1970 ; dans l'occupation et l'autogestion d'usines—de l'usine horlogère Lip de Besançon par exemple ; dans le féminisme théorique et pratique ; dans l'émancipation sexuelle ; dans les luttes des personnes homosexuelles pour la reconnaissance ; dans les expérimentations pédagogiques centrées sur l'autonomie de l'enfant ; dans les explorations contre-culturelles en marge de la culture dominante réputée seule légitime ; dans la réinvention de la vie collective par les expériences communautaires ; dans la quête d'une vie plus authentique arrachée à la société de consommation—le « retour à la terre »[68]. Innombrables sont les effets sociaux et les « incidences biographiques » de « Mai »[69]. Leur variété comme leur durée sont le signe de la puissance affectante de l'événement, l'indice qu'au-delà de visions alternatives du monde c'est un nouveau sens de soi—un soi inséparablement individuel et collectif—qu'il imprime dans les vies et dans les corps. Mais à mesure que la société démontre sa « radicale impuissance à opérer une reconversion subjective au niveau collectif, telle que l'exigeait 68 », ainsi que son incapacité à « former des agencements collectifs correspondant à la nouvelle subjectivité », se creuse une tension entre la joie du possible et la tristesse de son effacement[70]. Le deuil de l'événement est une histoire longue qui connaît son premier épisode à la fin du mois de juin 1968 mais qui se joue surtout bien plus tard, lorsqu'il devient difficile et coûteux pour beaucoup de ne pas céder, dans des proportions variables selon les cas, au retour des attachements à la vie normale qu'une société adverse impose. L'histoire du deuil du possible aurait, elle aussi, à être écrite sous l'angle des émotions.

68. Sur « la découverte et la conquête de l'autodétermination », voir Burstin, *Révolutionnaires*, 62.
69. Pagis, *Un pavé dans leur histoire*.
70. Deleuze et Guattari, « Mai 68 n'a pas eu lieu », 216.

Conclusion

Se donner pour objet l'expérience sensible du politique en conjoncture critique permet de réaliser plusieurs opérations nécessaires concernant à la fois la compréhension de mai–juin 68 et les façons d'analyser le rapport entre émotions et mobilisations. En mettant l'accent sur les émotions associées au protagonisme mais aussi à l'antagonisme, l'étude déconstruit l'image bon enfant et dépolitisée que l'interprétation culturelle des événements a longtemps véhiculée. Elle met au contraire l'accent sur la signification politique d'affects telle la joie qui, loin de résulter (seulement) de la suspension de la vie ordinaire, traduit l'effet beaucoup plus puissant que produisent l'ouverture du possible collectif, le droit de dire son mot, la capacité d'agir sur les événements et de changer la société. De la même manière que l'égalité n'était pas seulement, pour les protagonistes ordinaires de la Révolution française, un concept abstrait comme l'histoire des idées l'a retenu, mais d'abord une expérience pratique et un affect quotidien, de même l'autodétermination et l'émancipation ne sont-elles pas seulement, en 1968, affaire d'idéologies révolutionnaires, mais aussi—et peut-être surtout, s'agissant des protagonistes anonymes sans passé militant—d'utopies concrètes vécues et expérimentées *hic et nunc*. Semblablement, repérer les registres émotionnels d'énonciation et de construction de l'antagonisme, c'est redonner toute sa place à la conflictualité des événements, mais en l'ancrant dans les sensibilités et pas seulement dans les idées et les idéologies, et en désignant la part qu'y prennent les profanes et pas seulement les activistes. C'est aussi montrer que les affects ne font pas qu'exprimer des vécus « intérieurs » mais construisent directement, aux côtés d'autres facteurs bien sûr, les rapports de force et de sens qui tissent la situation critique : ils sont à double face, à la fois expression et action. Les émotions apparaissent ainsi comme des *forces* sociales qui produisent des clivages, des solidarités, des groupes et des significations.

Cette appréhension en quelque sorte horizontale et par le bas de la place des affects en conjoncture de crise diffère de la manière dont les émotions ont été analysées par la sociologie de l'action collective. Si ces vingt dernières années celle-ci a entrepris de les prendre en compte, notamment pour restituer la créativité des activités militantes, elle demeure, dans nombre de travaux, prisonnière d'une approche instrumentale, utilitariste et stratégiste[71]. Les émotions y sont régulièrement saisies comme des outils maniés, produits, coordonnés par des organisations et des collectifs militants dans le cadre de dispositifs de sensibilisation

---

71. Goodwin et Jasper, *Rethinking Social Movements* ; Goodwin, Jasper et Poletta, *Passionate Politics* ; Jasper, *Art of Moral Protest* ; *Mobilization*, « Emotions and Contentious Politics ».

afin de gagner un public à la cause et de rallier des soutiens. Par rapport à cette approche, l'apport de cet objet singulier que sont les conjonctures critiques tient au fait qu'elles invitent à partir non pas seulement des dispositifs de sensibilisation, c'est-à-dire de l'offre d'émotions mobilisatrices, mais aussi et peut-être d'abord du « public » lui-même : celui-ci déborde en effet d'emblée les cadres organisationnels de l'action et s'avère être un protagoniste bien plus qu'une simple audience[72]. Une situation de prise de parole comme mai–juin 68 invite à partir de ce nombre, de ces anonymes, de ces profanes qui pèsent sur la dynamique de crise et sur la désectorisation de la confrontation.

On ne saurait pour autant verser dans un spontanéisme émotionnel de mauvais aloi. L'évaporation (relative) des contraintes organisationnelles en pareilles situations critiques ne signifie pas disparition de toute structure pesant sur la production comme sur la verbalisation des affects séditieux. Mais c'est d'abord aux « logiques de situation » qui tissent les intrigues de la crise et en forment la « grammaire » qu'il faut rapporter les manifestations affectives du protagonisme et de l'antagonisme[73]. On a voulu le suggérer dans cet article en restituant tant que possible les conditions d'énonciation et surtout les temporalités dans lesquelles ces dernières s'inscrivent, c'est-à-dire les moments, seuils, bifurcations, accélérations, reflux de la dynamique critique. Les affects apparaissent ici, on l'espère, non seulement comme des soubassements qui attendaient l'événement pour s'exprimer, revêtir un sens politique et déterminer un agir, mais aussi comme des produits émergents de la situation elle-même. Il en ressort un programme : saisir la façon dont les affects travaillent l'événement et la façon dont l'événement travaille les affects. Autre écueil que toute analyse des émotions manifestées et manifestantes doit éviter : la réification et l'homogénéisation. En radiographiant une gamme variée et conflictuelle d'affects, l'analyse a cherché à montrer que, si des styles émotionnels dominent en 1968, il s'en faut de beaucoup qu'on puisse les élever, comme certains ont voulu le faire après coup, à l'abstraction d'un « esprit de Mai », d'un *Zeitgeist* : il y a quantité de manières de vivre les événements, et les affects demeurent marqués au sceau de la contingence, de la réversibilité et de la pluralité.

Les émotions évoquées l'ont été à travers *l'énonciation* qui en est faite par les acteurs. Il ne peut en être autrement puisque l'émotion s'éprouve dans le corps mais se dit dans le langage. Cette séparation ontologique ne doit pas faire

---

72. Pour une discussion plus large sur les sensibilités et les affects dans les dynamiques de crise, voir le débat entre Haim Burstin, Ivan Ermakoff, William H. Sewell et Timothy Tackett, « Protagonisme et crises politiques », 139–49.

73. Dobry, *Sociologie des crises politiques* ; « Ce dont sont faites les logiques de situation ».

peur et conduire à penser qu'on ne peut rien dire des émotions en sciences sociales. Si elle oblige à ne pas prétendre sonder les cœurs et les reins, au moins s'approche-t-on plus de la réalité des affects quand on s'en remet à ce qu'en disent sur le vif les principaux intéressés que lorsqu'on la présume à partir de témoignages extérieurs ou rétrospectifs, d'inférences incontrôlées, de données statistiques, de dispositifs et de cadres institués[74]. Resterait l'observation directe (comment, dans la situation, les protagonistes s'empourprent, se mettent en colère, se prennent dans les bras, s'effondrent, etc.), mais, outre qu'elle est impossible concernant un événement du passé, elle pose d'autres questions et l'on n'est jamais certain, ni dans les situations critiques ni dans les interactions ordinaires d'ailleurs, de bien interpréter une manifestation corporelle, encore moins de mettre le bon mot sur ce qui paraît ressenti. En tout état de cause, la prudence analytique ne vaut pas démission. Bien sûr, le mieux serait de connaître les carrières morales et les trajectoires biographiques des individus, tant « les réactions affectives des individus ne peuvent être dissociées de leur histoire sociale antérieure, de l'apprentissage des conduites ayant cours au sein de leur famille et des milieux successifs qu'ils ont fréquentés »[75]. Or, de ce point de vue, s'il existe bien des cas que l'on peut reconstituer parce que les sources le permettent, il faut reconnaître que la situation spécifique de mai–juin 68 rend l'investigation difficile : la prolifération de la parole anonyme a produit une masse inédite d'énoncés, consignés dans les archives, mais ce sont des énoncés souvent sans auteurs indentifiables, sinon des auteurs collectifs. C'est qu'il en allait ainsi durant les événements : à la différence de la Révolution française étudiée par Burstin, le protagonisme ne se revendiquait pas publiquement sur un mode individuel, il ne pouvait être *capitalisé* sur un compte personnel (sinon peut-être dans les espaces d'interconnaissance). S'il abondait un compte, c'était le compte partagé des égaux s'emparant collectivement et anonymement du destin commun.

LUDIVINE BANTIGNY est historienne, maîtresse de conférences à l'université de Rouen Normandie. Ses recherches portent sur les engagements politiques et la conscience historique au vingtième siècle, et son travail en cours sur 1968. Son dernier livre s'intitule *1968, de grands soirs en petits matins* (2018).

BORIS GOBILLE est maître de conférences de science politique à l'Ecole Normale Supérieure de Lyon et chercheur au laboratoire Triangle. Ses recherches portent sur les années 1968, les crises politiques et la sociologie politique des intellectuels et de la littérature. Il vient de publier *Le Mai 68 des écrivains : Crise politique et avant-gardes littéraires* (2018).

74. Voir Mariot, « Les formes élémentaires de l'effervescence collective » ; et Mariot, « Qu'est-ce qu'un " enthousiasme civique " ».

75. Siméant et Traïni, « Pourquoi et comment sensibiliser à la cause ? », 18.

Remerciements

Les auteurs remercient chaleureusement Judith Coffin, Donald Reid et Daniel Sherman pour leur lecture attentive et leurs conseils fructueux, ainsi que les participantes et participants au colloque « May '68 : New Approaches, New Perspectives » (University of North Carolina at Chapel Hill and Duke University, 10–11 février 2017) qui leur a beaucoup apporté.

Références

Aron, Raymond. 1968. *La révolution introuvable : Réflexions sur la révolution de mai*. Paris.

Barjonet, André. 1968. *La révolution trahie de 1968*. Paris.

Barthes, Roland. 1968. « L'écriture de l'événement ». *Communications*, n°12 : 108–12.

Boquet, Damien, et Piroska Nagy. 2009. « Pour une histoire des émotions : L'historien face aux questions contemporaines ». Dans *Le sujet des émotions au Moyen Age*, dir. Damien Boquet et Piroska Nagy, 15–51. Paris.

———. 2011. « Une histoire des émotions incarnées ». *Médiévales*, n°61 : 5–24.

Brossat, Alain. 2002. « Haines et cris ». Dans *Passions et sciences humaines*, dir. Claude Gautier et Olivier Le Cour Grandmaison, 63–73. Paris.

Bourdieu, Pierre. 2002. *Interventions 1961–2001 : Science sociale et action politique*, dir. Franck Poupeau et Thierry Discepolo. Marseille.

Burstin, Haim. 2013. *Révolutionnaires : Pour une anthropologie politique de la Révolution française*. Paris.

Burstin, Haim, Ivan Ermakoff, William H. Sewell et Timothy Tackett. 2015. « Protagonisme et crises politiques : Histoire et sciences sociales ; Retours sur la Révolution française et février–juin 1848 ». Débat dans « Protagonisme et crises politiques », dossier coordonné par Quentin Deluermoz et Boris Gobille. *Politix*, n°112 : 131–65.

Canut, Cécile. 2011. « Demain ce fut mai : Politique sur paroles ». Dans *1968–2008 : Evénements de paroles*, dir. Cécile Canut et Jean-Marie Prieur, 12–31. Paris.

Cercle, Barbara Salutati. 2002. *Longtemps je me suis souvenu de mai 68 : Guirlande*. Bordeaux.

Certeau, Michel de. 1994 (1968). *La prise de parole et autres écrits politiques*. Paris.

Chartier, Roger. 2000. *Les origines culturelles de la Révolution française*. Paris.

Citton, Yves, et Frédéric Lordon. 2008. « Un devenir spinoziste des sciences sociales ? ». Dans *Spinoza et les sciences sociales : De la puissance de la multitude à l'économie des affects*, dir. Yves Citton et Frédéric Lordon, 18–34. Paris.

Combes, Patrick. 1984. « " Ecrivez partout " ». Dans *La littérature et le mouvement de mai 68*, 103–37. Paris.

Damamme, Dominique, Boris Gobille, Frédérique Matonti et Bernard Pudal, dir. 2008. *Mai–juin 68*. Paris.

Daum, Nicolas. 2008 (1988). *Mai 68 raconté par des anonymes*. Paris.

Deleuze, Gilles, et Félix Guattari. 2003. « Mai 68 n'a pas eu lieu ». Dans *Deux régimes de fous : Textes et entretiens, 1975–1995*, par Gilles Deleuze, édition préparée par David Lapoujade, 215–17. Paris.

Deluermoz, Quentin, et Boris Gobille, coord. 2015. « Protagonisme et crises politiques ». Numéro spécial. *Politix*, n°112.

Dewerpe, Alain. 2006. *Charonne 8 février 1962 : Anthropologie historique d'un massacre d'Etat*. Paris.

Dobry, Michel. 2007. « Ce dont sont faites les logiques de situation ». Dans *L'atelier du politiste : Théories, actions, représentations*, dir. Pierre Favre, Olivier Fillieule et Fabien Jobard, 119–48. Paris.

———. 2009 (1986). *Sociologie des crises politiques : La dynamique des mobilisations multisectorielles*. Paris.

Durandeaux, Jacques. 1968. *Les journées de mai 68*. Bruxelles.

Gobille, Boris. 2008. « La vocation d'hétérodoxie ». Dans *Mai–juin 68*, dir. Dominique Damamme, Boris Gobille, Frédérique Matonti et Bernard Pudal, 274–91. Paris.

———. 2016. « Les idées de mai 68 ». Dans *La vie intellectuelle en France*, t. 2, *De 1914 à nos jours*, dir. Christophe Charle et Laurent Jeanpierre, 663–68. Paris.

Goodwin, Jeff, et James M. Jasper, dir. 2004. *Rethinking Social Movements : Structure, Meaning, and Emotion*. Lanham, MD.

Goodwin, Jeff, James M. Jasper et Francesca Poletta, dir. 2001. *Passionate Politics : Emotions and Social Movements*. Chicago.

Honneth, Axel. 2000. *La lutte pour la reconnaissance* (*Kampf um Anerkennung*, 1992). Paris.

Hunt, Lynn. 2007. *Inventing Human Rights : A History*. New York.

Jasper, James M. 1997. *The Art of Moral Protest : Culture, Biography, and Creativity in Social Movements*. Chicago.

Kravetz, Marc. 1968. *L'insurrection étudiante, 2–13 mai 1968*. Paris.

Lahire, Bernard. 2013. *Dans les plis singuliers du social : Individus, institutions, socialisations*. Paris.

Lordon, Frédéric. 2010. *Capitalisme, désir et servitude : Marx et Spinoza*. Paris.

———. 2013. *La société des affects : Pour un structuralisme des passions*. Paris.

———. 2016. *Les affects de la politique*. Paris.

Marcus, George E. 2002. *The Sentimental Citizen : Emotion in Democratic Politics*. University Park, PA.

Mariot, Nicolas. 2001. « Les formes élémentaires de l'effervescence collective, ou l'état d'esprit prêté aux foules ». *Revue française de science politique* 51 : 707–38.

———. 2008. « Qu'est-ce qu'un " enthousiasme civique " ? Sur l'historiographie des fêtes politiques en France après 1789 ». *Annales : Histoire, sciences sociales*, n°1 : 113–39.

Mobilization. 2002. « Emotions and Contentious Politics ». Numéro spécial. 7, n°2.

Muel, Bruno, et Francine Muel-Dreyfus. 2008. « Week-ends à Sochaux ». Dans *Mai–juin 68*, dir. Dominique Damamme, Boris Gobille, Frédérique Matonti et Bernard Pudal, 329–43. Paris.

Pagis, Julie. 2014. *Mai 68, un pavé dans leur histoire : Evénements et socialisation politique*. Paris.

Poèmes de la révolution. 1998 (1968). Paris.

Pudal, Bernard. 2008. « Ordre symbolique et système scolaire dans les années 1960 ». Dans *Mai–juin 68*, dir. Dominique Damamme, Boris Gobille, Frédérique Matonti et Bernard Pudal, 62–74. Paris.

Pudal, Bernard, et Jean-Noël Retière. 2008. « Les grèves ouvrières de 68, un mouvement social sans lendemain mémoriel ». Dans *Mai–juin 68*, dir. Dominique Damamme, Boris Gobille, Frédérique Matonti et Bernard Pudal, 207–21. Paris.

Rancière, Jacques. 1995. *La mésentente : Politique et philosophie*. Paris.

———. 2007. *Politique de la littérature*. Paris.

Reddy, William M. 2001. *The Navigation of Feeling : A Framework for the History of Emotions*. Cambridge.

———. 2014. « Emotions et histoire contemporaine : Esquisse d'une chronologie ». Dans *Emotions contemporaines, XIXe–XXe siècles*, dir. Anne-Claude Ambroise-Rendu, Anne-Emmanuelle Demartini, Hélène Eck et Nicole Edelman, 33–44. Paris.

Rimé, Bernard. 2005. *Le partage social des émotions*. Paris.

Schumann, Maurice. 1968. « Le péril est toujours là ». *Avenir 78 : Défense de la République*, juin.

Siméant, Johanna, et Christophe Traïni. 2009. « Pourquoi et comment sensibiliser à la cause ? ». Dans *Emotions . . . Mobilisation !*, dir. Christophe Traïni, 11–34. Paris.

Sommier, Isabelle. 2010. « Les états affectifs ou la dimension affectuelle des mouvements sociaux ». Dans *Penser les mouvements sociaux : Conflits sociaux et contestations dans les sociétés contemporaines*, dir. Olivier Fillieule, Eric Agrikoliansky et Isabelle Sommier, 185–202. Paris.

Tackett, Timothy. 1996. *Becoming a Revolutionary : The Deputies of the French National Assembly and the Emergence of a Revolutionary Culture (1789–1790)*. Princeton, NJ.

———. 2015. *The Coming of the Terror in the French Revolution*. Cambridge, MA.

Tarragoni, Federico. 2015. *L'énigme révolutionnaire*. Paris.

Vigna, Xavier. 2007. *L'insubordination ouvrière dans les années 68 : Essai d'histoire politique des usines*. Rennes.

Vigna, Xavier, et Jean Vigreux, dir. 2010. *Mai–juin 1968 : Huit semaines qui ébranlèrent la France*. Dijon.

Vigna, Xavier, et Michelle Zancarini-Fournel. 2009. « Les rencontres improbables dans " les années 68 " ». *Vingtième siècle*, n°101 : 163–67.

Zancarini-Fournel, Michelle. 2008. « L'épicentre ». Dans *68 : Une histoire collective (1962–1981)*, dir. Philippe Artières et Michelle Zancarini-Fournel, 209–69. Paris.

L'Institut de l'environnement
Descendant du Bauhaus ou dernier bastion de mai 68 ?

TONY CÔME

PRÉCIS   Si, aux yeux des rares Français qui la visitèrent durant les années 1960, la Hochschule für Gestaltung d'Ulm s'affirma comme un lieu d'étude exemplaire, le climat régnant au sein de cette prestigieuse école de design allemande allait irréversiblement se dégrader en 1968. La complicité qui semblait établie entre enseignants et étudiants allait être mise à mal au cours du mois de mai 1968. Des Français essayèrent néanmoins de faire infuser l'esprit de cet établissement allemand, descendant du Bauhaus, au sein des écoles d'art françaises. Lors des assemblées générales et des commissions pédagogiques de Mai 1968, ceux-ci contribuèrent à la création d'une unité d'enseignement et de recherche pluridisciplinaire animée par plusieurs membres de l'école d'Ulm et soutenue par André Malraux : l'Institut de l'environnement. Les grèves et révoltes étudiantes qui enflammèrent le Quartier latin eurent réciproquement une forte influence au sein de l'école d'Ulm, la conduisant à sa fermeture définitive. L'auteur analyse ici ces complexes effets de vases communicants.

MOTS CLÉS   HfG Ulm, Institut de l'environnement, Mai 68, ENSAD, beaux-arts

En mars 1965, « l'absence d'un enseignement réel de l'architecture, le désintéressement fatal des élèves pour l'Ecole, l'imminence d'une réforme » forcèrent quatre étudiants architectes de l'Ecole des Beaux-Arts de Paris, tous membres de la Grande Masse, à momentanément fuir la France pour dresser, dans des pays frontaliers (République fédérale d'Allemagne, Suisse et Italie), un panorama des principaux centres de formation architecturale[1]. Jacques Barda, Pierre Clément, Jean-Paul Gautron et Pierre Lefèvre firent ainsi une halte à la Hochschule für Gestaltung d'Ulm (HfG Ulm), précisément parce qu'elle ne se

---

1. Barda et al., « L'enseignement de l'architecture », 1. La Masse, à l'Ecole des Beaux-Arts, désigne un groupe d'étudiants en charge de la gestion d'un atelier. La Grande Masse, qui regroupe tous les « Massiers » de l'Ecole, organise diverses manifestations et activités, souvent festives (bals, bizutage, fanfare, achats de matériel, etc.). A sa tête : le Grand Massier. Un modèle similaire existait également à l'Ecole nationale supérieure des Arts décoratifs de Paris.

French Historical Studies • Vol. 41, No. 2 (April 2018) • DOI 10.1215/00161071-4322966

présentait pas comme une école d'architecture traditionnelle mais qu'on prétendait tout de même y dispenser, notamment, cette discipline.

Au sein de cette descendante directe du Bauhaus, le contraste avec le contexte pédagogique français—globalement tourné vers le passé, fermé à la recherche, coupé de la réalité sociale, feignant d'ignorer les dernières avancées de la technique et des mœurs—saisit immédiatement ces jeunes investigateurs[2]. Leurs arguments en faveur d'une impérieuse réforme de l'enseignement architectural en France trouvaient à la Hochschule de très solides appuis. Leurs *alter ego* ulmiens étaient en effet « amenés à résoudre seuls ou en équipe des exercices semblables à ceux qui leur ser[aient] posés plus tard dans la pratique » et, pour ce faire, bénéficiaient des conseils avisés de divers « spécialistes, ingénieurs, entrepreneurs, sociologues, économistes, etc., invités à intervalles réguliers [. . .], choisis en fonction du thème traité »[3]. Ils adoptaient des méthodes de travail strictes « qu'il s'agisse du projet d'un simple élément, d'un système de construction ou d'un édifice entier »[4]. Ils avaient accès à de la documentation diversifiée, de grande qualité, sans cesse actualisée. Enfin, leurs projets de diplôme, étayés par un mémoire, étaient évalués selon des critères précis et prédéterminés—et non selon les vagues intuitions et le jargon d'un patron d'atelier démiurge, d'un « mandarin ».

Si, aux yeux de ces jeunes Français, la HfG Ulm s'affirma comme un lieu d'étude exemplaire, presque idéal, le climat régnant au sein de cette prestigieuse école allemande allait, après leur retour à Paris, rapidement se dégrader. Quelques mois après leur visite, la complicité qui semblait établie de manière plus que productive entre enseignants et étudiants, la solide communauté de travail, l'union des différents membres de l'école allaient être mises à mal puis annihilées irrévocablement au cours du mois de mai 1968.

Les Français ayant visité la HfG Ulm essayèrent de faire infuser l'esprit de cet établissement allemand (entre autres) au sein des écoles d'art françaises et contribuèrent lors des assemblées générales et des commissions pédagogiques de mai–juin 1968 à la création d'une unité d'enseignement et de recherche (UER) pluridisciplinaire tout à fait inédite—l'Institut de l'environnement. Les « événements » se déroulant à Paris, les grèves et révoltes étudiantes qui enflammèrent le Quartier latin eurent réciproquement une forte influence à la HfG Ulm, conduisant assez paradoxalement cette école de renommée internationale à sa fermeture définitive. Ce sont ces complexes effets de vases communicants que nous nous proposons d'analyser ici.

2. Les relations qu'entretenait la France avec le Bauhaus ont été mises en lumière dans Ewig, Gaehtgens et Noell, *Das Bauhaus und Frankreich*.

3. Claude Schnaidt cité dans Barda et al., « L'enseignement de l'architecture », 17.

4. Ibid., 15.

Il s'agira, plus largement, de mettre en lumière la place singulière que tenait la nouvelle UER non seulement par rapport à d'autres établissements français, mais également parmi les nombreux laboratoires pédagogiques tournés vers l'aménagement du cadre de vie—plus ou moins expérimentaux, plus ou moins radicaux—qui ont simultanément éclos à différents endroits du globe au lendemain de Mai 68[5]. Qu'on repense ainsi à l'International Institute of Design (IID) fondé par Alvin Boyarsky à Londres en 1970 afin de « subvertir l'état de stagnation de l'enseignement de l'architecture » qu'il avait pu observer dans la plupart des pays occidentaux et qui avait suscité de si violentes révoltes étudiantes. Cette école indépendante « sans corps enseignant, ni corps étudiant, ni programme, ni locaux permanents » prit la forme de trois *summer sessions* (SS70, SS71 et SS72)[6]. Au cours de celles-ci, on chercha à rompre avec l'insularité des lieux d'enseignement académiques, à faire tomber les barrières des cadastres disciplinaires en place pour engager *in fine* des dynamiques de fertilisation croisée. Qu'on repense également à *Universitas*, ce projet d'université expérimentale visant au même moment à « explorer les possibilités d'établir aux Etats-Unis un nouveau type d'institution destinée à analyser et concevoir l'environnement humain »[7]. Au début de la même décennie, le prestigieux College of Environmental Design de Berkeley, qui pendant plusieurs années s'était imposé comme une institution unique en son genre, subissait lui-même une crise sans précédent[8]. S'il n'aboutit à aucune réforme concrète, le projet *Universitas* offrit toutefois à un impressionnant panel de penseurs internationaux l'opportunité de soulever de décapantes réflexions pédagogiques lors d'un symposium organisé au MoMA en 1972.

L'IID, dans son appellation même, rendait un évident hommage à l'Institute of Design fondé à la fin des années 1930 à Chicago par László Moholy-Nagy, ancien maître du Bauhaus. Le projet *Universitas* trouvait quant à lui ses origines—ainsi que le confia son instigateur, Emilio Ambasz—dans les conférences qui avaient été données au milieu des années 1960 à la School of Architecture de l'université de Princeton par Tomás Maldonado, alors enseignant à la HfG Ulm[9]. Dès lors, cette étude tend également à situer l'Institut de l'environnement sur la carte des écoles revendiquant, après Mai 68, une filiation avec le Bauhaus.

5. Voir par exemple *Radical Pedagogies*, un programme de recherche consacré à l'étude de différentes expériences pédagogiques en architecture, initié au début des années 2010 par Beatriz Colomina au sein de la Princeton University School of Architecture, radical-pedagogies.com (consulté le 27 oct. 2016).

6. Sunwoo, *In Progress*, 9 (trad. de l'auteur).

7. Ambasz, *Universitas Project*, 9 (trad. de l'auteur).

8. Voir Ockman et Williamson, *Architecture School*.

9. Voir Maldonado, « How to Fight Complacency in Design Education », 14.

Le conformisme ou la révolution

C'est par le vice-recteur en personne, Claude Schnaidt, un architecte suisse francophone, que l'officieuse délégation française précitée—les quatre étudiants architectes de l'Ecole des Beaux-Arts de Paris—fut accueillie et guidée à travers les différents ateliers de la HfG Ulm. A ces visiteurs étrangers frustrés par le caractère figé de leur formation, celui-ci fit l'éloge d'une école à géométrie variable n'ayant pas peur de l'imprévu, d'une pédagogie se construisant par tâtonnements permanents :

> L'école d'Ulm a douze ans. Elle s'était d'abord présentée comme l'héritière du Bauhaus. Puis elle liquida une bonne partie de cet héritage. A partir de ce moment elle avança dans l'inconnu. Elle fit et fait encore beaucoup d'expériences, des bonnes et des mauvaises, à partir desquelles les idées directrices, la structure, le programme sont révisés par approximations successives. L'école d'Ulm est donc une école en mouvement. Et comme elle n'a cessé de se renouveler pendant ses douze années d'existence, on ne sait généralement pas très bien ce qu'elle est et ce qu'elle veut[10].

Rappelons que c'est à la mémoire de Hans et Sophie Scholl, jeunes résistants allemands appartenant à la Rose blanche et exécutés par les nazis, qu'au sortir de la Seconde Guerre mondiale leur sœur, Inge Scholl, et son mari, le graphiste Otl Aicher, décidèrent de fonder cette institution. Il s'agissait, dès les prémisses du projet (1950), de créer en Allemagne un organe de rééducation politique majeur en s'appuyant notamment sur l'étude des arts et des médias. L'école, inaugurée en 1953, devait initialement être divisée en cinq sections : Urbanisme, Architecture, Design industriel, Communication visuelle et Information. Max Bill, ancien étudiant du Bauhaus, premier directeur et architecte des bâtiments de l'école érigée sur le plateau de Kuhberg, n'envisageait pas la politique comme un champ disciplinaire autonome mais comme l'objet même de chacune de ces sections.

Si la section Urbanisme ne vit jamais le jour et la section Information ne dura qu'un temps, la HfG Ulm faisait malgré tout figure d'exception dans le paysage pédagogique international d'après-guerre du fait de son net caractère pluridisciplinaire. Au nom de l'édification démocratique de la République fédérale d'Allemagne (RFA), elle plaçait sur un pied d'égalité, mieux encore, elle envisageait la complémentarité de ces disciplines, toutes nécessaires au bon aménagement de l'environnement—mais enseignées jusqu'alors indépendamment. Et pourtant, « tandis que son renom grandissait à l'étranger, elle ne suscitait dans

10. Schnaidt cité dans Barda et al., « L'enseignement de l'architecture », 3.

les milieux dirigeants de l'Allemagne fédérale, qu'animosité, incompréhension, méfiance, ressentiment »[11].

En 1967, l'Etat fédéral engagea une réforme des modes de financement des établissements d'enseignement supérieur. L'importante subvention qui était habituellement allouée à la HfG Ulm allait ainsi être supprimée. Complot visant directement cette institution anticonformiste, selon le témoignage que livra à chaud Claude Schnaidt : « L'empressement mis par le parlement et le gouvernement de Bonn à se conformer aux termes de ce rapport était d'autant plus suspect qu'ils ne furent pas appliqués aux cas d'institutions comparables à l'école d'Ulm »[12]. Mais aussi, conséquence fatale du montage financier particulièrement complexe de l'école, selon l'étude que l'historien René Spitz réalisa, à tête plus reposée, bien des années après celle de cet architecte et fervent militant communiste suisse[13]. Direct ou indirect, ce coup allait effectivement finir d'achever l'école déjà endettée. Des intervenants internationaux ne pouvaient plus être invités, des cours devaient être supprimés. Cette coupe budgétaire établie à un moment critique de l'histoire allemande, à un moment où le milieu étudiant était d'ores et déjà très agité, particulièrement instable, sema irrémédiablement le trouble à Ulm.

La précocité des événements de Mai en Allemagne n'est plus à démontrer[14]. On s'accorde sur le fait qu'ils débutèrent le 2 juin 1967 quand l'étudiant Benno Ohnesorg fut abattu par un policier lors d'une manifestation à Berlin-Ouest. Ce drame suscita une indignation à l'échelle nationale et la radicalisation des étudiants d'extrême gauche dans la plupart des établissements d'enseignement supérieur. N'échappant pas à cette dynamique, les étudiants de la HfG Ulm qui depuis 1966 revendiquaient en vain l'accession à plus de pouvoir dans les instances décisionnaires de l'école s'insurgèrent. Le graphiste Herbert W. Kapitzki se souvient ainsi de son collègue Tomás Maldonado tentant de rétablir l'ordre au sein de l'institution, grimpant sur une table de cantine pour prendre la parole lors d'une réunion d'étudiants particulièrement agitée : « La célèbre image de Lénine déclamant son discours révolutionnaire me revint à l'esprit. Maldonado, son bras tendu, se tenait là-haut. Il lança : " Cette HfG est une école supérieure imparfaite, mais c'est la meilleure qui soit " »[15]. L'Argentin allait néanmoins quitter Ulm à la fin de l'année universitaire pour évoluer entre Milan et Princeton. Dans son discours de départ, le 30 juin 1967, il rappela que

---

11. Schnaidt, « Ulm (dernier épisode d'une affaire de récidive) », 62.

12. Ibid., 63.

13. Spitz, *HfG Ulm*.

14. Voir Lattard, « 1968 et les contestations antérieures », dans *Histoire de la société allemande au XXe siècle*, 66.

15. Tomás Maldonado cité par Kapitzki, *Design*, 40 (trad. de l'auteur).

« dès ses premières heures d'existence, la HfG avait été confrontée à l'alternative suivante : le conformisme ou la révolution »[16]. Schnaidt abondait dans son sens et précisait :

> Un enseignement d'avant-garde pose un problème fondamental quant au type d'humain à former : les spécialistes qui sortaient d'Ulm étaient préparés à se réaliser professionnellement dans une préoccupation sociale, celle de la connaissance et de la satisfaction des besoins dans la civilisation technique ; où devaient-ils trouver leur place dans la production gouvernée par l'étude de marché et la spéculation ? Fallait-il en faire des rebelles, ou les adapter tant bien que mal ?[17]

La situation s'envenima véritablement au début de l'année 1968. Le 19 février, une importante réunion fut organisée à Ulm. Refusant précisément de se conformer aux décisions de l'Etat fédéral c'est-à-dire d'envisager une version réduite, à bas coût, d'une ambitieuse structure pédagogique ayant déjà fait ses preuves, les représentants de la HfG annoncèrent son « autodissolution » lors de la rentrée de septembre 1968[18]. Le 23 février 1968, une assemblée générale exceptionnelle entérina cette décision. La sinistre nouvelle retentit non seulement à l'échelle nationale mais également bien au-delà des frontières de la RFA.

Migrer plutôt qu'abdiquer

L'ultimatum se diffusa d'autant plus vite dans les pays voisins lorsque l'on comprit que les membres de la HfG Ulm envisageaient en fait une autre alternative : l'exode. Cette volonté de migrer plutôt que d'abdiquer, cet appel international à l'hospitalité furent relayés par une affiche (fig. 1). Avis de décès pour certains, manifeste pour d'autres, il s'agit peut-être de l'une des toutes premières « affiches de mai ». Certes, avec celles imprimées par les ateliers populaires parisiens, qui forgèrent le genre voire le « style », cette affiche ne partage ni l'origine géographique ni la notoriété ni même la facture. Mais la typologie n'a jamais été clairement fixée[19]. Si cette composition, rigoureuse, essentiellement typographique, est créée et imprimée à Ulm en février 1968, si elle est d'abord diffusée par voie de presse en RFA, agrandie, placardée et brandie bien haut lors de plusieurs assemblées générales organisées durant ce même mois de février dans le pré

---

16. Ibid., 39.

17. Schnaidt cité par Karlen, « L'enseignement de l'architecture et de l'industrial design », 108.

18. Du fait de la place de premier plan que tenait cet établissement au sein du paysage pédagogique international, le second séminaire que l'International Council of Societies of Industrial Design (ICSID) avait consacré à la « formation des designers industriels » avait été organisé au sein même de la HfG Ulm, en septembre 1965.

19. Voir Gervereau, « Les affiches de " Mai 68 " ».

Bauhaus Weimar Exodus 1

Hochschule für Gestaltung Ulm Exodus 2

Schon zu Beginn der damaligen »Systemzeit« wurde den Mitgliedern des Bauhauses in Weimar das Leben erschwert und schließlich unmöglich gemacht. Sie zogen eine Konsequenz: Sie zogen aus.

Sie fanden eine neue Bleibe in Dessau, wo sie unter besseren Umweltbedingungen ihre Arbeit fortsetzen konnten.

Die HfG steht heute vor einer ähnlichen Alternative wie die Bauhäusler. Den an der HfG Arbeitenden wurde am Montag, 19. Februar 1968 unterbreitet, daß eine Kündigung der Arbeitsverhältnisse zum 30. September 1968 stattfinden wird. Sie müssen (und dürfen) sich also nach einem neuen Betätigungsfeld umsehen. Denn als was auch die Operationen zur Weiterführung der HfG deklariert werden – als Sanierung, Rettung, Konsolidierung, Verschmelzung in einen Dachverband mit einer anderen Institution – und was auch die Details solcher Pläne sein mögen, eines steht fest:

Von der HfG bleibt, wenn überhaupt, allenfalls der Name übrig und eine Erinnerung an bessere Zeiten. Sonst nichts.

Deshalb suchen die Mitglieder der Hochschule für Gestaltung Ulm eine neue Möglichkeit zu arbeiten, und zwar in einem Klima, das ihnen gestattet, nicht nur zu überleben nach fremden Vorstellungen, sondern zu leben nach eigenen Gedanken.

Sie bringen einige Ideen und Erfahrungen mit aus einer Institution, die einmal als eine der besten und fortschrittlichsten Designhochschulen der Welt bezeichnet wurde. Sie möchten Produkte entwerfen, Filme machen, visuelle Kommunikation betreiben, Architektur planen, Theorien entwickeln, eine Designwissenschaft vorbereiten.

Zu fragen ist:
welche Person,
welche Institution,
welches Unternehmen,
welche Stadt
welches Land,
welcher Staat
bietet der HfG einen Aufenthalt, um produktiv tätig sein zu können und fortzusetzen, was so vielversprechend begann?

Bitte wenden Sie sich an die Hochschule für Gestaltung, 79 Ulm, am Hochsträss.

19. Februar 1968

Dozenten, Assistenten, Studenten der Hochschule für Gestaltung

FIGURE 1 "Bauhaus Weimar Exodus 1 / Hochschule für Gestaltung Ulm Exodus 2." Affiche conçue par les étudiants de la HfG Ulm appelant à l'exode de leur école, en février 1968. © HfG-Archiv, Ulmer Museum, Ulm

carré d'un établissement pédagogique spécialisé, elle apparaît ostensiblement dans l'espace public le 4 mai 1968, à Stuttgart, à l'occasion d'une manifestation des étudiants de la HfG en grève. Cette image naît *a priori* dans le climat d'un combat confidentiel, très localisé. Elle s'impose néanmoins comme un intéressant trait d'union, une perche tendue—assez inédite au moment de Mai—entre des luttes menées simultanément des deux côtés du Rhin, entre étudiants allemands et français.

On y lit le slogan suivant, imprimé en grands caractères : « Bauhaus Weimar Exodus 1 / Hochschule für Gestaltung Exodus 2 ». Un appel similaire avait en effet déjà été lancé par Walter Gropius en 1925 et avait conduit les Bauhäusler à déménager une première fois vers la ville de Dessau. A ceux qui l'auraient oublié, deux colonnes de texte imprimées dans la partie basse de l'affiche rappellent brièvement ce moment clé de l'histoire du Bauhaus et détaillent ce parallèle avec la situation critique de la HfG.

Sur les photographies prises lors des réunions de crise de février 1968 à Ulm, on peut voir une autre affiche, lire un second slogan qui entreprend un rapprochement nettement plus radical : « 1943/1968 Hinrichtung HfG ». 1943 renvoie à l'année d'exécution (*Hinrichtung*) de Hans et Sophie Scholl. Ironie de l'histoire (savamment orchestrée), le vote de la dissolution de l'école avait eu lieu le lendemain de la commémoration du vingt-cinquième anniversaire de la tragique disparition de ces deux figures tutélaires. La filiation entre ces deux dates, somme toute délicate, n'en était pas moins assumée, revendiquée : « A leur époque, Hans et Sophie Scholl luttaient contre le fascisme du Troisième Reich. Les étudiants de la Hochschule für Gestaltung luttent actuellement contre les mesures autoritaires qui menacent de détruire la structure libre et démocratique de leur institution et, par-dessus tout, de leur société »[20]. Un « infâme parallèle », une « obscène provocation » admet volontiers René Spitz[21]. Tous les moyens étaient bons pour susciter l'indignation du milieu culturel international. On comprend néanmoins dans le même temps que les problèmes particuliers de la HfG Ulm, que ses dysfonctionnements internes étaient peu à peu teintés, si ce n'est éclipsés, par des revendications étudiantes moins spécifiques à cette école de design. Les luttes des étudiants ulmiens rejoignaient celles de l'ensemble de leurs camarades allemands, mais aussi étrangers, et prenaient un virage éminemment politique.

Au fond, ce qu'avaient en commun les Scholl assassinés dans les années 1940 et ceux qui se sentaient menacés à Ulm dans les années 1960, était avant tout une affaire de génération, c'était d'abord l'âge et la fougue associée. Ainsi, à la HfG, la contestation allait progressivement échapper au collège des enseignants et même se retourner violemment contre lui. Toutes les formes de subordination, à commencer par la hiérarchie établie entre professeurs et étudiants, allaient finalement être remises en question. Si l'appel de février 1968 est encore signé par « les doyens, les assistants et les étudiants », cette fragile union allait définitivement s'éroder. Le 19 mars, une pétition pour une représentation plus égalitaire des étudiants à Ulm, unanimement signée par ceux-ci, parvint au recteur Herbert Ohl. L'attentat subi par Rudi Dutschke en avril 1968 renforça toujours plus la solidarité entre les étudiants allemands, la ferveur et la coordination de leurs différents mouvements de contestation. Ainsi, le 2 mai, c'était le statut des enseignants de la HfG, établi par la rédaction d'un nouveau règlement intérieur, que les étudiants du plateau de Kuhberg attaquèrent vivement.

---

20. « The Case of the Ulm School of Design—A Classic Example of Political Development in the Federal Republic of Germany », texte écrit par les étudiants de la HfG Ulm en 1968 cité par Spitz, *HfG Ulm*, 379 (trad. de l'auteur).
21. Ibid.

Toutefois, le 4 mai 1968, quand à Stuttgart on inaugura en grande pompe l'exposition itinérante qui célébrait le cinquantième anniversaire de la création du Bauhaus (*Bauhaus 1919–1969*) et qui allait ensuite rejoindre plusieurs capitales internationales, tous les membres de la HfG Ulm firent le déplacement. Ils recouvrèrent momentanément leur complicité pour prendre à parti un invité de marque présent au vernissage : Walter Gropius lui-même. L'ensemble des protagonistes de l'affiche « des exodes » allait ainsi être réuni. Dupliquée, contrecollée sur de grands panneaux avec la méticulosité typique des Ulmiens, brandie au sein même des salles accueillant la rétrospective, l'affiche allait bénéficier d'une inédite visibilité et les questions qu'elle posait d'une puissante caisse de résonance : « Quelle personne, quelle institution, quelle entreprise, quelle ville, quel Land, quel pays est en mesure de proposer son hospitalité à la HfG Ulm, pour lui permettre de continuer à travailler de manière productive, de poursuivre ce qui a été amorcé de manière si prometteuse ? »[22] Les Ulmiens manifestèrent devant le Württembergischer Kunstverein de Stuttgart puis l'envahirent. Comment, au moment où l'on canonisait le Bauhaus, pouvait-on nuire autant à sa descendance directe ? C'était ce que pointaient du doigt implicitement l'affiche *Exodus 1 Exodus 2* et d'autres pancartes, plus explicites, réalisées à l'occasion de cette manifestation.

L'image du fondateur et premier directeur du Bauhaus, alors dans sa dernière année d'existence, tentant de répondre aux invectives des étudiants de la HfG, est restée célèbre. Tristement célèbre pour ceux venus d'Ulm :

> Beaucoup d'entre nous furent déçus en constatant que, dans une situation qui était alors devenue critique, il contribuait par sa présence à la légitimation de la position des autorités. Cette impression fut exacerbée lorsque, face à la foule, à l'aide d'un mégaphone, il appela tout le monde à ne pas faire entrer en jeu la politique dans les débats concernant la HfG. Nous reçûmes une vraie claque : un mythe s'effondrait[23].

Après cette ultime action commune, Kapitzki l'affirma, « les révoltes des étudiants parisiens devinrent un modèle » pour leurs confrères ulmiens[24]. Qu'entendait-il par là exactement ? Teinté par ses idéaux communistes, quelque peu amer, le récit que Schnaidt livra de ce mois de mai 1968 à Ulm apporte des éléments de réponse précis :

> C'est ce moment que choisirent les gauchistes pour intervenir en force. Ils crurent que toutes les conditions étaient réunies pour faire de leur école une citadelle

22. Extrait du texte lisible sur l'affiche *Exodus 1 Exodus 2* (trad. de l'auteur).
23. Kapitzki, *Design*, 42.
24. Ibid., 39.

de la révolution pure et dure. Comme lorsqu'on veut faire du nouveau, il faut bien se persuader d'abord que l'ancien a vécu, les enragés d'Ulm se mirent à pourfendre les rares vestiges qui avaient échappé à la tourmente. Du jour au lendemain, ils découvrirent que leur école avait dix ans de retard, qu'elle s'était mise au service du grand capital, qu'elle était antidémocratique, que les enseignants étaient tous corrompus. Et pourtant l'école d'Ulm n'avait cessé de réviser ses programmes et ses méthodes, avait inspiré de nombreuses réformes progressistes de l'enseignement réalisées dans le monde, était une école où les enseignants travaillaient plus et pour moins d'argent qu'ailleurs, était la seule école où les étudiants exerçaient un pouvoir, peut-être pas toujours reconnu en droit mais réel et étendu en fait. La Hochschule für Gestaltung était l'unique école en son genre dans le monde occidental à avoir une doctrine ouvertement anti-capitaliste, elle était la seule école dont l'Allemagne fédérale voulait la perte, pour toutes ces raisons. Mais cela n'avait plus d'importance aux yeux des enragés. C'était en mai 1968 et il fallait que mai se passe. Après mai, le déluge[25].

La crise atteignit effectivement un point de non-retour. On dénonça la présence des Instituts qui, au sein de la HfG, permettaient de répondre à de réelles commandes et d'assurer d'importantes entrées d'argent, comme ce fut le cas par exemple avec le métro d'Hambourg, la firme Braun ou encore la Lufthansa. On déboulonna très littéralement l'enseigne de l'école (des lettres métalliques en bas de casse, selon la tradition bauhaussienne) et l'inscription « KARL MARX SCHULE » fut sauvagement peinte à la place (en capitales). On proposa que l'Union socialiste allemande des étudiants (SDS) en prenne la direction. Contre toute attente, malgré cette agitation générale, l'appel du 19 février 1968 avait été entendu. Des intéressés se manifestèrent avant que l'école ne ferme ses portes (en novembre 1968).

Aller-retour Paris-Ulm

Les événements qui se déroulaient au sein de cette école d'Allemagne de l'Ouest avaient effectivement mis en ébullition le service des Enseignements artistiques du ministère des Affaires culturelles français qui était lui-même empêtré dans une crise sans précédent. Si la Hochschule für Gestaltung Ulm venait à fermer ses portes, l'Etat pourrait recruter de brillants professeurs pour amorcer et catalyser une puissante réforme pédagogique en France.

A l'Ecole nationale supérieure des Arts décoratifs (ENSAD) comme à l'Ecole des Beaux-Arts, certains rêvaient d'une revigorante pollinisation de l'esprit du

---

25. Zurich, ETH, gta Archiv, Fonds Claude Schnaidt, 187-4-2-1, Schnaidt, « Notes », vers 2000.

Bauhaus en France[26]. A cette époque pesait également dans les hautes sphères institutionnelles de l'Hexagone un lourd regret : celui d'avoir laissé filer à l'étranger, sans vraiment s'en soucier, la grande majorité des maîtres du Bauhaus lors de sa fermeture forcée en 1933. Depuis 1965, Jean de Saint-Jorre, chef du service des Enseignements artistiques au sein de la direction générale des Arts et Lettres, René Salanon, inspecteur général dans ce même service mais aussi conservateur en chef du musée et de la bibliothèque des Arts décoratifs, Florence Contenay, jeune chef de la division des Enseignements de l'Architecture et des Beaux-Arts, et Claude Cobbi, chef du bureau des Affaires financières, animaient au sein du ministère des Affaires culturelles un groupe de travail « autoproclamé, officieux » qui envisageait la transposition du Bauhaus en France comme l'éventuel bras de levier d'une audacieuse réforme, visant l'ensemble des formations artistiques[27].

Ceux-ci avaient très tôt montré la nécessité de s'entourer d'acteurs internationaux susceptibles de porter un regard critique sur les institutions françaises et donc de les conseiller voire de les assister dans la périlleuse mission qu'ils s'étaient donnée. Ils avaient effectué plusieurs voyages d'observation, notamment aux Etats-Unis dont les récentes initiatives pédagogiques leur paraissaient particulièrement stimulantes. Or, comme Contenay le reconnaissait dans un récent entretien, il est difficile de faire venir un professeur d'Harvard en France et ce d'autant plus dans un climat de crise générale[28]. En revanche, faire venir une partie de l'équipe pédagogique d'une prestigieuse école allemande alors menacée de fermeture et manifestant d'elle-même la volonté de migrer vers des terres plus hospitalières, était sûrement plus aisé. L'appel des membres de la HfG Ulm s'imposa donc comme une aubaine inespérée[29]. Le concours de circonstances était parfait et une visite à Ulm s'imposait donc de manière urgente. Son enjeu était crucial. L'Etat français ne devait à aucun prix laisser se reproduire le schéma de 1933, c'est-à-dire laisser s'exiler aux Etats-Unis ou vers tout autre pays les professeurs de la HfG Ulm. Ceux-ci étaient les représentants d'une interdisciplinarité et d'une pédagogie alternative ayant indéniablement

---

26. « La France a ignoré le Bauhaus. Mais on ne peut " sauter une étape ". Il n'est pas possible de n'en pas tenir compte », lançait ainsi le designer Roger Tallon, enseignant à l'ENSAD, lors d'une réunion organisée en mars 1965. Pierrefitte-sur-Seine, Archives Nationales (AN ci-après), Archives de l'ENSAD, 19950147/6, « Rond Point de la Défense—Elaboration du programme architectural de l'Ecole nationale supérieure des arts décoratifs, » le 11 mars 1965.

27. Lengereau, *La recherche architecturale*, 41.

28. Entretien réalisé par l'auteur en juillet 2013.

29. Le ministère fut en réalité informé, alerté de la situation à Ulm par le théoricien Abraham Moles, qui enseignait simultanément à l'Université de Strasbourg et à la HfG, ainsi que par les étudiants des Beaux-Arts qui avaient visité l'école en 1965 et gardé contact avec Schnaidt.

fait leurs preuves[30]. Pour mener à bien cette délicate opération de séduction, André Malraux envoya rapidement en Allemagne une délégation ministérielle : Salanon, Cobbi et Contenay étaient accompagnés pour l'occasion de Pierre Kayser, inspecteur principal de l'Enseignement artistique, et d'un ancien professeur d'arts plastiques devenu chercheur en pédagogie, Henri Charnay. Ils furent accueillis à Ulm par Schnaidt les 2 et 3 mai 1968, en plein tumulte.

Certains membres de la HfG Ulm se dirent intéressés par la proposition de l'Etat français. Schnaidt lui-même, le professeur de sémiologie Martin Krampen et plusieurs étudiants furent reçus en retour au sein du ministère des Affaires culturelles à Paris, les 20 et 21 mai 1968, quelques jours seulement après la nuit des barricades (du 10 au 11 mai)—« alors que la Sorbonne était occupée et que le drapeau rouge, hissé par les grévistes, flottait sur l'usine Renault de Billancourt », ainsi que le remarqua Schnaidt[31]. On envisagea alors très sérieusement un transfert de l'école d'Ulm à Paris, du moins la mise en place d'un nouvel établissement animé par un groupe d'anciens membres de la HfG. Les événements de mai–juin 1968 en France repoussèrent mais ne remirent pas en question un tel projet.

Après Mai, l'Institut de l'environnement

En acceptant de s'installer à Paris pour contribuer à la fondation d'un nouvel établissement, Schnaidt promettait d'adapter le projet ulmien, d'ores et déjà bouleversé par les étudiants allemands, à la situation française qui, à la fin du mois de mai 1968, s'était quelque peu enflammée :

> Cet institut se consacrerait à la recherche et à la formation pédagogique dans le domaine de l'environnement. Il s'appuierait sur l'esprit, les méthodes et l'expérience de l'Ecole d'Ulm, tout en les adaptant aux données culturelles et matérielles spécifiques à la France et en les développant en fonction des moyens qui seront mis à sa disposition. L'institut trouverait sa raison d'être dans la double nécessité de faire avancer l'état de nos connaissances et de former des enseignants. Il apparaît de plus en plus urgent, en effet, de déployer un effort considérable sur tous les phénomènes qui conditionnent l'étude des problèmes d'environnement.

30. Lors d'un sommet organisé en 1967 dans le cadre du traité d'amitié franco-allemand, le premier ministre Georges Pompidou avait déjà pris la décision de créer « un groupe de travail franco-allemand dont la mission [aurait été] de promouvoir la collaboration technologique pour rattraper le retard de l'Europe en ce domaine ». Voir Hiepel, *Willy Brandt et Georges Pompidou*, 39. Si ce projet de coopération n'avait pas été remis en question par l'éviction de Pompidou en 1968, il aurait certainement pu connaître d'intéressantes retombées pédagogiques ou du moins conduire, par le biais du ministère de l'Industrie et non des Affaires culturelles, à de premiers échanges avec les membres de la HfG Ulm dont les enseignements tenaient toujours compte des dernières avancées techniques.

31. Schnaidt, « Notes ».

D'autre part, des cadres nouveaux doivent être préparés pour la réforme de l'enseignement que la France s'apprête à entreprendre[32].

Dans ce courrier qu'adressait Schnaidt au ministère des Affaires culturelles en juillet 1968, les trois principales finalités de la future école semblent d'emblée fixées : faire se rencontrer les disciplines en charge de l'aménagement de « l'environnement », créer un inédit troisième cycle dans ce domaine et former de nouveaux enseignants[33]. Si la racine allemande de cette institution, alors en préfiguration, vient plutôt du haut et passe par le pouvoir en place, la racine française vient quant à elle plutôt du bas. Elle passe par les nombreuses assemblées générales et commissions de réflexion pédagogique qui se déroulèrent au début de l'été 1968.

Jean-Louis Violeau, auteur d'une importante étude sur *Les architectes et Mai 68*, insiste sur la volonté d'ouverture disciplinaire, la volonté de « changer par le simple fait d'échanger » qui avait été manifestée, bien avant les événements de Mai, par de nombreux étudiants architectes de l'Ecole des Beaux-Arts et le soutien qu'ils avaient reçu—ou non (plus souvent d'ailleurs)—de la part de certains professeurs[34]. Ce sociologue a analysé en détail les motivations de ces chantres de « l'empiètement », qui prenaient le risque de « l'abâtardissement » du métier d'architecte dès leur formation, en proposant notamment de « sortir des vieux murs de leur Ecole pour aller à la rencontre des étudiants de La Sorbonne, de Nanterre, ou de la rue d'Ulm »[35]. Il fait ici référence au n°45 de la rue d'Ulm, adresse de l'Ecole normale supérieure, et non pas au n°31, adresse de l'ENSAD. Mais aux « Arts déco », l'ouverture des frontières disciplinaires s'imposait également comme une des revendications fortes des étudiants. On voulait en finir avec les fractures disciplinaires et les multiples ramifications imperméables des institutions artistiques françaises. Plus précisément encore, comme le rapporte François Miehe, dernier massier de l'ENSAD très impliqué dans les commissions qui ont préfiguré l'Institut de l'environnement, les étudiants de l'ENSAD jugeaient particulièrement urgent d'ouvrir les savoir-faire aux savoirs universitaires :

On essayait de dire : soyons dans la modernité, au sens positif que pouvait avoir le mot à l'époque. Cherchons du côté de ce qui existe, en l'occurrence, pour nous, c'était l'université, les disciplines nouvelles. Lorsqu'on a occupé les Arts Déco pendant quatre ou cinq semaines, on a été aidé par des étudiants

32. Zurich, ETH, gta Archiv, Fonds Claude Schnaidt, 187-4-2-1, Schnaidt, lettre envoyée à René Salanon, le 8 juil. 1968.
33. Schnaidt ne précise toutefois pas encore son acception personnelle de ce terme. Nous y reviendrons.
34. Violeau, *Les architectes et Mai 68*, 206.
35. Ibid., 176.

de Nanterre du département de socio. Ceux-ci nous ont apporté un nouveau regard, un accompagnement. On a compris que les disciplines nouvelles, la sémiologie, la sociologie, la géographie dans ses applications urbaines, devaient faire partie de la formation des étudiants de ces écoles[36].

Au début de l'année 1968, le Land de Bade-Wurtemberg avait proposé, comme seule alternative à la fermeture de la HfG, son assimilation à l'Ecole d'Ingénieurs d'Ulm. Les membres de la HfG avaient refusé. Une seule filiation était envisageable à leurs yeux : être intégrés à l'Université de Stuttgart. L'assistant Gui Bonsiepe avait ainsi mis l'accent sur le « besoin de créer une science du design en tant que branche d'une future science de l'environnement »[37]. Dès lors, les principales doléances des étudiants français et le projet de Schnaidt, par chance, coïncidaient ainsi en de nombreux points.

La connexion avec la HfG Ulm, les rôles d'instigateurs, de tuteurs que le ministère se proposait de donner à plusieurs membres de l'école allemande engageait d'ailleurs d'autant plus les étudiants français à s'enthousiasmer de ce projet institutionnel :

> Notre contact au Ministère des Affaires culturelles nous avait dit qu'il pensait qu'il serait intéressant de nous appuyer sur l'équipe d'Ulm. On venait de découvrir simultanément l'existence de cette école et les difficultés qu'elle avait avec le pouvoir en place en République Fédérale Allemande. Nous étions très contents—et nous ne savions pas encore qu'ils étaient communistes ! On savait simplement que cette école se revendiquait d'une tradition—celle du Bauhaus— qui nous inspirait beaucoup. On était enchantés de pouvoir bénéficier d'une partie de leur équipe pédagogique[38].

Dès lors, l'Etat français n'avait plus qu'à jouer les entremetteurs, dégager un budget exceptionnel et fonder cette inédite institution. La rencontre eut lieu les 25 et 26 novembre 1968 à l'Abbaye de Royaumont. Un séminaire dédié « au fonctionnement et à l'aménagement [d'une] Unité d'Enseignement et de Recherche » réunit des représentants du ministère des Affaires culturelles, de l'Ecole nationale supérieure des Beaux-Arts, de l'ENSAD (dont Miehe), des chercheurs en sciences humaines et, bien évidemment, des anciens de l'école d'Ulm[39]. Finalement, ceux-ci n'étaient plus que deux : Manfred Eisenbeis, un Allemand diplômé du département de Communication visuelle qui menait alors des

---

36. François Miehe, entretien avec l'auteur, le 21 nov. 2014.
37. Bonsiepe, « Commentary on the Situation of the HfG », 12 (trad. de l'auteur).
38. Miehe, entretien cité.
39. AN, Archives de l'Institut de l'environnement, 19930251/1, « Compte-rendu du Séminaire de Royaumont (25–26 novembre 1968) ayant trait au fonctionnement et à l'aménagement de l'Unité d'Enseignement et de Recherche de la Rue Erasme ».

recherches en France, et Schnaidt. Celui-ci profita d'ailleurs de l'occasion pour préciser sa définition de l'environnement :

> Si l'on veut trouver un sens concret à l'idée d'aménagement de l'environnement, c'est avant tout dans la nécessité pressante de satisfaire les besoins sociaux qu'il faut le chercher [...] L'aménagement de l'environnement répond à des besoins sociaux, à des besoins qui, par suite de la transformation du milieu de vie, ne peuvent plus être satisfaits que de manière sociale [...] Il tend au global et dépasse les limites des disciplines parcellaires. Il développe des connaissances spécifiques et est expérimental au sens scientifique du terme. L'aménagement de l'environnement est soi-même recherche [...] L'aménagement de l'environnement est une activité interdisciplinaire assumée par des équipes dont la composition varie selon les thèmes. Il est œuvre collective pour la collectivité[40].

L'accent est mis sur le global, le social et le collectif, néanmoins cette définition reste encore assez floue. C'est d'ailleurs très certainement l'une des faiblesses qui aboutiront au démantèlement de l'Institut de l'environnement dès 1971.

A cette époque en France, le terme *environnement* connaissait un vrai engouement, et ce dans de nombreux domaines, mais il ne renvoyait en fait à rien de précis : « Si on utilisait le mot régulièrement, derrière le mot, la chose n'était pas perçue », confirme Serge Antoine, énarque ayant contribué à la création du ministère de l'Environnement en janvier 1971, sous le gouvernement Chaban-Delmas[41]. Premier homme politique à prendre la tête de cette instance « dont on a inventé le nom avant de connaître la chose »—comme on disait alors avec un certain cynisme—Robert Poujade fut en réalité chargé de la « Protection de la Nature »[42]. Or, ce n'était pas du tout ainsi que l'on définissait l'environnement dans les milieux de l'urbanisme, de l'architecture et du design[43].

Les « Unités pédagogiques d'architecture » (UPA), inaugurées en décembre 1968 suite à la fermeture de la section architecture de l'Ecole des Beaux-Arts, devaient initialement être baptisées « Unités pédagogiques de l'environnement » (UPE). Loin de l'*environmental control* ou de l'écologie, ici, la notion renvoyait plutôt à cet *environmental design* auquel on avait consacré un prestigieux *college* à Berkeley, sur le campus de l'University of California, et ce dès la fin des années 1950. Si, dans le monde anglo-saxon, la discipline s'était littéralement institutionnalisée au fil des années, elle s'inscrivait mal dans les interstices du cadastre

---

40. AN, Archives de l'Institut de l'environnement, 19930251/1, Schnaidt, « L'environnement et son aménagement », 1968.

41. Serge Antoine cité par Charvolin, « L'invention du domaine de l'environnement », 184.

42. Ibid.

43. Voir notamment Patrix, *Design et environnement*.

disciplinaire français[44]. La grande hétérogénéité des articles et projets compilés dans le numéro spécial que la revue *L'architecture d'aujourd'hui* consacra au « Nouvel environnement » en 1969 (n°145) témoigne, là encore, du caractère vague et accidenté du terrain environnemental en France[45].

Qu'à cela ne tienne. Dans ce nouvel établissement parisien, la définition de l'environnement serait « berkeleyienne ». Pour pouvoir mettre en œuvre cette clarification terminologique et, surtout, au nom du bon développement de cette institution inédite, Schnaidt exigea qu'elle soit indépendante de toute autre école française. Si, à Royaumont, tout le monde s'accorda sur ce point qui relève quasiment du bon sens, la majeure partie de l'équipe pédagogique de l'ENSAD vit cette décision d'un très mauvais œil, et pour cause : alors que l'école réclamait une extension depuis des années, on venait de commencer à ériger le bâtiment dédié à cette nouvelle structure sur son propre terrain, le long de la rue Erasme.

Mai architecte

Cette architecture a été mise en œuvre, sur ordre d'André Malraux (c'est-à-dire sans permis de construire), par Robert Joly, architecte en chef des Bâtiments civils et Palais nationaux (BCPN). Le bâtiment a été pensé en cohérence avec le modèle pédagogique s'esquissant simultanément : une partie de la structure porteuse, repoussée vers l'extérieur par l'intermédiaire de croix de Saint-André, allait permettre de libérer de grands plateaux où converger, se rencontrer et échanger. A pédagogie décloisonnée, espace littéralement décloisonné. Robert Spizzichino, ingénieur qui prit part à la préfiguration de l'Institut de l'environnement et intégra ensuite le collège des enseignants-chercheurs de la rue Erasme, souligne l'influence qu'ont pu avoir les événements de Mai sur cette construction :

44. Preuves de son institutionnalisation dans le monde anglo-saxon, à la fin des années 1960, une Environmental Design Research Association est créée au sein de l'University of Utah, un Bachelor of Environmental Studies est délivré par l'University of Manitoba et une School of Environmental Studies naît de la fusion des départements Architecture et Town Planning de l'University College of London.

45. Prenant du recul face à cette grande confusion, Jean Baudrillard allait réduire l'environnement à « une structure idéologique d'ensemble, une drogue sociale, un nouvel " opium du peuple " » et l'aménagement de l'environnement à une « mythologie thérapeutique ». Reprise intégralement dans les pages du premier numéro d'*Environnement* (la revue de l'Institut), cette allocution prononcée à l'International Design Conference d'Aspen de 1971 allait susciter une importante polémique rue Erasme et dans le milieu du design international en général. Ainsi, en 1972, dans la traduction française de *La speranza progettuale : Ambiente e società*, premier ouvrage de Tomás Maldonado dans lequel il essayait d'expliciter sa vision du design et de l'environnement, l'Argentin prit la peine d'ajouter un *postscriptum* inédit rétorquant brièvement à « l'accusation polémique » de Baudrillard. *Environnement et idéologie*, le titre français choisi par l'Union générale d'édition, semble d'ailleurs faire directement écho aux écrits du philosophe français. Au moment même où il prenait part au projet *Universitas*, celui-ci dédia à la notion d'environnement un chapitre entier de son livre *Pour une critique de l'économie politique du signe*.

Le bâtiment avait été conçu dans l'esprit d'un renouveau de l'enseignement et dans l'esprit de 68. En deux mots, vous aviez deux grands plateaux qui étaient entièrement modulables [. . .] Les enseignants-chercheurs disposaient chacun d'une minuscule cellule de moine. Il leur était donc impossible de faire des réunions seuls dans leur coin. De la même manière, comme il n'y avait pas de chef, il n'y avait pas de grand bureau principal. Seule l'administration avait des bureaux corrects[46].

Les très courts délais de construction imposés avaient conduit Joly au choix de la préfabrication métallique. Celui-ci en fit « l'occasion de rendre un évident hommage » à Jean Prouvé, fameux constructeur d'architectures préfabriquées et d'objets en tôle emboutie, dédiés en priorité aux classes populaires[47]. Joly utilisa en effet des composants industriels de façade dessinés pour la Compagnie industrielle de matériel de transport (CIMT) par son maître et ami nancéien. Mais choisir Prouvé, c'était également revendiquer une certaine vision de l'architecture : constructive, collective, non corporatiste—au fond, très cohérente avec le projet de Schnaidt[48]. Cobbi, qui allait être nommé directeur administratif de l'Institut à la rentrée 1969, fut d'un grand secours dans cette démarche. Le témoignage qu'il livra à ce propos nous laisse entendre, là encore, que la situation, la précipitation et la relative improvisation typiques de l'immédiat après Mai eurent un fort impact sur l'érection de ce bâtiment (fig. 2) :

> Je me suis battu pour qu'il y ait des façades Prouvé. . . . ça a été négocié de manière très simple, c'est-à-dire qu'on n'est pas passé devant les commissions, ni les commissions des Bâtiments de France, ni les commissions des marchés, et on a demandé à Monsieur Malraux de faire comme Monsieur Edgar Faure avait fait pour Vincennes, on lui avait demandé de donner un ordre direct . . . Seuls les ministres peuvent faire cela puisqu'ils sont responsables uniquement sur le plan politique et qu'ils peuvent passer par-dessus les règles administratives. Il a accepté très facilement[49].

Difficile en effet de ne pas faire ce parallèle avec l'université expérimentale de Vincennes, institution qu'on avait voulue « débarrassée de ses pesanteurs

46. Robert Spizzichino, entretien avec l'auteur, 3 janv. 2013.
47. Paris, Institut français d'architecture, Fonds Robert Joly, 382 IFA, Robert Joly, « L'Institut de l'environnement », le 23 août 1973. Voir notamment le modèle de *Maison des jours meilleurs* élaboré par Jean Prouvé en 1954 suite à l'appel de l'Abbé Pierre.
48. Jean Prouvé accepta d'ailleurs d'intégrer, au côté de Charlotte Perriand, le Conseil d'administration de l'Institut de l'environnement.
49. Claude Cobbi, entretien avec Olivier Cordova, le 26 nov. 1992, dans Lengereau, *La recherche architecturale*, 109. Edgar Faure, nommé ministre de l'Education nationale au lendemain de Mai 68, s'était engagé (notamment avec ladite Loi Faure votée en novembre 1968) à réformer l'université, jugée élitiste et trop centralisée. Dans cette perspective, il fit construire, sans permis, une université expérimentale à Vincennes.

FIGURE 2 Vue de l'Institut de l'environnement, rue Erasme, Paris, vers 1971. Photographie : © Akiko Takehara

et de ses cloisonnements », qu'on avait installée au même moment, avec une semblable liberté, dans un bâtiment préfabriqué signé Geep-Industries[50]. Joly avait établi de lui-même ce lien avec Vincennes : « Il fallait concevoir dans l'instant, exécuter à la suite et ceci dans un budget qui devait être la réponse des Affaires culturelles à la gageure rapidité-prix des constructions industrialisées de Vincennes »[51]. L'analogie entre ces chantiers, soulignait-il néanmoins, avait ses limites : « Les contraintes du terrain : gabarit autorisé de 5 étages, faible profondeur du terrain pour respecter les arbres du jardin intérieur, prise en compte sinon raccordement du bâtiment existant de l'ENSAD, interdirent l'emploi des

50. Cixous, « Nous avons pris la Bastille, pas la Sorbonne », 23.
51. Joly, « L'Institut de l'environnement ».

procédés agréés par le Ministère de l'Education nationale, contrairement à l'opération de Vincennes »[52].

D'un point de vue pédagogique, un contraste devait également s'observer. Lors d'une réunion préparatoire au séminaire de Royaumont, Miehe soulignait à nouveau que selon « une volonté générale » les étudiants de l'ENSAD voulaient être « intégrés dans l'université »[53]. Si on lui répondit qu'il fallait établir des « contacts immédiats » avec les membres de l'Université de Vincennes, c'était néanmoins « pour ne pas faire le même travail qu'eux »[54]. Le futur établissement trouverait davantage son identité dans le quartier où son bâtiment était érigé, quartier qui accueillait de nombreux instituts[55]. L'UER trouva ainsi son appellation définitive, ce serait l'Institut de l'environnement[56]. On viendrait y faire un « stage » de deux ans. Les stagiaires de l'Institut, à l'instar des fonctionnaires venant d'intégrer l'Education nationale portant le même titre, seraient boursiers et formés dans la perspective de réformer l'enseignement des arts en France.

Au début de l'année 1969, l'architecture des cours se précisa à mesure que le bâtiment de Joly s'assemblait. Quatre grands séminaires seraient organisés le lundi : Urbanisme, Architecture, Design industriel et Communication. Ils seraient « axés sur l'orientation professionnelle des stagiaires », c'est-à-dire dispensés en classes séparées[57]. Cependant, une des séances au moins se devrait d'accueillir les stagiaires d'un autre séminaire. Ces dynamiques de fertilisations croisées allaient devoir d'autant plus s'éprouver durant l'initiation à la recherche, prévue les mercredis et jeudis. Celle-ci se ferait nécessairement en équipes pluridisciplinaires. Les mardis et vendredis seraient quant à eux dédiés aux sciences humaines (Sociologie, Psychologie, Economie) et à la programmation informatique balbutiante (lors d'un cours intitulé Logique Mathématiques Méthodologie). Enfin, autre temps privilégié pour les rencontres interdisciplinaires, des conférences organisées chaque mardi soir allaient permettre d'affiner la compréhension générale de la notion d'« environnement ».

Des offres d'emploi diffusées dans la presse et, surtout, des procédures de cooptation moins officielles (mais là encore, typiques de l'immédiat après Mai)

52. Ibid.

53. AN, Archives de l'Institut de l'environnement, 19930251/1, « Note du 25 novembre 1968 ».

54. Ibid. En réalité, de nombreux étudiants inscrits à l'Institut de l'environnement fréquentèrent également en parallèle l'Université de Vincennes.

55. Se trouvent en effet concentrés dans ce même secteur de prestigieux centres de formation et de recherche : l'Institut du radium, l'Institut national pédagogique, l'Ecole normale supérieure, l'ENSAD.

56. A ce propos, le nom de l'International Institute of Design mentionné en introduction de cet article a été fixé grâce à d'intéressants partis pris. *Institute* permettait, ainsi que le prétendait son fondateur Alvin Boyarsky, d'échapper aux connotations académiques de labellisations telles que *faculty* ou *school*. De même, *design*—et non *architecture* ni *environment* d'ailleurs—renvoyait aux riches heures de la modernité plus qu'à la tradition.

57. *Rapport d'activité de l'Institut de l'environnement* (Paris, année 1969/70), 31.

permirent de recruter le collège des enseignants-chercheurs de l'Institut de l'environnement. Se fédérèrent ainsi, autour de Schnaidt et d'Eisenbeis, l'urbaniste Jacques Allégret (membre de l'Atelier d'urbanisme et d'architecture), les designers Claude Braunstein (proche de Roger Tallon, officiant alors chez IBM France) et Jacques Famery (proche des radicaux italiens), le géographe Antoine Haumont (spécialiste du pavillonnaire, proche de Henri Lefebvre), l'économiste Odile Hanappe, le psychologue Christian Gaillard et l'ingénieur Robert Spizzichino. Le pionnier français de l'écologie Christian Garnier et l'inspecteur aux enseignements artistiques Alexandre Bonnier sont également intervenus rue Erasme, en satellites. Il faut noter que les praticiens furent d'emblée considérés comme des chercheurs. Si cela s'était imposé tout naturellement à Ulm où la plupart des intervenants se distinguaient en effet simultanément dans les champs de la pratique et de la théorie, cela fut bien moins évident dans un contexte institutionnel français traditionnellement peu enclin aux transferts de ce genre. Enfin, une majorité de ces enseignants-chercheurs étaient communistes, quand les autres se distinguaient par leur apolitisme. Certains représentants de l'ENSAD ont ainsi pu affirmer rétrospectivement—et très schématiquement— que les communistes avaient « récupéré » le bâtiment commandé par Malraux[58].

Les convictions politiques des différents fondateurs et acteurs de l'Institut de l'environnement, souvent divergentes, du moins pas aussi univoques que le laisse entendre le commentaire précité, jouèrent directement sur l'élaboration du modèle pédagogique mais également sur l'architecture de l'UER de la rue Erasme. Dans des notes personnelles, Schnaidt, qui militait activement pour le compte du Parti suisse du travail depuis 1955, avouait par exemple que ses « relations de communiste à communiste avec Robert Joly n'[avaient] jamais été fraternelles » et que cela « fut nuisible à des actions qu'il aurait fallu mener de concert »[59]. Dans ses archives conservées à Zurich, on retrouve ainsi plusieurs pages dédiées à la « critique du projet de M. Joly, architecte » et à la formulation d'une « contre-proposition » concernant l'aménagement du hall d'entrée de l'Institut, de ses différents étages, la localisation des ateliers techniques ou encore celle de la bibliothèque[60]. Si Schnaidt est arrivé en France trop tardivement pour avoir un réel impact sur le gros œuvre de l'Institut de l'environnement, il s'impliqua en revanche très personnellement et très activement dans l'aménagement intérieur. La psychologue et sociologue Monique Eleb, qui a mené ses premières recherches rue Erasme, en témoigne : « Il a construit le style de l'Institut, le logo,

---

58. Voir Fau et Lesné, *Histoire de l'ENSAD*, 251.

59. Schnaidt, « Notes ».

60. Voir Zurich, ETH, gta Archiv, Fonds Claude Schnaidt, 187-4-2-1, Schnaidt, « Note sur l'Architecture de l'Unité Pédagogique et de Recherche de la Rue Erasme », le 14 déc. 1968.

la charte graphique, le choix des meubles [...] Le " contrôle esthétique " était incroyable »[61]. Un reportage a justement été réalisé par le célèbre duo de photographes d'architecture Véra Cardot et Pierre Joly (frère de l'architecte) quelques jours avant l'inauguration du lieu, durant l'automne 1969. On y découvre l'Institut à peine achevé, mais encore inoccupé. Images du calme avant la tempête, avant l'arrivée des premiers stagiaires.

Contre la sélection, pour l'action révolutionnaire

D'une manière générale, après Mai 68, le recrutement des étudiants était devenu une entreprise assez délicate. Les sélectionner, oser les trier sur le volet n'était pas sans danger : « La sélection a été un vrai problème. A chaque fois que nous devions sélectionner se posaient tous les problèmes de Mai 68 : " Pourquoi sélectionner ? Pourquoi ne pourrait-on pas accueillir tout le monde ? " »[62]

Dès lors, à l'Institut de l'environnement, on organisa des entretiens, des discussions, des présentations de travaux mais bien évidemment pas de concours d'entrée. Les stagiaires rencontrés devaient ensuite résumer leurs déterminations dans un dossier écrit. Celui-ci s'affirmait moins comme un filtre, moins comme un dispositif discriminant que comme un véritable sondage censé aider l'Institut à s'autodéterminer, à élaborer un programme pédagogique en fonction des attentes de chacun—de telles pratiques et un tel document existaient déjà à la HfG Ulm. On y posait par exemple les questions suivantes : « Que souhaiteriez-vous trouver dans l'Institut ? » ; « Quels devraient être, à votre avis, la place et le rôle de l'Institut de l'environnement dans le contexte scolaire et universitaire actuel ? » ; « A votre avis, quel rôle devrait jouer l'Institut de l'environnement dans l'évolution des professions concernées par l'analyse et l'aménagement de l'environnement ? »[63] Les réponses furent très variées, d'autant plus que certains intéressés étaient tout juste diplômés (les deux tiers) alors que d'autres avaient déjà accumulé plusieurs années d'expérience et que, parmi ces derniers, certains avaient déjà enseigné (environ la moitié) quand d'autres désiraient justement recevoir une formation pédagogique. D'aucuns arrivèrent à l'Institut de l'environnement avec des projets professionnels très précis. D'autres aspiraient à des enrichissements plus globaux. Ces différences d'intention, s'ajoutant à celles des formations initiales des sondés, n'ont pas contribué à consolider les bases de cette proto-institution. Si les demandes d'inscription à l'Institut émanaient plus

---

61. Eleb, « L'Institut de l'environnement ». Le caractère dépareillé des publications de cette UER nous conduit cependant à nuancer cette assertion. Bien que soumise à aucune charte, l'identité graphique de l'International Institute of Design londonien nous semble par exemple plus cohérente et mieux contrôlée.

62. Spizzichino, entretien cité.

63. AN, Archives de l'Institut de l'environnement, 19930251/13, dossiers d'inscription.

expressément et plus massivement du milieu architectural qui subissait alors une crise historique sans précédent, l'Institut ne pouvait, sans trahir sa vocation première, sans corrompre sa singularité, accueillir une majorité de jeunes architectes. On instaura donc de véritables quotas :

> L'aménagement de l'environnement est une œuvre collective. Il faut que les différents spécialistes s'entraînent à travailler ensemble. L'Institut est original parce que contrairement aux autres organismes existants dans le monde, il n'est pas compartimenté en départements, et pour garantir cette pluridisciplinarité il faut garder une échelle modeste. L'Institut ne reçoit que vingt à vingt-cinq étudiants architectes par an [. . .], pour ne pas détruire l'équilibre entre les différentes disciplines intéressées par l'environnement[64].

Les responsables des Unités pédagogiques d'architecture récemment créées n'allaient pas manquer une occasion de s'en plaindre : « Le recrutement limité est en contradiction avec le principe de refus de toute forme de sélection mainte fois affirmé par le Ministère des Affaires culturelles »[65]. Leur aigreur était d'autant plus marquée que, comme Violeau l'a souligné, la création de l'Institut de l'environnement répondait « trait pour trait » à une motion votée en octobre 1968 par les enseignants architectes ralliés au Syndicat national de l'enseignement supérieur (SNESup) de l'Ecole des Beaux-Arts[66].

C'est pourtant bien sur ce mode-là qu'une première promotion de quatre-vingts stagiaires intégra l'Institut de l'environnement en novembre 1969[67]. Cette rentrée avait été volontairement fixée à une date différente de celle de l'ENSAD afin qu'il n'y ait aucune ambiguïté quant à l'indépendance de ces deux institutions voisines.

« Nous étions huit, ils étaient soixante ». Comme le résume ici clairement l'ancien stagiaire Gérard Paris-Clavel, les stagiaires étaient pour leur part « plus gaucho que coco »[68]. Cela allait immanquablement générer des tensions internes rue Erasme, de vives dissensions entre les stagiaires aux sensibilités politiques divergentes mais aussi entre ceux-ci et le corps enseignant. Lors de l'accueil des stagiaires, Antoine Haumont nota que le groupe était dominé par quelques

64. AN, Archives de l'Institut de l'environnement, 19930251/3, Schnaidt, « Rapport du CA du 1er décembre 1969 ».

65. Lettre adressée à MM. les Enseignants de l'Institut de l'environnement par l'Assemblée des Enseignants de l'UPA n°6, datée du 15 déc. 1969 et reproduite dans le *Bulletin de Liaison de la Fédération des UPA* 1 (févr. 1970), citée par Lengereau, *La recherche architecturale*, 49.

66. Violeau, *Les architectes et Mai 68*, 99.

67. Vingt pour cent des stagiaires qui ont évolué à l'Institut étaient issus d'un cursus en architecture, environ 10 pour cent d'une formation en urbanisme, 20 pour cent d'une école d'art ou d'arts appliqués, 15 pour cent d'une école d'ingénieurs ou d'une formation technique, 25 pour cent d'une formation en sciences humaines et 10 pour cent de divers autres horizons (cinéma, théâtre, etc.).

68. Gérard Paris-Clavel, entretien avec l'auteur, le 25 nov. 2014.

leaders qui avaient immédiatement remis en question les finalités de la nouvelle UER, « assez tentés d'y voir un Institut de l'Action Révolutionnaire »[69].

En réalité, on pouvait distinguer plus précisément quatre principaux groupuscules étudiants à l'Institut de l'environnement. Un premier groupe de stagiaires, plutôt solitaires, s'étaient inscrits rue Erasme pour réaliser un projet personnel. Ils restaient discrets quant à leurs orientations politiques. Souscrivant certes davantage à l'esprit collectif de l'Institut, un second groupe, les VM (tantôt pour « Ventres Mous » tantôt pour « Vecteurs Moteurs ») se disaient néanmoins également « éloignés par tempérament des polémiques politiques, de la grandiloquence des analyses hyper-conceptuelles, et, pour la plupart, déjà très occupés parce que responsables à des niveaux divers (professionnels, familiaux, etc.) ou encore luttant sur d'autres terrains »[70]. *A contrario*, le Comité d'action (CA), initialement baptisé Groupe d'environnés, largement majoritaire à l'Institut, était constitué de divers stagiaires gauchistes qui militaient très activement ou, comme l'avança Schnaidt, non sans cynisme, « de révolutionnaires pour leur propre compte et d'indicateurs (nous en avons eu la preuve) qui poussaient à la provocation »[71]. Ceux-ci avaient effectivement rédigé et diffusé, dès la fin de l'année 1969, des « Considérations préalables à toute orientation politique à l'Institut de l'environnement » donnant le ton de leurs prises de positions ultérieures :

> Unanimement considérée, par les uns et autres, comme un acquis de MAI, la création de l'IE ne peut dissimuler que, sous le vocable commode d'ENVIRON-NEMENT, le Pouvoir (au-delà de sa défroque actuelle : monopoliste d'Etat) ne cherche qu'à faire oublier ce qui fut l'exigence fondamentale et « radicale » de la grève sauvage et des occupations de MAI–JUIN 68 : la prise en charge par les producteurs eux-mêmes, de tous les aspects de la vie, et notamment la vie quotidienne[72].

A l'issue de la première année de fonctionnement de l'Institut de l'environnement qui n'avait fait qu'appuyer leurs *a priori* et décupler leur frustration, ils soumirent un contre-projet pédagogique. Sur le fond, il s'agissait de rompre avec l'orientation scientifique, rationaliste, héritée d'Ulm, qui avait été d'emblée donnée à l'établissement et donc de laisser une place plus large à des approches sensibles, artistiques et expérimentales. Le CA tenait par exemple à ce que les

---

69. AN, Archives de l'Institut de l'environnement, 19930251/25, Antoine Haumont, « Compte-rendu de la réception des stagiaires », le 6 déc. 1969.

70. Schnaidt, « Notes ».

71. Ibid.

72. Zurich, ETH, gta Archiv, Fonds Claude Schnaidt, 187-4-2-3, Un Groupe d'Environnés, « Considérations préalables à toute orientation politique à l'Institut de l'environnement », déc. 1969.

stagiaires puissent élaborer rue Erasme des projets en lien avec le milieu *underground*, des expériences permettant de mieux appréhender l'effet des drogues sur la perception environnementale ou entretenant du moins un rapport plus direct au corps humain, un rapport moins théorique au monde[73].

Par ailleurs, du point de vue institutionnel, outre la tutelle d'un ministère de droite, ces stagiaires contestaient eux aussi la sélection à l'entrée de leur établissement, « nécessaire à la bourgeoisie pour pouvoir payer aux quelques élus des super-études avec un super-matériel [. . .] faisant fi de la misère des autres structures d'enseignement et isolant ces pur-sangs pour en faire le haras de la reproduction idéologique »[74]. Ils attaquaient de la même manière la hiérarchie qui allait être établie entre les deux promotions de stagiaires (aux niveaux jugés équivalents) à la rentrée 1970, le contrôle des connaissances par les enseignants-chercheurs (pas forcément plus qualifiés que certains diplômés recrutés), l'idée même de diplôme, l'absence de représentants étudiants dans les instances décisionnelles de l'Institut ou encore le caractère autarcique du lieu. Ils en appelaient, de toute urgence, à la mise en place d'une « investigation active et coopérante avec des gens qui agissent (associations locales, maisons de jeunes, comités d'entreprises, etc.) »[75]. Ils regrettaient de n'avoir, malgré des effets d'annonce, aucun poids dans l'élaboration du programme pédagogique de l'UER. Cela remettait d'ailleurs totalement en question une des principales vocations du lieu : « Nous ne sommes pas capables de créer notre propre pédagogie, alors comment en mettre une en place pour l'extérieur ? »[76] On repense inévitablement aux dernières doléances des étudiants de la HfG Ulm. Dans le contexte politique français de l'époque, on peut dire que les luttes qui opposaient la Confédération française démocratique du travail (CFDT) et la Confédération générale du travail (CGT) « résonnaient » à moindre échelle au sein de l'Institut de l'environnement. Une part importante des stagiaires visait un modèle de type autogestionnaire quand le collège des enseignants-chercheurs ne pouvait concevoir qu'une gestion du lieu hiérarchique voire bureaucratique. Des pages de bandes dessinées détournées—selon le mode situationniste—circulèrent ainsi dès 1970 rue Erasme (fig. 3). Elles caricaturaient les enseignants-chercheurs, au même titre que les rares stagiaires communistes, et appelaient—toujours selon le mode situationniste—au détournement de l'Institut lui-même : « Il faut organiser le

73. En 1967, l'architecte radical autrichien Hans Hollein venait justement de proposer une *Pilule architecturale*, dont la simple ingestion suffisait à donner accès à un « *non-physical environment* ».

74. Zurich, ETH, gta Archiv, Fonds Claude Schnaidt, 187-4-2-3, Le Comité d'Action de l'IE, « Contre-projet d'enseignement pour l'année 70–71 proposé au vote de l'AG du 27 mai 1970 ».

75. Ibid.

76. AN, Archives de l'Institut de l'environnement, 19930251/16, « Compte-rendu du séminaire de design », séance du 9 févr. 1970.

FIGURE 3 Bande dessinée détournée par les stagiaires du Comité d'action de l'Institut de l'environnement, vers 1971. © GTA Archives/ ETH Zurich—Fonds Claude Schnaidt

détournement de l'IE et dépasser même la recherche autogérée en créant nous-mêmes des situations exemplaires de libération de l'environnement »[77]. En voulant faire de l'Institut « un lieu où tout le monde pourr[ait] venir vivre décloisonné et se livrer à de multiples activités, édification de fêtes, environnement sonore, éventuellement journal, réalisation de films », le CA allait très vite s'attirer les foudres de Schnaidt[78].

Souvent en phase avec le collège des enseignants-chercheurs et donc lui aussi opposé très directement au Comité d'action, un dernier groupe de stagiaires était composé de sympathisants communistes rattachés à l'Union nationale des étudiants de France–Renouveau[79]. Ceux-ci s'enthousiasmaient globalement de

77. AN, Archives de l'Institut de l'environnement, 19930251/15, Le Comité d'Action de l'IE, BD détournée, s.d.

78. Ivry-sur-Seine, Archives personnelles de Gérard Paris-Clavel, Le Comité d'Action de l'IE, « L'édification collective d'un nouveau mode de vie (d'un nouvel environnement) », s.d.

79. Faction de l'Union nationale des étudiants de France dirigée par des membres du Parti communiste.

l'existence de l'Institut de l'environnement, saluaient ses principaux fondements et souhaitaient contribuer à l'optimisation de son fonctionnement. Toutefois, face à la « ségrégation sociale de l'enseignement » engendrée nécessairement par la sélection, cet évident fléau qui permettait au « pouvoir Gaulliste-Centriste » d'imprimer sa marque « de la maternelle à l'Université », les stagiaires communistes rejoignaient leurs camarades plus à gauche[80]. Ils se prononçaient cependant moins pour l'accès totalement libre à l'Institut que pour une analyse poussée des besoins en termes d'aménagement de l'environnement et la création de nouveaux instituts affiliés à celui de la rue Erasme, d'UER supplémentaires du même genre.

Le bâtiment érigé rue Erasme allait lui-même porter les stigmates de ces luttes intestines. Un *Guide d'architecture contemporaine en France* référença en 1971 le bâtiment de Joly : sur la photographie illustrant cette notice, un coin de la façade de l'Institut de l'environnement est marqué par des graffitis à la gloire de l'Union nationale des étudiants de France (UNEF)[81].

Fermeture du refuge

Animés par des motifs plus ou moins clairs, les procès publics et les violentes joutes entre ces groupuscules ne contribuèrent pas à améliorer la réputation de l'Institut de l'environnement : certains spécialistes invités se décommandèrent et annulèrent leur conférence par « crainte de voir leurs positions remises en question »[82]. Comme ce fut le cas à Ulm en 1968, un vrai schisme éclata entre enseignants et la masse des stagiaires entraînés par le CA. Essayant tant que possible de garder son calme, Schnaidt adoptait le rôle d'un conscientieux capitaine de navire emporté dans la tourmente et tâchait de faire l'arbitre. Mais le mal était déjà fait, aux yeux du ministère :

> Il faut dire que c'était le lieu où se réfugiaient beaucoup d'acteurs de 68 : tous ceux qui avaient encore des choses à dire intervenaient dans les AG . . . il n'y avait plus d'endroits pour se rassembler ailleurs [. . .] Il est évident qu'il y avait toutes les tendances du marxisme, du marxisme-léniniste, les trotskistes, les staliniens, les communistes bon teint, les socialo, etc.[83]

Pour mettre fin à cette agitation et à la relative indétermination du lieu, c'est l'Etat français lui-même qui détourna le projet de Schnaidt. Dès la fin de

---

80. Ivry-sur-Seine, Archives personnelles de Gérard Paris-Clavel, Comité UNEF-Renouveau de l'Institut de l'environnement, « Communiqué du 16 janvier 1970 ».

81. Voir Monnet, Amouroux et Crettol, *Guide d'architecture contemporaine en France*, 220.

82. « Compte-rendu du séminaire de design ».

83. Cobbi, entretien cité.

l'année 1970, l'Etat reprit la main sur l'Institut de l'environnement en congédiant son président, René Salanon, et en y plaçant Michel Sellier, chef du service des Enseignements artistiques au ministère des Affaires culturelles. De manière autoritaire, au cours de l'été 1971, l'équipe de Jacques Duhamel, qui avait pris la place d'Edmond Michelet au ministère des Affaires culturelles, transforma l'Institut de l'environnement en un centre de recherche scientifique à forte composante architecturale, accueillant non plus d'importantes promotions de praticiens issus de divers horizons amenés à échanger (et à s'invectiver), mais quelques chercheurs spécialisés, qui devaient livrer du matériel pédagogique aux universités populaires en priorité. Très rares furent les enseignants de la « première vie » de l'Institut à rester rue Erasme après 1971[84]. « Ils ont cassé le joujou » résume Miehe à propos des stagiaires les plus extrémistes—il faudrait certainement ajouter : « avant même d'avoir pu jouer avec »[85].

Cependant, outre de solides liens d'amitié, la fondation de collectifs (à commencer par Grapus), la constitution d'un milieu de collaborateurs, une impulsion notable donnée à plusieurs carrières notamment d'enseignants ou une meilleure connaissance de l'histoire du Bauhaus en France, les recherches que certains ont menées durant les deux seules et courtes années de stage à l'Institut de l'environnement aboutirent à de riches résultats[86]. Un film réalisé par les stagiaires Alain Moreau, Patrick Laporte, Jean-Paul Miroglio, Joël Thézé et Olga Wegrzecka fait par exemple aujourd'hui encore l'objet de régulières projections. *Ville à vendre* dénonçait, par le biais d'entretiens avec ses habitants, les transformations que la spéculation immobilière opérait alors sur le quartier de Belleville à Paris[87]. On ne peut malheureusement pas aborder ici au cas par cas toutes les recherches qui ont porté de tels fruits. Signalons seulement que plusieurs d'entre elles contribuèrent, comme l'avait exigé le ministère, à la réforme des enseignements artistiques en France. Une équipe de stagiaires mena une consultation à propos de l'enseignement du design industriel au second cycle à l'Ecole nationale supérieure des Arts appliqués et des Métiers d'Art—l'école qui avait accueilli les premiers cours de design en France, à l'initiative de Jacques Viénot. Elle interrogea les professeurs de cet établissement puis prit contact avec des écoles de design internationales, faisant même le déplacement quand cela était possible. Herbert Lindinger, ancien membre de la HfG Ulm, qui enseignait alors à Düsseldorf, et des professeurs de la Design Research Unit du Royal College of Art de Londres furent sollicités dans le but d'optimiser la formation

---

84. Il s'agit d'Alexandre Bonnier, de Manfred Eisenbeis et de Christian Gaillard.

85. Miehe, entretien cité.

86. A propos de Grapus à l'Institut de l'environnement, voir Côme, « Formation d'une brigade de projétation ».

87. Ce documentaire est aujourd'hui archivé et visible à Paris, Forum des Images, VDP44.

française. D'autres stagiaires travaillèrent à l'élaboration d'un programme pédagogique expérimental en communication visuelle, étudièrent l'enseignement
artistique privé, rédigèrent un journal critique de l'enseignement de l'architecture de premier cycle dans les unités pédagogiques d'architecture ou encore à
l'Ecole spéciale d'Architecture. En ce sens, ces recherches—qui n'avaient à la
base qu'« un but d'initiation et de confrontation pluridisciplinaire » et des-
quelles très honnêtement le collège des enseignants-chercheurs n'avait pas de
grandes attentes—furent plus fertiles que prévu[88].

Comme de nombreux anciens stagiaires, Miehe, impliqué dès l'été 1968
dans la préfiguration de l'Institut de l'environnement, garde aujourd'hui, malgré
la dureté des querelles internes et le rapide démantèlement du lieu, un souvenir
ému de ses études rue Erasme : « Pour moi, l'Institut de l'environnement, c'est
un peu l'Abbaye de Thélème, le lieu idéal des études, sauf que nous on l'a eu
pour de vrai. C'était un pur rêve éveillé. Ce n'était pas seulement un rêve, on a
agi pour cela »[89]. Et Akiko Takehara, designer japonaise arrivée en France pendant les événements de Mai 68 et inscrite rue Erasme en tant que stagiaire dès la
première rentrée, de surenchérir :

> Sans vraiment m'en rendre compte sur le moment, au début des années 1970, je
> me promenais sur une passerelle entre les Arts Déco et Ulm, ou plutôt entre le
> design français et le modernisme allemand. Quel luxe, intellectuel comme cul-
> turel et scientifique, d'être stagiaire à cette époque à l'Institut de l'environne-
> ment et de pouvoir participer aux nouvelles expériences pédagogiques pluridis-
> ciplinaires[90].

TONY CÔME est professeur d'histoire de l'architecture et du design à l'Ecole des Beaux-
Arts de Rennes.

88. *Rapport d'activité 1969/1970*, 38.
89. Miehe, entretien cité.
90. Akiko Takehara, entretien avec l'auteur, le 12 août 2016.

Remerciements

L'auteur remercie les lecteurs anonymes de *French Historical Studies* pour leurs précieux commentaires.

Références

Ambasz, Emilio. 2006. *The Universitas Project.* New York.

Barda, Jacques, Pierre Clément, Jean-Paul Gautron, et Pierre Lefevre. 1965. « L'enseignement de l'architecture ». *Melpomène* n°18 : 1–21.

Baudrillard, Jean. 1972. *Pour une critique de l'économie politique du signe.* Paris.

Bonsiepe, Gui. 1968. « Commentary on the Situation of the HfG ». *Ulm,* n°21 : 5–14.

Charvolin, Florian. 1996–97. « L'invention du domaine de l'environnement au tournant de l'année 1970 en France ». *Strates,* n°9 : 184–96.

Cixous, Hélène. 2008. « Nous avons pris la Bastille, pas la Sorbonne ». *Politis,* n°1000 : 23.

Côme, Tony. 2016. « A l'Institut de l'environnement, 1969–1971 : Formation d'une brigade de projétation ». Dans *Etudes sur le Collectif Grapus (1970–1990) : Entretiens et archives,* dir. Beatrice Fraenkel et Catherine de Smet, 14–37. Paris.

Eleb, Monique. 2013. « L'Institut de l'environnement : Une utopie vécue (1969–1976) ». *Rosa b,* n°5. www.rosab.net/fr/la-situation-francaise-les/l-institut-de-l-environnement-une.html.

Ewig, Isabelle, Thomas W. Gaehtgens et Matthias Noell, dir. 2002. *Das Bauhaus und Frankreich, 1919–1940.* Paris.

Fau, Alexandra, et René Lesné. 2010. *Histoire de l'ENSAD (1941–2010).* Paris.

Gervereau, Laurent. 1988. « Les affiches de " Mai 68 " ». *Matériaux pour l'histoire de notre temps* 11, n°1 : 160–71.

Hiepel, Claudia. 2016. *Willy Brandt et Georges Pompidou : La politique européenne de la France et de l'Allemagne entre crise et renouveau.* Lille.

Kapitzki, Herbert W. 1997. *Design : Method and Consequence ; A Biographical Report.* Stuttgart.

Karlen, A.-M. 1969. « L'enseignement de l'architecture et de l'industrial design : L'expérience d'Ulm ». *Opus International,* n°10–11 : 107–9.

Lattard, Alain. 2011. *Histoire de la société allemande au XXe siècle.* Paris.

Lengereau, Eric. 1996. *La recherche architecturale : Une biographie.* Paris.

Maldonado, Tomás. 1966. « How to Fight Complacency in Design Education ». *Ulm,* n°17–18 : 14–20.

———. 1972. *Environnement et idéologie : Vers une écologie critique.* Paris.

Monnet, J. P., Dominique Amouroux et Marco Crettol. 1972. *Guide d'architecture contemporaine en France.* Madrid.

Ockman, Joan, et Rebecca Williamson, dir. 2012. *Architecture School : Three Centuries of Educating Architects in North America.* Cambridge.

Patrix, Georges. 1973. *Design et environnement.* Paris.

Schnaidt, Claude. 1969. « Ulm (dernier épisode d'une affaire de récidive) ». *L'architecture d'aujourd'hui,* n°143 : 61–66.

Spitz, René. 2002. *HfG Ulm, the View behind the Foreground : The Political History of the Ulm School of Design, 1953–1968.* Stuttgart.

Sunwoo, Irene, dir. 2016. *In Progress : The IID Summer Sessions.* Londres.

Violeau, Jean-Louis. 2005. *Les architectes et Mai 68.* Paris.

Being in Parentheses
Memory, Sex, and Jewishness in Diane Kurys's Visions of May '68

SANDRINE SANOS

ABSTRACT   Diane Kurys is known in French cinema for her popular, seemingly apolitical and "sentimental" films. Kurys's early films, however, chart a mode of historical consciousness, memory, and temporality that alerts us to both the origins and afterlives of May '68. In the widely celebrated 1977 *Diabolo menthe*, set in 1963 just after the end of the Franco-Algerian War, and the 1980 commercial and critical flop *Cocktail Molotov*, which took May '68 as its subject, Kurys fictionalizes a meditation on the ways gender, sex, and Jewishness have been at the heart of these events' politics for her. Through the figure of the *jeune fille* at the heart of her films, Kurys traces an ambivalent memory linking the specters of the Franco-Algerian war to those of World War II to map an ambivalent and gendered post-Holocaust French Jewish identity. For Kurys, finding meaning in May '68 means revealing how only sex constitutes a politics that can rearrange the ordering of bodies in a community.

KEYWORDS   cinema, gender, sexuality, Jewishness, Franco-Algerian War

> There is meaning in what seems not to hold any, an enigma in what seems commonsense, a weight of thought in what appears to be an anodyne detail.
> —Jacques Rancière, *L'inconscient esthétique*

W hen Diane Kurys's second film, *Cocktail Molotov*, came out in 1980, few found its vision of the May '68 revolution meaningful. *Cocktail Molotov* was the second in an autobiographical trilogy of sorts that begins with Kurys's first film, *Diabolo menthe* (1977), set in 1963, and ends with World War II and its aftermath in *Entre nous/Coup de foudre* (1983).[1] Contemporaries and critics have

---

1. In contrast, the final film of the trilogy, *Entre nous* (*Coup de foudre*), featuring two well-known actresses, Isabelle Huppert and Miou-Miou, was "an international commercial success and well received by the critics, winning a nomination as Best Foreign Film at the Academy Awards," and was celebrated as a moving historical fiction. Tarr and Rollet, *Cinema and the Second Sex*, 86. See also Tarr, *Diane Kurys*, 26. All translations from the film and from the radio are my own.

French Historical Studies • Vol. 41, No. 2 (April 2018) • DOI 10.1215/00161071-4322978
Copyright 2018 by Society for French Historical Studies

often described Kurys's *Diabolo menthe* and *Cocktail Molotov*, her popular and realist melodramas of a young Jewish girl's coming of age, as "sentimental." But while Diane Kurys's first film, *Diabolo menthe*, received the coveted Prix Louis Delluc, *Cocktail Molotov* was a commercial flop. The story of that same teenager now rebelling against her bourgeois family was widely judged a cinematic failure. *Le monde*'s cinema critic mused that the story of "an interrupted world, a failed revolution, a flailing love" made for "nothing more" than a "small, impressionistic sketch [*pochade*]."[2] Most critics agreed that the film "was truly dreadful," "historically inaccurate," or "bland."[3] The *Cahiers du cinéma* judged *Cocktail Molotov* a long assemblage of clichéd vignettes without plot or purpose.[4] As Kurys herself noted, the film created "a general outcry."[5] Indeed, the tale of Anne and her two friends who hitchhiked through France and missed most of May '68 appears to be narrowly French, though it began abroad, with little of the global in it that made '68 such a momentous event.[6] The film has since lingered in obscurity and is never mentioned in scholarship on films and representations of May '68.[7]

At the time, however, Kurys insisted in interviews that she put her characters "on the margins" and preferred "small history" to "History" because it seemed impossible to "recreate the street battles between students and the police, the barricades, and all the effervescence" that characterized May '68.[8] She added that she had wanted not to do a "historical film" but to have May '68 as "background."[9] Kurys explained that she made the film because she felt that the events of May had been "buried" during the 1978 commemorations of its tenth anniversary.[10] Kurys's insistence on the rather macabre burial of the utopian hopes and possibilities of May '68 is symptomatic of the political context of the late 1970s, when President Valéry Giscard d'Estaing had undertaken the

---

2. De Baroncelli, "*Cocktail Molotov* de Diane Kurys."
3. Marmin, "Cocktail Molotov"; Ro, "Cocktail Molotov"; Perez, "Cocktail Molotov."
4. *Cahiers du cinéma*, "Table ronde"; *Cahiers du cinéma*, "Notes sur d'autres films"; Ro, "Cocktail Molotov"; Perez, "Cocktail Molotov."
5. Chancel, "Diane Kurys parle de ses films."
6. Recent scholarship has insisted on the global (and transnational) character of May '68. See Zancarini-Fournel, *Le moment 68*, 182–223; Jackson et al., *May '68*; Frazier and Cohen, *Gender and Sexuality in 1968*; and Sherman et al., *Long 1968*.
7. Still, *Cocktail Molotov* enjoyed the highest number of entries for films by women filmmakers (such as Agnès Varda and Chantal Ackermann) that year when female film directors were still rare. See Tarr and Rollet, *Cinema and the Second Sex*, 285. Margaret Atack, for instance, mentions only the trailer in *May '68 in French Fiction and Film*, 47; Michelle Zancarini-Fournel does not refer to it in her list of popular films, *Le moment 68*, 144–50.
8. Wachthausen, "May '68 en stop pour adolescents." Kurys also had a small budget. In another interview she calls the 1978 commemorations a "funeral" (Rochu, "Interview").
9. CM, "Avant-première"; Pantel, "Diane Kurys"; Wachthausen, "May '68 en stop pour adolescents."
10. Wachthausen, "May '68 en stop pour adolescents."

"modernization" of France and inaugurated a liberal reform agenda to domesticate many of the hopes unleashed by May '68. The end of the Vietnam War, which had propelled the politicization of so many in the 1960s, had not brought an end to American imperialism. Neither had the socialist revolutions of the 1960s brought the radical overturning of the global political order that so many had hoped for. And those who had become the "figureheads" of May '68 were already busy "liquidating" May '68 as a "failed moment."[11] By the late 1970s there seemed to be little left of the May revolution.

Like *Diabolo menthe*, *Cocktail Molotov* was widely seen as a "nostalgic" vision though, this time, most thought that it lacked the "seductive," "tender," and "moving" tone that had provided the texture to *Diabolo menthe*'s heroines' lives.[12] Instead, the tribulations of Anne and her friends seemed "gently insignificant."[13] The association of nostalgia with excessive emotion and marginal anecdote suggests the absence of politics and, in its place, a rather naive "yearning for a different time" untouched by the messiness of the present.[14] It certainly allowed most to dismiss *Cocktail Molotov* as inconsequential and meaningless. Nostalgia, however, as Svetlana Boym has explained, is a "historical emotion" that can say something about the relationship between past and present.[15] Taking nostalgia seriously as a "sentiment of loss and displacement" that may not always be about recovering a whole and mythical past allows us to see how, in fact, Kurys offers a meditation on history, memory, and testimony.[16] Such a frame may also reveal why Kurys's films, which contrasted with French cinema's *mode rétro*, seemed at odds with the commemorative and emotional regime of late 1970s France.[17]

Kurys's films do not dismiss the political but step sideways to speak to some of the politics that made May '68 and that have at once endured and disappeared after it—a politics of subjectivity anchored through gender, sex, and Jewishness.[18] Kurys alluded to this political project when *Cocktail Molotov* came

11. This is Kristin Ross's expression in *May '68 and Its Afterlives*, 8. On the "liquidation" of May '68 by "ex-gauchistes" and the "Nouveaux Philosophes," see Ross, *May '68 and Its Afterlives*, 138–81.

12. Chazal, "'Cocktail Molotov'"; *Enfants*, "'Diabolo menthe' de Diane Kurys." "Nostalgic" was a commonplace description of *Diabolo menthe*. See, e.g., Mauriac, "Diabolo menthe"; and D.M., "'Diabolo menthe.'"

13. Michel Perez, who derided the film, wrote that viewers "would have wished [Kurys] had not been such a whore [*faire la pute*]" ("Cocktail Molotov").

14. Boym, *Future of Nostalgia*, xv.

15. Boym, *Future of Nostalgia*, xvi.

16. Boym, *Future of Nostalgia*, xiii.

17. On the *mode rétro*, see Golsan, *Vichy's Afterlife*, 57–72; and Higgins, *New Novel, New Wave, New Politics*. On the importance of taking seriously the "emotional experience of politics," see the article by Ludivine Bantigny and Boris Gobille in this issue.

18. *Entre nous* mines similar motifs, and the imbrication of gender and Jewishness is, again, central.

out. Indeed, she felt that with this film she "tried to speak of something that is not talked about." She had "tried to undermine a taboo."[19] With her trilogy Kurys offers an autobiographical genealogy of May '68, which begins with the Franco-Algerian and Vietnam Wars and remains haunted by the ghosts of World War II and the Holocaust. It speaks to the politics of the late 1970s and what has remained and emerged from May '68. Her trilogy signals how, for the post-1945 generation, May '68 was less a rupture than an interlude in a longer historical trajectory. These three films function as palimpsests, uncovering the ways the past shapes late twentieth-century France for Kurys.

Her chronological mapping from 1963 to 1968 and beyond offers history in a gendered mode.[20] *Cocktail Molotov* and *Diabolo menthe* are especially striking because they tell the story of the same young protagonist, Anne. In these films the figure of the *jeune fille*—a trope with a longer genealogy—embodies a mode of historical consciousness at odds with the ways May '68 was memorialized in the late 1970s.[21] The characters of the teenage girls Kurys fictionalizes in these two films do cultural work in signifying a political present and past. Their stories remind viewers that desire lies at the center of politics.[22] The insistent and ambivalent figuration of sexuality and Jewishness, as modes of identity, is the politics that structures both films and that, the films tell us, was at the heart of 1968's utopian desires. The absence of May '68 as "event" in *Cocktail Molotov* and the fragmentary narrative that stands in as plot suggest a mode of subjectivity and a different temporality that refuse the stories of rupture and failure that have shaped memories of May '68.

Specters of War and Testimony

OAS=SS
—Graffiti, *Diabolo menthe*

When *Diabolo menthe* came out in 1977 to acclaim and box office success (over two million people saw the film), most critics regarded it as a "tale of origins" that prefigured May '68 and was clearly *before* it, that is, "before the watershed"—something that Kurys referred to in interviews and that many

19. Chancel, "Diane Kurys parle de ses films."
20. The subject of gender has remained absent from most scholarly work. See Frazier and Cohen, *Gender and Sexuality in 1968*; and Porhel and Zancarini-Fournel, "68: Révolutions dans le genre?"
21. On the figure of the *jeune fille* doing political and cultural work, see Weiner, *Enfants Terribles*; Jobs, *Riding the New Wave*; and Kennedy, "Charming Monsters." The far-left collective Tiqqun mobilizes that figure to unfold their critique of contemporary neoliberal capitalism in *Premiers matériaux pour une théorie de la jeune fille*.
22. Frazier and Cohen, *Gender and Sexuality in 1968*, x, 1, 4.

commentators insisted on.[23] Set in 1963, the film charts an academic year in the lives of the two Weber sisters, fifteen-year-old Frédérique and thirteen-year-old Anne, who live with their soon-to-be-divorced mother, who manages a clothing store. Most then and now have celebrated the intimate and, at times, melancholic tone with which the director traces the coming of age of these two sisters in early 1960s France. Kurys insisted that she had wanted to show how, in contrast to the post-68 years, life was shackled, oppressive, and shrouded in silence. The film, as Kurys (and film critics) understood it, was the story of "a young girl's gaze on her year 1963: high school, teachers and their quirks, the awakening of sexuality, relationships with parents, with her sister, girlfriends, boys. The awakening of political consciousness. An ordinary school year."[24] That year was the "prehistory" to May '68.

Politics are very much present in *Diabolo menthe*: war is the background to the characters' world. The tyrannical silence and the seemingly intractable norms that govern the sisters' lives at school and at home echo the ways politics indirectly shape their daily lives. The film takes place just after the Franco-Algerian War, yet that conflict is a specter on the margins of the girls' daily lives (but only as a "French" event). The film's narrative is punctuated by Anne's walks from home to school and back. It is on her way to school, at the very beginning of the film, that viewers glimpse traces of the war. As she walks, one can see graffiti reminding us of the infamous Organisation Armée Secrète (OAS) bombing campaign and of the ways OAS members were equated with Nazis by the war's opponents—another reminder of the past haunting the present. The graffiti are at the center of the frame and yet background to the long shot of Anne running to school. The war endures in the physical space the girls inhabit, a material sign of something that is now invisible to them yet still indirectly maps their world.

These traces shape the contours of what most critics saw as the moving chronicle of a "young girl's life." One early scene reminds the audience of this: at the "rentrée des classes" in the girls-only high school, after every student has found her way to her designated classroom, one girl remains in the schoolyard, crying, lost and disoriented. A cantankerous and authoritarian schoolmistress, whose sole purpose seems to be to police the students, hails her. Asked where she is from, the young girl, Monique Martinez, responds, "Oran," to which the schoolmistress responds, confused, "Oran—what's that?," and muses that it must be a private school unknown to her. The display of her utter ignorance in

---

23. It came second to *Star Wars*, that year's French box-office success. See Tarr, *Diane Kurys*, 17; Rabine, "Diabolo menthe"; Mauriac, "Diabolo menthe"; and Chaumetton, "Diane Kurys." It is still beloved, as evidenced by its re-release in late August 2017, which the magazine *Elle* announced (the article replicates some of the comments made when it was first released). See Diatkine, "'Diabolo menthe.'"

24. Interview with Diane Kurys, *Des femmes en mouvement hebdo*.

the face of this new student's distraught disorientation is meant to prompt ridicule. For viewers, the lost little girl would have evoked those many "repatriates" who, in the wake of the exodus from Algeria to the metropole, had dominated the news in late 1961 and 1962.[25] The presence of that young girl in the Parisian school pointed to that historic moment. Only the English teacher welcomes her: "Oran? Oran! My poor dear. Come in then. . . . Don't worry. It'll get better." She, too, is marked as presumably North African from her accent, which one reviewer patronizingly referred to as her "delightful Bab-El-Oued accent."[26]

Moments like these in the film are fleeting, just as they are on the margins of these young girls' lives. They are a reminder of the ways French society remained haunted by the war that had no name.[27] A conversation among Anne, Frédérique, and their friends is symptomatic of this ongoing presence of the war. The conversation occurs when much has already changed in the ways Anne and Frédérique understand their life. Politics have seeped into their lives (mostly Frédérique's) and erupt in their daily routine in the most incongruous manner. Pascale (whose importance grows as the film unfolds) comes asking for help for her crossword puzzle: what is "a film by Resnais with the name of a woman, six letters?" The spontaneous collective response is "*Muriel!*" Released in 1963, *Muriel* is structured around the memory and absence of the Franco-Algerian War, like *Diabolo menthe*. In the scene that absence is reinforced by the girls' insistence that everyone should know *Muriel* ("*Muriel!* Haven't you seen it?"), though it is doubtful that they had actually seen it. They are baffled because another classmate seems not to know the film—she, too, is named Muriel. She is a sexually emancipated teenager (unlike the other girls) who seems not to care about politics and later will run away with her boyfriend and challenge the school's authority.[28] This banal schoolyard scene points to the oblique link between the politics of war and the politics of sex.

Politics also remap the Weber sisters' lives. By the time of the *Muriel* reference, Frédérique has become attentive to politics. She is now involved in the peace movement and is caught selling peace badges in school—for which she receives a suspension. Like the Algerian War, the nuclear threat had dominated French news (and continued to do so).[29] Frédérique's politicization affects the

25. Shepard, *Invention of Decolonization*, 220–21.

26. D.M., "Diabolo menthe."

27. On the memory of the Algerian war, see Stora, *La gangrène et l'oubli*; and Lorcin, *Algeria and France*.

28. There is no further discussion of Resnais's film in *Diabolo menthe*; the only film the "real" Muriel knows is *The Great Escape*, the 1963 American picture with Steve McQueen, in keeping with the film's portrayal of popular culture's role in the teenage girls' lives.

29. I thank Roxanne Panchasi for sharing her unpublished work on the colonial history of France's nuclear testing.

coordinates of her intimate life. As she moves to leftist activism, she sees it painfully divide her from her best friend, Perrine, who does not challenge her own apolitical stand and right-wing bourgeois upbringing.[30] Their friendship is tested when Frédérique and her friends confront the "fascists [*fachos*]" of the elitist and bourgeois Janson de Sailly high school in a physical fight on the front steps of the school. As Frédérique engages further in politics, most adults (including the school principal and her own mother) insist that "politics is not a girl's business." Politics is coded masculine—something the girls will be repeatedly told by adults around them. But what the film demonstrates is precisely the necessity of politics and how it shapes their daily lives. The politicization Frédérique undergoes highlights the many ways the world is changing.

The specter of the Franco-Algerian War and the urgency of antinuclear peace activism are intimately connected, for Frédérique, to her Jewishness. When her mother chastises her for her politicization and for her membership in an "antifascist committee" because "she is too young for this," Frédérique exclaims that not to be involved is to abdicate her identity. "So you think it's not important if someone calls me a dirty Jew [*sale juive*]?" she defiantly asks. When her mother asks her if that has happened, Frédérique says, "No, it hasn't. But it could." Frédérique's use of the conditional illustrates how identity, history, and politics are imbricated. When her mother attempts to rein her in by saying that if Frédérique is subject to anti-Semitic taunts, she will alert the school director, Frédérique replies that "the school director is anti-Semitic. Oh, you didn't know that?! Well, that's the case." The film remains ambiguous: it is unclear whether that is indeed the case (Frédérique's mother is incredulous) or whether it is another way Frédérique defies her mother by alerting her to the enduring connections among anti-Semitism, racism, and left activism. The fight between leftists and "fascists"—which involves the "shocking" sight of girls fighting—takes place immediately after this exchange. It is Frédérique who is proved right: one of her "fascist" classmates tells her that she "hates communists. And Jews too, *in fact*" (my emphasis).

Kurys herself was very explicit that politicization took root in the wars of decolonization, anticipating what was to erupt in May '68. She explained in the feminist newspaper *Des femmes en mouvement*'s 1982 special issue on women filmmakers that, for her, 1963 meant "the end of the Algerian War and the beginning of the Vietnam War. There were teachers' strikes, students' strikes. We were becoming activists: we were communists or 'Movement for Peace.' . . . And the

30. In a prior scene set in Perrine's bourgeois family home, Perrine's father complains that her history teacher discusses politics in class, while her brother informs the family that, in his high school, "all the teachers are communist."

fascists attacked us outside school."[31] For Kurys, the tale of a young girl's awakening was a tale of the origins of May '68 for her generation. As she added, "Those who were 15 in 1963 were 20 in 1968," as she had been, and at an age when, for her generation, "explosion" and "revolt" had begun, "the first time one says no."[32]

Frédérique's awakening to left and antifascist politics and the connection she makes between her politicization and her Jewish identity are also symptomatic of what many May '68 leaders and far-left participants argued led them to anticolonial, anti-imperialist, and anticapitalist politics. Gauche Prolétarienne founder Alain Geismar explained that "we were fighting in 1968 against the police that had made Charonne. The slogan 'CRS-SS,' which may have appeared excessive then, in fact evoked for us the massacre of Algerians."[33] As Ethan Katz has pointed out, "Many Jews of the anti-Zionist Left of this generation had developed their political consciousness through an experience of decolonization and a collective memory of World War II."[34] Like Frédérique, they had come of age in the midst of the revelations (despite the censorship) of the worst atrocities of the war on Algerians. Some have argued that the coming of age in the midst of decolonization wars (in Algeria and Vietnam) mingled with silences inherited from parents who were Holocaust survivors to create the "necessity" of a global antiracist and peace politics.[35] These retrospective biographical narratives tied together the personal and political and helped make sense of the "explosion and revolt" of May '68 in the same way that the film suggests they do for Frédérique.

This politicization—and the connection between past and present—is fictionalized in *Diabolo menthe*'s most moving scene, which focuses on another student, Pascale, rather than on Frédérique. The scene signals a radical shift in our understanding of the girls' interior lives and the ways their personal and political lives mesh. Frédérique and her girlfriends are in a history class. The history teacher notices the class's indifference to the French Revolution and

31. Interview with Diane Kurys, *Des femmes en mouvement hebdo*, 17.
32. Interview with Diane Kurys, *Des femmes en mouvement hebdo*, 17; *Cocktail Molotov—un film de Diane Kurys*, 15.
33. Quoted in Stora, *La gangrène et l'oubli*, 224. Many May '68 leaders, such as Daniel Cohn-Bendit, Alain Geismar, and Alain Krivine, had drawn a connection between their Jewish family histories and their horror in the face of knowledge of the Algerian War's atrocities and the Vietnam War. In her memoir, *Le jour où mon père s'est tû*, about her father, Robert, who founded the Union des Jeunesses Communistes Marxistes-Léninistes, Virginie Linhart argues for a causal effect between the legacy of the Holocaust and involvement in May '68's radical politics. For a more nuanced exploration that relies on interviews made long after May '68, see Auron, *Les juifs d'extrême-gauche en Mai 68*, 22–24, 41–80; and Atack, *May '68 in French Fiction and Film*, 45.
34. Katz, *Burdens of Brotherhood*, 266.
35. Some scholars have explored this; see, e.g., Auron, *Les juifs d'extrême-gauche en Mai 68*, and Gordon, *Immigrants and Intellectuals*.

remarks that, surely, they realize politics and history are related. She asks whether politics interests them, especially since, she adds, they will soon be able to vote. Laughter erupts. Frédérique says she feels the "nuclear threat concerns them all." A student says every time she wants to talk politics, her father "rightfully" makes fun of her. Some say they don't care about voting. One will vote only if the candidate is the popular rock 'n' roll star Johnny Hallyday. Another says she will, "of course," vote like her husband. Outraged by this indifference, Pascale exclaims, "But there was Charonne!" The history teacher responds, "That is true, who can talk about Charonne? Nobody? It happened last year, in February, February 8." Faced with more laughter, she calls on Pascale to tell the story of Charonne.

The eruption of "Charonne"—the 1962 mass demonstration "against fascism" and in support of "peace in Algeria" in which nine people were killed by the French police—did not escape notice when the film was released.[36] In fact, it was systematically mentioned as a "pivotal moment" in the film.[37] Strikingly, *Diabolo menthe* is the only film that dramatizes a "telling" of the massacre that has, since then, become a shorthand for one of the most public instances of state violence against its citizens, simultaneously evoking and displacing the memory of another massacre, that of October 17, 1961.[38] Its presence in *Diabolo menthe* and the form its narration takes have remained unexamined. The focus on Charonne is therefore especially meaningful because, despite its significance, the demonstration and funeral processions have remained shrouded in myth, "censorships, souvenirs, as well as forgetfulness."[39]

Pascale is a witness and not a participant. Her narration is fragmentary and evokes only fleeting images while the camera stays on her face and silence

36. On February 8, 1962, five demonstrations were organized by the communists and a number of trade unions and student organizations in protest of the OAS terrorist attacks in the preceding weeks. The demonstrations were declared "illegal" at the last minute and came to a halt later that afternoon when the police charged in just as most demonstrators were leaving. At the metro stop Charonne, some demonstrators who tried to escape into the metro were crushed to death. Nine people died, including a sixteen-year-old boy. Five days later, on February 13, a huge procession (150,000, according to contemporary accounts) gathered for the funeral of the nine dead. Alain Dewerpe, whose own mother was one of the nine killed, challenges that official story, emphasizing instead police brutality tactics, and calls Charonne a "state massacre." On this event and police brutality, see Dewerpe, *Charonne*, 585, 17, 80–81, 88, 108–12, 120, 128–68.

37. M.A., "Le temps de l'apprentissage"; Lachize, "Un 'Zéro de conduite' au féminin." See also Muller, "Les désarrois de l'élève Kurys"; *Le nouvel observateur*, "*Diabolo menthe*"; Grégeois, "*Diabolo menthe*"; G.V., "Dans son premier film"; *Le Figaro*, "Scènes de la vie de lycée"; Chazal, "*Diabolo menthe*"; Coppermann, "Diabolo menthe"; Burnat, "*Diabolo menthe*"; Bory, "Zéros de conduite"; B.A., "*Diabolo menthe*."

38. Dewerpe calls the film a "hapax" and points to the ways the memory of Charonne has displaced, obscured, and erased that of October 17, 1961 (*Charonne*, 588). On the forgettings surrounding the October 17 massacre of Algerians demonstrating in Paris by the Paris police, see Cole, "Remembering the Battle of Paris," 25.

39. Dewerpe, *Charonne*, 18.

envelops the classroom. She talks about how she "saw" it all from her window with her father from their Boulevard Voltaire balcony, close to the Charonne metro stop. She adds that, when the police charged, they "were completely enraged. They were hitting everyone everywhere. My father closed the window. Even with the window closed, we could hear people screaming." What struck her, in the aftermath, was "there was no one," but "shoes, shoes everywhere . . . on the pavement, in the gutters." Finally, she speaks of joining the thousands who marched to the cemetery to commemorate the dead, behind the teenager's white coffin, with white "flowers everywhere." They marched "in the rain," everyone silent. She ends her "testimony" with the evocation of collective mobilization: "All these people who did not know one another and who were walking toward *something*, and it was a cemetery" (my emphasis). The school bell rings, and all the students leave. The camera remains on close-ups of Pascale and the history teacher, who stay behind, gazing at one another, silent.

With this scene, Kurys inaugurates a mode of history telling that she will continue in *Cocktail Molotov* (in "free indirect style," as one critic called it), implicitly tracing a genealogy between 1963 and 1968. In both films, the protagonists (Frédérique in *Diabolo menthe*, Anne in *Cocktail Molotov*) do not experience events but rather are told what has happened. That narrative choice may be symptomatic of the ways in which testimony emphasized individual experience while inscribing it within a larger historical and collective framework.[40] As a cultural form, testimony fit well with the post-68 privileging of *prise de parole* and autobiography that was inaugurated in May to serve those left voiceless and nameless in history and that became the hallmark of many radical political activists in the 1970s.[41] Pascale's monologue signaled how testimony could be a powerful mode of history telling.[42] In the film Pascale's narrative is not as much a "factual" rendering of events as an affective, embodied, and gendered memorialization that marks history.

What may be just as important in the film's elaboration of the role of politics and history is what follows Pascale's description of Charonne. Pascale's narration signals a decisive shift for Frédérique. The two become close friends. On a school outing to a museum, organized by their Latin teacher, they escape to its peaceful and bucolic gardens. The moment is melancholic since it is the end of the school year. Pascale muses that "isn't it strange, we don't even have the same friends as at the beginning of the school year." Politics has reshaped the

40. Annette Wieworka argues that the 1961 Eichmann trial inaugurated the "era of the witness" (*L'ère du témoin*, 13, 82, 98, 114).

41. On the emergence of autobiography and *prise de parole* as a post-68 narrative form, see Zancarini-Fournel, *Le moment 68*, 68–69, 165–72.

42. The first photos of Charonne were published in 1972 by *Paris-Match* (Dewerpe, *Charonne*, 585).

girls' intimate lives: Frédérique has become estranged from her right-wing bourgeois best friend. Frédérique says little, but as they lie on the grass, side by side,
they turn to one another. Desire surfaces in this brief moment. Frédérique turns
her head away, shutting down the possibility of same-sex desire and foreclosing
what seems to have emerged between them.[43] The possibility of other desires is
imbricated in the possibility of other politics. Pascale, in the film, is a political
subject and, as this scene suggests, is also a sexual subject in ways Frédérique
and Anne are not and struggle to be. *Diabolo menthe* suggests that sexuality and
politics are not two separate fields of meaning and experience but are intimately
tied. Sex determines politics and politics is a realm of affect and desire. By the
time Kurys set out to make *Diabolo menthe* in the late 1970s, sex had become a
politics and the "sexual revolution" provided the "grammar" for working out
France's historical past.[44] Sex, Jewishness, and testimony will also be central
motifs in *Cocktail Molotov*.

Temporality and the Making of History

> May '68 as if you had not been there.
> —*Les nouvelles littéraires*, February 7, 1980

At first glance, *Cocktail Molotov* seems to offer a conventional retelling of May
'68, another instance of the "dehistorici[zation] and depolitici[zation]" of narratives and representation of May '68.[45] It tells the story of seventeen-year-old
Anne, presumably from *Diabolo menthe*, who is in love with Frédéric, a painter
from a working-class immigrant background, in one of these "unlikely encounters" that characterized the May events.[46] Suffocating under the strictures of her
bourgeois mother, who seems concerned only with respectability and rules,
Anne flees her mother and stepfather's comfortable home. She has decided to go
to a kibbutz with Frédéric. Before leaving, however, she visits her best friend,
who gives her birth control pills stolen from her father, a gynecologist. After
spending her first night with Frédéric, she decides to leave alone when he proves
reluctant to follow her. Panicked by her departure, Frédéric and his best friend,
Bruno, start driving south, hoping to find her on the road. They reunite, and all
three make their way to Venice, where Anne is to take a boat for Israel. Once in

---

43. Kurys mines that motif (the ambiguous line between homosociability and homoeroticism) more
explicitly in her third film, *Entre nous*, with the tale of her mother Lena's passionate friendship with another
woman that will end her marriage.

44. On the ways post-1962 "sex talk" became a means for French people to discuss the Franco-Algerian
War, see Shepard, *Sex, France, and "Arab Men."* On postwar relation between sex and politics, see Herzog,
Sex after Fascism.

45. Ross, *May '68 and Its Afterlives*, 6.

46. Vigna and Zancarini-Fournel, "Les rencontres improbables dans 'les années 68,'" 163–77.

Venice, they begin hearing news of barricades, demonstrations, and mayhem in Paris. After their car is stolen by Bruno's lover, an Italian anarchist named Ana Maria, they are left penniless and make their way back to Paris.

The film then follows the convention of the "road movie," offering a string of vignettes where the three protagonists meet different French people directly and indirectly involved in the events of May '68: a middle-class couple, a group of farmers in a rural café, a student at a vocational high school whose father is a depressed officer of the Compagnie Républicaine de Sécurité (CRS), a compassionate trucker, and various other characters. The dominant theme of the film is this road trip, as the protagonists end up missing May '68.[47] On the way back to Paris, Anne discovers she is pregnant and visits her father in Lyon in the hope he can provide her money for an abortion. While Anne and her father drive to Switzerland, where she stays for a week in an abortion clinic, Bruno and Frédéric return to Paris, eager to join the demonstrations. As they exit the metro, they are immediately arrested by the police and end up in a police car as Bruno complains that they have, yet again, missed it all. The film ends in repetition with a difference. Neither narrative closure nor particular meaning is given to May '68. The trio reunites, Anne leaves the parental home for the second time, and they drive off again as overtitles explain that "they wanted us to believe it was all finished. For us, the journey had just begun."

Cocktail Molotov certainly does not offer critiques of "capitalism, American imperialism and Gaullism" the way Jean-Luc Godard's and Chris Marker's films had done.[48] It does not fictionalize the most violent or transgressive aspects of these events.[49] Nor does it dramatize the protagonists as willful agents of political change. Many critics, in fact, bemoaned the narrative conceit of the film: Jean-Paul Grouchet wrote in *Le canard enchaîné*, "To evoke [the May '68 events that the film's title predicts] indirectly and only through hearsay is pushing indirect style too far." There is "nothing concrete about the student mobilization or the workers' movement. Nothing noticeable on the hopes and urges born from the insurrection. The fleeting images of police repression render them rather insignificant."[50] Still, some granted that the film's decision to portray "May '68 as if you weren't there" offered "a testimony between the lines" even if, ultimately, it felt more like "history as flowery tapestry."[51] Former far-

---

47. On the subgenre of autobiographies and hitchhiking memoirs, see Jobs, *Backpack Ambassadors*, 151–54.
48. For an overview of radical cinema, see Grant, *Cinéma Militant.*
49. Ross, *May '68 and Its Afterlives*, 8, 10. For an overview of actors, events, and imaginaries, see Dreyfus-Armand et al., *Les années 68.*
50. Grouchet, "Cocktail Molotov."
51. Boujut, "Mai 68 comme si vous n'y étiez pas."

left activists were far harsher. In a special issue of *Les nouvelles littéraires* that involved "four ways of looking at the film," May '68 leader Alain Geismar deemed it an "indulgent film," while Trotskyist and Jeunesse Communiste Révolutionnaire founder Alain Krivine (who would have been older than the film's heroine, Anne, at the time) scathingly characterized it as a "rose-tinted vision of life" that was nothing more than the "Comtesse de Ségur" "after 68."[52] The same issue included interviews with two young people for their reactions to a time they could not have known. Eighteen-year-old Christine thought the film taught her little about the period: "It was rather pleasant, quite sentimental, but rather lighthearted." Nineteen-year-old Mouhoud explained he did not consider it a "political film" but felt it was nonetheless a sincere "testimony of a [particular] sensibility."[53]

Mouhoud's insistence that *Cocktail Molotov* had some meaning is worth considering. He felt that the film showed "May '68 as metaphor for travel." He "did not believe they had missed May '68. They had undertaken it in their own way."[54] What kind of politics does *Cocktail Molotov* trace, then, if any? After all, Kurys centered her film on Anne, who was thirteen in *Diabolo menthe* and would have been younger than most of those who became politically engaged in May '68 and were of her sister Frédérique's cohort. Any direct reference to the most radical aspects of May '68 politics was conspicuously absent from the film—"erasing the social revolt of 10 million workers," which is what Krivine criticized.[55] In some of the interviews on the film's release, Kurys explained that she had cut out two more overtly political scenes. The film was supposed to dramatize a meeting of Italian anarchists and, more important, end with the emblematic strike at Renault-Flins.[56] That absence seems symptomatic of the film's muted comments on class and collective action, as well as the editorial choice Kurys made in privileging an "indirect style" of narrative. As the *Libération* film critic commented, "After so many testimonies, by those who were there but did not want to talk about it, and by those who talked about it

---

52. *Les nouvelles littéraires*, "Mai 68 comme si vous n'y étiez pas." Both Geismar and Jacques Sauveagot are mentioned by Frédéric reading an Italian newspaper article regarding the "troubles" in Paris.

53. *Les nouvelles littéraires*, "Mai 68 comme si vous n'y étiez pas."

54. Of note is Mouhoud's explanation that he was not in France at the time but that his "father who is Algerian, was." He also indicates that he is now a "trotskyist activist," in *Les nouvelles littéraires*, "Mai 68 comme si vous n'y étiez pas."

55. Boujut, "Mai 68 comme si vous n'y étiez pas." For another example of cinematic "memories" of May '68 that point to the ways generational experience shaped politics, see Reid, "We Have a Situation Here."

56. While thousands of Renault factory workers had gone on strike, it was at Flins, where students and workers had mobilized, that the riot police charged, murdering one student, Gilles Tautin. Rochu, "Interview." On the importance of the Renault-Flins strike, see Vigna, "La figure ouvrière à Flins."

precisely because they had not been there . . . the take of those who missed May '68 needed to be put on screen."[57] Understanding the film's politics therefore requires reading below the surface, attentive to the narrative form of the film, its decentering of Paris, and its insistent focus on gender and class and on the stories of protagonists who do not experience May '68 directly but, like 1980 cinema audiences, learn about it through others' testimonies.

The film does not so much erase May '68's politics as propose another political interpretation of May '68's memory. Its indirect style ultimately narrates the event as one whose meaning is impossible to capture. It can only be refracted through social groups.[58] *Cocktail Molotov*'s seamless entanglement of mediated narration, lived experience, and generational narrative says something about the ways historical consciousness was interpreted by Kurys.[59] Its deliberate use, first inaugurated in *Diabolo menthe*, speaks to the distance and mediation Kurys put at the heart of her tale of May '68. In this, Kurys's film echoes Gustave Flaubert's 1869 coming-of-age novel, *L'éducation sentimentale*: Anne's boyfriend even has the same name as the novel's hero. Like Flaubert, who had used indirect style as subjective mode of narration, Kurys stages history as background in a retrospective tale of youth and complicated love.[60] Kurys's film suggests that only a fragmented, mediated, and "episodic" narration fits the event and that, perhaps, the political is to be found in the familiar and the banal and their subjective experience.[61]

As the *Libération* reviewer explained, *Cocktail Molotov*'s protagonists never experience May '68 directly. The protagonists hear about the first demonstrations on their car radio as they drive to Venice, twenty-five minutes into the film.[62] They look at a map of Paris to see where the barricades are. Once in Venice, Frédéric reads in the Italian newspaper that "turmoil continues in Paris." After Anne misses her ship for Israel, she decides that they should hitchhike back to Paris since, as she says, "at least I won't have missed everything." Their hitchhiking journey becomes the opportunity for encounters with various individuals who recount *their* own experience of May. These didactic exchanges punctuate the hitchikers' return to Paris as they travel through the south of France. The news from the radio and newspapers and the comments of people they encounter act as "scattered references" that anchor the rhythm of the

57. Rochu, "Cocktail Molotov."
58. On the narrative function of "social groups," see Ross, *May '68 and Its Afterlives*, 23.
59. Rochu, "Cocktail Molotov."
60. Free indirect style is a literary device that blends direct and indirect discourse without distinguishing them. I am grateful to Anne-Gaëlle Saliot for reminding me of the Flaubert reference.
61. On the film's episodic narrative style, see Tarr, *Diane Kurys*, 43. See also Rancière, *L'inconscient esthétique*, 11.
62. Because of censorship, most French people followed the events on the radio.

protagonists' journey.[63] These snippets of news and random encounters create a disjointed sense of time at odds with the energy and urgency of the Parisian events the media convey. The aftershocks of May resonating through France punctuate Anne, Frédéric, and Bruno's return to Paris.

As the film unfolds, it appears that everyone in France is thinking about, is involved in, is affected by, or has an opinion on "the events." The group of rural workers Anne, Frédéric, and Bruno encounter in a small-town café are busy discussing the effects of the strikes, some dismissing it ("A strike is not freedom; it's pissing everybody off") and others approving it. Later, a similar exchange occurs between truckers, one of whom supports the strikes. When Anne phones her stepfather for money, he is distracted by the "occupation" of his factory. It is important that these commentaries are always staged in the provinces, thus decentering Paris. Physical surroundings and also, more strikingly, the accents of various characters mark this decentering.

Some encounters stand out, such as when they meet a young man in an Aix-en-Provence café who explains he is, like them, a student but at the local vocational high school and says he would rather "the school be burned." Anne asks why, and he responds that is because "it stinks there. It's a school and [yet] it stinks." Their education is a joke, and everything is a "complete mess [*bordel*]." This is one of several moments in which the film offers a muted commentary on the ways class rigidly divides French society and fails its youth. This student has rebelled while the trio is, again, mere witness. Anne's remark to her boyfriend, Frédéric, that "it is a shame he has not finished high school [*lycée*]" appears blind to the socioeconomic disparities between her own bourgeois upbringing and that of Frédéric, the son of an immigrant working-class father. Frédéric's class background is, in fact, the only one that is consistently remarked on. Bruno (who seems more politicized yet divorced from any context) criticizes Frédéric's frustration with having to hitchhike and tells him that he "acts like a petit-bourgeois when, really, he is the son of poor people [*fils de pauvre*]" and "that is the worst." Frédéric's ambivalence toward their road trip is a function of his sense of responsibility toward his working-class parents, who live in public housing (*grands ensembles*), and to his father, who is gravely ill because, the film suggests, of his years as a factory worker.

If class explains the impatience, politicization, and revolt of some in the film, another origin explains conservative and reactionary forces. That origin is to be found not in the immediate discomfort created by strikes or the disruption of everyday life but in the ways the Franco-Algerian War has marked an older generation that is now incapable of comprehending students' and workers'

63. Tarr, *Diane Kurys*, 45.

demands. The first hitchhiking encounter the young people experience sets the scene. They listen to a technocratic-looking middle-class couple. While the wife seems more understanding, the husband is cynical and conservative, portraying events as narrowly individualist youthful revolts. After commenting that the May student demonstrations are akin to the rebellion of a teenager who "slam[s] the door and say[s] no to daddy," he adds his own patronizing explanation for current events: "In '40, there was the Resistance, *we* had the Algerian War, so they need their *own little war*" (my emphasis).[64] Kurys contrasts his refusal to name those who protest and revolt to the "we" who, he claims, at least undertook a "real" war and faced "real" dangers.

It is the dinner the three hitchhikers are unwittingly subjected to with a CRS officer that offers the most striking testimony of the relationship between May '68 and the Franco-Algerian War. In this scene Anne, Frédéric, and Bruno are sitting around the dinner table in an unassuming small kitchen. The student at the vocational school has invited them back to his house, and they discover that his father is a "cop" who has just returned from Paris. As he serves drinks, the man launches into a long monologue in which he ties police violence against students and workers to the Franco-Algerian and the Vietnam Wars. He first explains that he cannot drink because he is depressed ("C'est les nerfs qu'ont laché"). His depression and exhaustion, they learn, are the result of his policing work: his monologue suggests that he, and other police officers, experience an irrepressible desire to exercise violence when they—the police—cannot properly "police" the public: "We don't have the right to move, we don't even have the right to hide. So, after two, three hours, that gets you all worked up, so then, knee on the ground, rifle inclined at 45 degrees and . . . BLAST AHEAD [*feu à volonté*]!"[65] His monologue of his experience of the Paris barricades becomes a confession of the affective dimension (and maybe even pleasure) of police violence that blends May with the Algerian and Vietnam Wars:

> We throw "potatoes," that's tear gas. Yeah, tear gas is not dangerous. What's annoying is when the wind blows against you or there's an idiot who sends it back to you before it explodes. Tear gas is nothing. Worse is *la criquée*. That's a chlorine grenade. They say Americans used them in Vietnam. They make a strange sound at night . . . when they explode. Ah, you don't know what I've seen. You have no idea what that was like. Young ones like you, fuck, that violence, you know, I'm telling you.

64. The credits say that "they" are "diplomats."
65. For a discussion of the police's role in dispersal and interruption of the collective, see Ross on Rancière, *May '68 and Its Afterlives*, 22–27.

Kurys deliberately staged this eruption of the historical past since the May events saw neither chlorine gas used nor shots fired. As the CRS officer invokes something of a past violence that he cannot talk about and that no one can grasp, he begins weeping, before confessing, "You know, I was in the Algerian War." He immediately bypasses that revelation as he returns to the present: "I've been in the police for twenty years, but I can tell you one thing: we've become bonkers." Here the Franco-Algerian War, which mobilized millions of young men to round up, brutalize, and torture Algerian men and women, remains the absence that structures state and police intervention against students and workers.[66] It matters that he is a police officer and not just a former military conscript, since it was the police that oversaw some of the worst massacres on French metropolitan soil, such as Charonne and especially the October 17, 1961, murder of hundreds of Algerian men.[67] The unclear origin of the police officer's "we" troubles the previous "we" that the middle-class driver had so confidently asserted.

The police officer's conclusion is simple. He will now embrace his madness—the impotence that generates excitement and the excitement associated with the exercise of violence against the public in the streets—so that "now, I'm just going to play at being a turtle. The turtle, you know, it's when you move forward with your shield over your head." He is suddenly interrupted by his son's hysterical laughter while the other three remain silent, as they have been throughout his monologue. They cannot empathize with the traumatized alienation of the perpetrator of violence during France's Algerian years.[68] Like other encounters, this one stands alone, without context or further explanation. It merely punctuates the protagonists' journey. It suggests the ways Kurys identifies an "origin" to May '68, a time that remains, for the most part, suspended and without a conclusion. The depressed CRS officer in *Cocktail Molotov* echoes the "enraged" police Pascale mentioned in *Diabolo menthe*. In both films, Kurys suggests, arbitrary police brutality injures and murders innocent civilians, especially young people.

Still, Kurys never evokes solidarity with the Algerians who were victims of the French state violence and war.[69] Her films are not concerned with suggesting any empathy with the "Algerian experience." In *Diabolo menthe* the repatriation

66. I borrow this expression—the "structuring absence" of the Algerian War—from Croombs, "*Loin du Vietnam*," 501. See also Croombs, "Algeria Deferred."

67. Cole, "Remembering the Battle of Paris," 25.

68. This portrayal fits with the widely shared cultural sentiment that dominated in the late 1960s and 1970s, according to Stora, *La gangrène et l'oubli*, 270.

69. This is in contrast with her partner and collaborator, Alexandre Arcady, who in his first film, the 1979 *Coup de Sirocco*, fictionalized a conservative and "nostalgic" telling of the *pied-noir* Jewish exodus, inspired by his own experience. The protagonist's mother was played by Marthe Villalonga, the English teacher in *Diabolo menthe*. See Watt, "Alexandre Arcady," 78–79.

crisis of *pieds-noirs* makes only a brief appearance, and it is "Charonne" rather than October 17, 1961, that is evoked. While May '68 politics may have emerged in the aftermath of the Franco-Algerian War, as many far-left leaders later claimed, Kurys's film does not stage its translation into a radical far-left politics. Instead, the only political commitment that she (obliquely) invokes is Zionism, embodied by Anne's decision to leave for Israel. In fact, Kurys films the conditions and shape of postwar French Jewish identity for younger generations—a fact that seems to have escaped most viewers and critics.

In both films Kurys dramatizes a post-Holocaust French Ashkenazi identity.[70] Her female heroines are ambivalently situated in the world they move through, because they are Jewish and because of the ways lived experience shapes their relation to politics. The Jewishness of their familial world stands in contrast to the (public) world they inhabit. The heroines' private lives are saturated with cultural habits and forms of French Jewish life. In her films, they are ordinary and banal moments of her heroines' lives, even if it is clear from interviews that she self-consciously made such narrative choices. In *Diabolo menthe*, when Frédérique and Anne surprise their mother for her birthday, they play the famous "My Yiddishe Momme" (in Yiddish) as she enters the flat. In *Cocktail Molotov* it is Anne's father who becomes the repository of Jewish identity: he speaks Yiddish and his life, in Lyon, is deeply embedded in the Jewish community (unlike Anne's mother's bourgeois and seemingly secular life). Kurys points out that, when Anne arrives, her father "is alone in front of his dining table filled with food he's bought at the Jewish deli."[71] Indeed, Kurys explains in an interview that, "for her, Lyon is a Jewish city" and that she wanted to film these textures, accents, and spaces.[72]

Anne's father's life embodies Kurys's nostalgic rendering of Lyon. Her father finds her and her friends a place to stay at the local Jewish community center. (He asks if Frédéric is Jewish.) In the center, a scene focuses our eye: a group of men and women listening to an address by General de Gaulle calling for the end of violence. An older man suddenly turns to Frédéric and Bruno to tell them in a heavily accented voice that "violence is not good. . . . What is happening to us is not good for us." Here, again, another "we" is evoked that is distinct from the collective youth they address under the guise of the three travelers. (According to the film promotional brochure's stills, Kurys had planned on a longer scene at the community center.)[73] Both films emphasize generational

70. At that time, the French Jewish community had been radically reconfigured with the arrival of about 220,000 North African Jews in the wake of decolonization. See Bensimon, *Les Juifs de France et leurs relations avec Israël*, 31.
71. This is how Kurys described the scene. See Rochu, "Interview."
72. Rochu, "Interview."
73. *Cocktail Molotov—un film de Diane Kurys*, 14.

differences: in *Diabolo menthe*, between Frédérique and her mother on the question of anti-Semitism; in *Cocktail Molotov*, between Anne and her father regarding their Jewish identity and their interpretation of May. Frédéric and Bruno even try to raise money for Anne's abortion by asking for donations for the Fonds Social Juif Unifié: her father is uncomprehending, but Anne laughs.[74] If Kurys suggests a politics, it is in Anne's decision to run away to Israel and live in a kibbutz.[75] That fact drives *Cocktail Molotov*'s plot and would have resonated with a French Jewish audience.

Anne's decision to leave for Israel in 1968 referred to the 1967 Six-Day War, an event that had reshaped the lines of political affiliations within the French Jewish community. Anne's character is symptomatic of the ways that war had radically "transformed Jewish identity" in France and the world, signaling a "Jewish commitment to Israel" that "burst onto the public stage."[76] In this sense Anne's desire to go to a kibbutz echoes the migration of almost seven thousand French Jews who moved to Israel between 1965 and 1971—a rather small number that nevertheless shows how Zionism regained some support among parts of the French Jewish community.[77] It was one of Kurys's autobiographical fictionalizations since she had herself left for a kibbutz, stayed there a year, and as she recounted, "witnessed the Six-Day War," though "she refused to participate."[78] Hers was, however, a contested position since, unlike Kurys and her character, many May '68 far-left activists explained that they rejected Zionism as a "nationalist" politics at odds with their anticolonial commitment.[79]

This staging, however oblique, of Zionism makes Kurys's narrative more of an anomaly in leftist circles and may have also shaped Geismar's and Krivine's dislike of Anne's story. *Cocktail Molotov* never evokes the Six-Day War directly. But neither is it clearly in the past, since the reason Anne never leaves is because,

---

74. On the Fonds Social Juif Unifié as the largest Jewish philanthropic and community organization, see Bensimon, *Les Juifs de France et leurs relations avec Israël*, 69–74.

75. Kurys explained that she left home at sixteen, was a "Zionist Marxist" back then, and lived in an Israeli kibbutz for a year before returning to Paris, a fact that she related in quite a few interviews; see, e.g., Rochu, "Interview." On French Zionism, see Coulon, *L'opinion française*, 115–34.

76. Mandel, *Muslims and Jews in France*, 80–81.

77. Mandel, *Muslim and Jews in France*, 85.

78. Interview with Diane Kurys, *Des femmes en mouvement hebdo*, 17. At fifteen, in 1960, Daniel Cohn-Bendit had gone to live in a kibbutz because of his affinity to left and socialist Zionism, but he was horrified by the "nationalism and chauvinism" of French Jews in the face of the Six-Day War. See Auron, *Les juifs d'extrème-gauche en Mai 68*, 172–74.

79. This was the case for activists such as Geismar, Cohn-Bendit, and others, as opposed to Kurys. See Rochu, "Interview." See also Mandel, *Muslims and Jews in France*, 85, 86, 107–9; and Katz, *Burdens of Brotherhood*, 248, 255–60, 266. On the "divisions" unleashed by the Six-Day War, see Katz and Mandel, "'French Jewish Community,'" 214–15. However, Isaacson points out how the "transformative" aspect of the 1967 war on the French Jewish community and on the French nation should be nuanced in "From 'Brave Little Israel,'" 18–22.

we are told, the Israeli government has halted all transportation because of "troubles at the borders." As in the CRS officer's tale, this is a fiction, this time invented by Frédéric and Bruno to stall Anne (she seems ignorant of the realities of Israeli political context despite her avowed decision to join a kibbutz). Invoking such "troubles" may have pointed to the memory of the war itself or its aftereffects, which lingered well into the 1970s.[80] Like the connection she makes between the Algerian War and the present, Kurys ties the aftermath of the Six-Day War to May '68—on the margins of the characters' story yet central to their sense of self. De Gaulle, heard on the radio in the Jewish community center, had in the aftermath of the war called Jews "an elite people, sure of themselves and domineering."[81] The recent past reverberates into the present.

Kurys stages Anne's desire to leave for Israel as a utopian and apolitical desire, motivated more by books than by deeply held or carefully articulated political consciousness or experience.[82] Still, viewers seem not to have noticed Kurys's evocation of these politics and many film critics bemoaned the lack of a clearly legible and identifiable political consciousness of the film's heroine. Yet Anne's desires and actions drive the plot and also speak to the kinds of feminist politics that were marginalized within memorialization of May '68 but that had become central in late 1970s France. To grasp *Cocktail Molotov*'s politics demands taking seriously its figuration of sex and gender.

Ambivalent Sex and the *Jeune Fille*

> We always assume nothing has happened in a young girl's life because we have forgotten.
> —Interview with Diane Kurys, *Des femmes en mouvement hebdo*

Most critics found *Cocktail Molotov* and its protagonists uninteresting.[83] They found the trio a pale echo of François Truffaut's *Jules et Jim* (*Diabolo menthe* had already been compared to Truffaut's first film, *Les quatre cents coups*) but did not take seriously Kurys's claim that she had imagined her film as a counterpoint to the profoundly misogynist yet successful 1974 *Les valseuses* (*Going Places*) where "two men possess a woman."[84] Just as few noticed how she

---

80. There was, for instance, the Jordanian battle of Karameh between Israeli and Palestine Liberation Organization forces on March 21, 1968. See Danan, *Les Juifs de France et l'Etat d'Israël*, 73–104. See also Coulon, *L'opinion française*, 197–210; and Isaacson, "From 'Brave Little Israel,'" 275–428.

81. Quoted in Isaacson, "From 'Brave Little Israel,'" 167–68.

82. Kurys claimed that *Cocktail Molotov* was less autobiographical than *Diabolo menthe*, but she explained in an interview that she, too, left for a kibbutz because "it was a way of escaping the milieu that oppressed her and of living her life as an adult." See Chancel, "Diane Kurys parle de ses films."

83. Rochu, "Interview."

84. Interview with Diane Kurys, *Des femmes en mouvement hebdo*.

gestured to the heroine in Godard's *A bout de souffle* (*Breathless*) in an almost identical shot that opened *Cocktail Molotov*, signaling Kurys's feminist reimagining of the New Wave. Though Kurys said that she was not a "feminist activist," sex and gender lie at the heart of both films and their heroines' stories, at a time when second-wave feminism had gained visibility in French society.[85] As one journalist commented, *Diabolo menthe* charted the "awakening of sexuality, of political consciousness," at a time before the utopian cataclysm of May '68.[86] That juxtaposition was meaningful, showing how sex and politics were intertwined and that sex was a politics. While *Diabolo menthe* staged how teenage female sexuality was still subjected to repressive social norms, *Cocktail Molotov* "articulated May '68 with female experience."[87] It perfectly illustrated the very issues that had preoccupied many French women in the middle to late 1970s and had become the subject of politics. After all, from Michel Foucault's 1977 *History of Sexuality* to the work of Monique Wittig, Christine Delphy, and Guy Hocquenghem and the very public campaigns waged by radical feminists and the Front Homosexuel d'Action Révolutionnaire, sex was the urgent politics for many on the left. Both films were more contemporary than historical.

Female sexuality lies at the heart of each film. *Cocktail Molotov* fictionalizes most of the issues, debates, and campaigns that French feminists had been fighting for in the 1970s, namely, abortion, rape, and sexual pleasure. A central feature of the plot is Anne's concern with avoiding pregnancy. Leaving the parental home for a kibbutz means beginning her sexual life. Her first initiative—after she has run away from her home—is to go and visit her close friend (who has lent her books on life in kibbutzim) whose father, Dr. Goldmann, is a gynecologist. Her friend gives her contraceptive pills she has stolen from her father's drawer. Kurys sets this scene only months after the Neuwirth Act legalizing birth control in late 1967, but long before the 1975 legalization of abortion. Throughout the film Anne's recurring anxiety regarding the possible failure of her contraception (she forgets to take the pills) and possible pregnancy will affect the hitchhikers' trip. It reminds viewers that freedom on the road was a gendered affair: a scene shows Anne on her road trip taking her contraceptive pill, implicitly tying together space and freedom to reproductive rights for female subjects.[88] Anne is also the one who must cut short her road trip to secure an

85. Carrie Tarr explains that "Kurys' early films, particularly *Diabolo Menthe* [1977] and *Coup de Foudre* [1983], were welcomed as women's films by feminist critics because of their overtly women-centered content" (*Diane Kurys*, 7). On Kurys as feminist filmmaker, see Scollen-Jimack, "Diane Kurys."

86. Petit-Castelli, "Diabolo menthe."

87. Tarr, *Diane Kurys*, 40.

88. She is drinking a "diabolo menthe" at a highway cafeteria, clearly linking the first and second films.

abortion with the help of her father—something that some reviewers mocked, though in the film Anne jokes that she will first need to find an abortionist. She misses the barricades of May '68 because she is recovering in a Swiss clinic. Her freedom is a more ambivalent affair than that of her male companions, who remain passive in the face of her predicament.[89]

Similarly, Anne's male companions are ignorant when it comes to female sexuality. A brief conversation between Anne and Bruno echoes some of the heated public debates that had shaken feminist and left circles over the recognition of rape as a crime against women in the preceding two years.[90] Bruno, the most politically engaged of the three, explains that "there is no *real* rape," while Anne laughs him off, saying only that "of course *real* rape exists" (my emphasis). The conversation is cut off abruptly. Sex emerges again, this time around the questions of female sexual pleasure. Bruno confesses to Frédéric that his Italian lover has not enjoyed their night together, only to conclude with a peremptory but still tentative "it must be in her head." Another telling exchange occurs after Anne goes to the gynecologist to confirm that she is pregnant. At the end, almost as an afterthought, she explains that, when she has sex with Frédéric, she experiences no pleasure. The issue is not her ability to experience sexual pleasure. She tells the (female) doctor that she knows "pleasure on my own." The doctor's response is another illustration of the strictures imposed on female sexuality: she advises Anne to "think very hard of" Frédéric and that only then "will pleasure come about, by itself," since "it's for him [*ç'est pour lui, vous verrez, ça ira*]." Anne does not react, and the scene stands as a vignette illustrating how female desire and pleasure are still not self-evident facts for women.

Neither film escapes tropes clearly centered on (white) normative heterosexuality. In *Diabolo menthe* Anne is still ignorant of most sexual matters, as the schoolyard conversations with her two best friends, Sylvie and Marie, reveal, since they talk of the various rumors, myths, and stories that surround sex, something they have not yet experienced. These sexual myths do not escape the particular context of post–Algerian War France. As Todd Shepard has noted, Kurys's film was yet another cultural text where sex and "fears of Arab men" are tied together: Sylvie recounts the story of "white slavery" with "white women kidnapped" in clothing stores and "sent to Arab countries"—a rumor

---

89. Critics and scholars have read the scene when Anne takes off her bra to be Kurys's attempt to gesture at feminist awakening. Most deem it clumsy, but her gesture needs to be framed within the context of the film's argument: sexual freedom for Anne only means, in 1968, discovering sexual pleasure and no longer having to resort to abortion secretly and illegally.

90. While rape has been considered a crime since 1810, these campaigns mobilized to have it redefined and tried in criminal courts. On this, see Bourg, *From Revolution to Ethics*, esp. 193–203. See also Shepard, *Sex, France, and "Arab Men."*

that began circulating widely in these years. That scene—like another in which Sylvie informs her friends that, during sex, men can have a "two-meter-long penis"—was designed to cause hilarity among viewers, but no one noted its inscription of race, difference, and sex.[91] In *Cocktail Molotov* it is male homosexuality (as opposed to the desirable possibility of female same-sex desire in *Diabolo menthe*) that is portrayed as outside the bonds of normality: Bruno jokes to a driver who has picked them up and is flirting with Anne that he is a "faggot," and in another scene Frédéric reacts violently to the advances of a male driver, portrayed as somewhat menacing, in the darkness of the car at night. In both cases male homosexuality is marked as deviant and a source of fear and ridicule.

Heterosexuality remains a desirable norm, though in ambivalent and complicated ways. *Diabolo menthe* especially dramatizes conjugal heterosexuality's impossibility. Anne and Frédérique's parents are divorced, and it is her friend Muriel's single father who attracts Frédérique, who has realized that her relationship with her long-distance boyfriend, Marc, is a mere romantic fantasy, devoid of sex and excitement. That incestuous motif (Frédérique and her friend's father kiss) and the impossibility of their relation (he later introduces Frédérique to his girlfriend, a woman his equal in age and status) cause Frédérique's first heartbreak. In 1963, before the "sexual revolution," Kurys's film stages lesbian desire as the only form of sexual agency (embodied in the character of Pascale). Similarly, in *Cocktail Molotov*, while Anne is in love with Frédéric, she appears to be detached from their experience as a couple: Frédéric asks her why she has never told him that she loves him, and she brings not Frédéric but Bruno to her appointment with the gynecologist. Here the couple functions only if embedded in a triangular logic of desire—something that Kurys said made the couple "less boring."[92] Nonetheless, in both films the only escape from oppressive and authoritarian social norms is running away, not alone but as a heterosexual couple: in *Diabolo menthe* Muriel runs away from home and school to live with her boyfriend "as if they were married," and in *Cocktail Molotov* Anne initially plans to run away to a kibbutz as part of a couple rather than as a trio of fellow travelers.

Ultimately, Kurys's films show that female autonomy is achieved through the simultaneous and related "awakening to sexuality, to political consciousness." In *Diabolo menthe* it is Muriel who, to the shock of the other students, loudly screams (and repeats), "I say: Piss off! [*je vous dis MERDE!*]," in the schoolyard for everyone to hear—a defiant gesture to the school's authority. In *Cocktail Molotov* agency lies in the character of Anne: she is the one who decides

91. Shepard, *Sex, France, and "Arab Men,"* 168–69.
92. Chancel, "Diane Kurys parle de ses films."

to run away and go to Israel, just as she decides that it is time for her and Frédéric to have sex for the first time. She declares that they must return to Paris after their car and money are stolen. She is also the one who has to cut short her road trip to seek an abortion. The politics of desire and sexual freedom situate bodies in public space. The choice of the "road movie" and of hitchhiking illustrates those longings. *Cocktail Molotov* is therefore especially striking because, unlike the photos and images of May '68 and its barricades, which always featured men, here a woman decides to go on the road, alone.[93] Despite this autonomy, freedom is not fully accessible to Anne and remains an ambivalent state. It stands in stark contrast to her male companions' agency as they merely follow and react after the fact—in many ways the last scene, when their attempt at political action is foiled (they are arrested as soon as they reach the demonstrations, thereby failing yet again), is symptomatic of the impotent and anecdotal masculinity that Kurys stages. Throughout the film, male, paternal authority figures are ineffectual, irrational, or antiquated.[94] Few critics and scholars have observed that sex and politics offer the language through which both films tell the story of a *jeune fille*'s coming of age. Kurys's insistence on filming female experience, sexuality, and agency without any overt political message or radical aesthetics may have been another reason for some far-left figures to think of her film as overly concerned with "tenderness" and a "rose-tinted" version of history.

Conclusion

> I am bored. I feel like I am in parentheses.
> —Anne, *Cocktail Molotov*

At first glance, *Cocktail Molotov* might appear as yet another depoliticized tale of generational revolt and cultural emancipation. However, thinking of the (political) legacies of May '68 means paying attention to the ways memories are manufactured in the margins, silences, and oblique (or anecdotal) references of cultural texts that seem to have little to do with politics.[95] If we think of the political as the "dissensual refiguration" of the realm of the "sensible," we can trace how May '68's reconfiguration of the social and political imagination finds echoes, if unrealized, that traverse many cultural texts in the 1970s and 1980s.[96]

93. Atack points this out in *May '68 in French Fiction and Film*, 88–89. The publication of the May riot photographs by the Gamma Agency features only men; see Labro, *Les barricades de Mai*. On the gendering of youth travel, see Jobs, *Backpack Ambassadors*, 181–84.

94. Tarr also makes this point in *Diane Kurys*, 28–29.

95. On the difference between "the political" (*le politique*), namely, "the principles of law, power, and community," and "politics" (*la politique*), namely, that which speaks to the regulation and activity of government, see Rancière, *Aux bords du politique*, 15–17.

96. Rancière, *Aux bords du politique*, 17.

Kurys's films are ambiguous texts that suggest a mode of understanding the specters of the past through the language of sex.

What might be most interesting about her early films is the ways they mediate and defer historical events. Things happen around their protagonists' lives. Individual testimony is shown to be the only way for one to "experience" and understand history. The very narrative forms Kurys has chosen (the still photographs of holidays in *Diabolo menthe*, the marks of temporality, the disconnected vignettes of *Cocktail Molotov*) evoke the incompleteness of the present and the impossibility of ever escaping memory's work on subjects, bodies, and stories.[97] Kurys's nostalgic inflection speaks to the kind of "reflective nostalgia" that, according to Boym, "dwells on the ambivalences of human longing and belonging and does not shy away from the contradictions of modernity." Its tone can only be "ironic, inconclusive, and fragmentary," like Kurys's films.[98]

Diabolo menthe is a film on the margins of May '68, unevenly tying together the specter of the Franco-Algerian War to French metropolitan life and the mapping of a post-Holocaust Jewish identity.[99] While some scholars have noted how Jewishness features in her films, few have analyzed how her mapping out the sex of politics and impossible access of history is the prism through which Kurys films her vision of postwar and post-Holocaust French (Ashkenazi) Jewish identity.[100] The "crisscrossing" of global and French politics continued haunting French culture well into the 1970s, inscribing May '68 within a longer genealogy, as both rupture and anecdote. As background to Anne's story, May '68 saturates the film. Kurys explained that she wanted "May '68 to be behind, in front, aside, elsewhere" to show that her protagonists did in fact "*live* May '68."[101] Her filmic choice of the genre of the road movie in *Cocktail Molotov* filmed in midshots (as opposed to the claustrophobia of the singular authoritarian space of the high school and the close-ups in *Diabolo menthe*) disrupts conventional assumptions regarding the relation of the public, the political, space, and gender in narratives of May '68.[102]

Most strikingly, the elaboration of a politics of history is embodied in a Jewish *jeune fille*'s coming of age and in the figuration of sex as politics.[103] They

97. On memory, see Chamarette, "Memory, Representation of Time, and Cinema."

98. Boym, *Future of Nostalgia*, xviii, 50.

99. On postwar memory, see Rothberg, *Multidirectional Memory*. On French Holocaust memory, complicating Henry Rousso's "Vichy syndrome," see Azouvi, *Le mythe du grand silence*.

100. Higgins is an exception; see "Two Women Filmmakers Remember the Dark Years."

101. *Cocktail Molotov—un film de Diane Kurys*, 16.

102. On the lived experience of mobility for young Europeans (of which *Cocktail Molotov* is a post-68 cultural representation), see Jobs, *Backpack Ambassadors*.

103. Kurys, who refused to call herself a feminist, asserted that "nonetheless, *Diabolo Menthe* is for me a political act." Dugan, "Diane Kurys (Diabolo Menthe)."

offer a meditation on the ways gender, sex, and Jewishness were, for Kurys, at the heart of what made May '68.[104] Kurys mused that she had made *Cocktail Molotov* because she wanted to "remember and understand how she was, how she was made, and how she is today."[105] Ultimately, we may read these films as articulations of displacement as a (gendered) mode of subjectivity. There is none of the *jouissance* associated with the May events.[106] Even while the events of May '68 are unfolding in Paris, Anne feels only boredom. Kurys's female characters long for an elsewhere that will allow them to escape the ordering of bodies in a community. They are displaced subjects, never quite at home in the world they inhabit. Kurys's nostalgia may be, in fact, symptomatic of the ambivalent realization that to be a female subject in the late 1970s is still to live "in parentheses."

SANDRINE SANOS is associate professor of modern European history at Texas A&M University–Corpus Christi and author of *The Aesthetics of Hate: Far-Right Intellectuals, Antisemitism, and Gender in 1930s France* (2012), *Simone de Beauvoir: Creating a Feminist Existence in the World* (2016), and a recent article on the film *Hiroshima mon amour* (2016). She is working on a book tentatively titled *The Horror of History: Violence, Exile, and Gender in Cold War France, 1954–1967*.

Acknowledgments

The author is grateful to Lisa Moses Leff for her encouragement to write about Kurys's films and for discussions about them, to Aaron Walker for facilitating access to the films, and to Judith Coffin, Rick Jobs, and Roxanne Panchasi for their stimulating comments. The author would especially like to thank the anonymous reviewers for their critical and invaluable insights that helped shape the argument. This article also benefited from the generous commentaries from the "May '68" workshop participants and the editors of this issue.

References

Atack, Margaret. 1999. *May '68 in French Fiction and Film: Rethinking Society, Rethinking Representation*. New York.

Auron, Yael. 1998. *Les juifs d'extrême-gauche en Mai 68: Une génération révolutionnaire marquée par la Shoah*. Paris.

Azouvi, François. 2012. *Le mythe du grand silence: Auschwitz, les Français, la mémoire*. Paris.

B.A. 1977. "*Diabolo menthe*, le premier film de Diane Kurys." *Le journal*, Dec. 27.

Banai, Noit. 2013. "Sensorial Techniques of the Self: From the *Jouissance* of May '68 to the Economy of the Delay." In *The Long 1968: Revisions and New Perspectives*, edited by Daniel Sherman et al., 293–311. Bloomington, IN.

104. I take my cue from Ross's argument regarding the "dissolving" of May '68's politics while calling our attention to what remains as politics (sex, gender, Jewishness) but could not be seen as politics by late 1970s and early 1980s French viewers (*May '68 and Its Afterlives*, 1).

105. Wachthausen, "May '68 en stop pour adolescents." On the necessity of gender as a category of analysis in generational stories of May '68, see Pagis, "Repenser la formation des générations politiques."

106. On *jouissance* in the iconography of May '68, see Banai, "Sensorial Techniques of the Self."

Bensimon, Doris. 1989. *Les Juifs de France et leurs relations avec Israël, 1945–1988*. Paris.

Bory, Jean-Louis. 1977. "Zéros de conduite . . . " *Le nouvel observateur*, Dec. 27.

Boujut, Michel. 1980. "Mai 68 comme si vous n'y étiez pas." *Les nouvelles littéraires*, Jan. 30–Feb. 2.

Bourg, Julian. 2007. *From Revolution to Ethics: May '68 and Contemporary French Thought*. Montreal.

Boym, Svetlana. 2001. *The Future of Nostalgia*. New York.

Burnat, Patrice. 1977. "*Diabolo menthe*." *Paris Normandie*, Dec. 23.

Cahiers du cinéma. 1978. "Table ronde sur *Le fond de l'air est rouge*, Chris Marker." Jan., 46–51.

———. 1980. "Notes sur d'autres films: *Cocktail Molotov*." Mar., 531.

Chamarette, Jenny. 2009. "Memory, Representation of Time, and Cinema." In *Anamnesia: Private and Public Memory in Modern French Culture*, edited by Peter Collier, Anna Magdalena Elsner, and Olga Smith, 243–55. Oxford.

Chancel, Jacques. 1980. "Diane Kurys parle de ses films." *Radioscopie*, Radio France, Feb. 27. Archives, Institut National de l'Audiovisuel.

Chaumetton, E. 1977. "Diane Kurys: Une adolescente des années soixante." *La dépêche du midi*, Dec. 21.

Chazal, Robert. 1977. "*Diabolo menthe*: A voir frais." *France-soir*, Dec. 16.

———. 1980. "'*Cocktail Molotov*.'" *France-soir*, Feb. 8.

CM. 1980. "Avant-première." *France-soir*, Feb. 7.

Cocktail Molotov—un film de Diane Kurys. 1980. Film brochure. Paris.

Cole, Joshua. 2003. "Remembering the Battle of Paris: 17 October 1961 in French and Algerian Memory." *French Politics, Culture, and Society* 21, no. 3: 21–50.

Coppermann, Annie. 1977. "Diabolo menthe." *Les échos*, Dec. 19.

Coulon, Laurence. 2009. *L'opinion française, Israël et le conflit israélo-arabe, 1947–1987*. Paris.

Croombs, Matthew. 2010. "Algeria Deferred: The Logic of Trauma in *Muriel* and *Caché*." *Scope*, no. 16. www.nottingham.ac.uk/scope/documents/2010/february-2010/croombs.pdf.

———. 2014. "*Loin du Vietnam*: Solidarity, Representation, and the Proximity of the French Colonial Past." *Third Text* 28, no. 6: 489–505.

Danan, Ariel. 2014. *Les Juifs de France et l'Etat d'Israël, 1948–1982*. Paris.

De Baroncelli, Jean. 1980. "*Cocktail Molotov* de Diane Kurys." *Le monde*, Feb. 13.

Des femmes en mouvement hebdo. 1982. "Des femmes et le cinéma—1978–1982." Special issue. Jan.

Dewerpe, Alain. 2006. *Charonne 8 février 1962: Anthropologie historique d'un massacre d'état*. Paris.

Diatkine, Anne. 2017. "'Diabolo menthe': Le retour." *Elle*, Aug. 4, 66–68.

D.M. 1977. "'Diabolo menthe': Pour vous rafraîchir la mémoire." *L'Est républicain*, Jan. 12.

Dreyfus-Armand, Geneviève, Robert Frank, Marie-Françoise Lévy, and Michelle Zancarini-Fournel, eds. 2000. *Les années 68: Le temps de la contestation*. Paris.

Dugan, Catherine. 1977. "Diane Kurys (Diabolo Menthe): Une adolescente de 19 ans à la mémoire collective." *Le soir*, Mar. 16.

Enfants. 1978. "'Diabolo menthe' de Diane Kurys." Feb.

Le Figaro. 1977. "Scènes de la vie de lycée." Dec. 16.

Frazier, Lessie Jo, and Deborah Cohen, eds. 2009. *Gender and Sexuality in 1968: Transformative Politics in the Cultural Imagination*. New York.

Golsan, Richard. 2000. *Vichy's Afterlife: History and Counterhistory in Postwar France*. Lincoln, NE.

Gordon, Daniel. 2012. *Immigrants and Intellectuals: May '68 and the Rise of Anti-racism in France*. Pontypool.

Grant, Paul Douglas. 2016. *Cinéma Militant: Political Filmmaking and May 1968*. London.

Grégeois, Stanilas. 1977. "*Diabolo menthe.*" *Télérama*, Dec. 14.

Grouchet, Jean-Paul. 1980. "Cocktail Molotov: Pas incendiaire." *Le canard enchaîné*, Feb. 13.

G.V. 1977. "Dans son premier film, Diane Kurys aspire à faire le portrait des lycéens des années 60. Mais pour échapper à certains clichés nostalgiques, peut-être faut-il s'appeler Jean Vigo." *Les nouvelles littéraires*, Dec. 15.

Herzog, Dagmar. 2005. *Sex after Fascism: Memory and Morality in Twentieth-Century Germany.* Princeton, NJ.

Higgins, Lynn A. 1996. *New Novel, New Wave, New Politics: Fiction and the Representation of History in Postwar France.* Lincoln, NE.

———. 1999. "Two Women Filmmakers Remember the Dark Years." *Modern and Contemporary France* 7, no. 1: 59–69.

Isaacson, Robert. 2017. "From 'Brave Little Israel' to 'an Elite and Domineering People': The Image of Israel in France, 1944–1974." PhD diss., George Washington University.

Jackson, Julian, James S. Williams, and Anne-Louise Milne, eds. 2011. *May '68: Rethinking France's Last Revolution.* New York.

Jobs, Richard. 2007. *Riding the New Wave: Youth and the Rejuvenation of France after the Second World War.* Stanford, CA.

———. 2017. *Backpack Ambassadors: How Youth Travel Integrated Europe.* Chicago.

Katz, Ethan. 2015. *The Burdens of Brotherhood: Jews and Muslims from North Africa to France.* Cambridge, MA.

Katz, Ethan, and Maud Mandel. 2016. "'The French Jewish Community Speaks to You with One Voice': Dissent and the Shaping of French Jewish Politics since World War II." In *The Jews of Modern France: Images and Identities*, edited by Zvi Kaplan, Jonathan Kaplan, and Nadia Malinovich, 194–227. Boston.

Kennedy, Jen. 2012. "Charming Monsters: The Spectacle of Femininity in Postwar France." *Grey Room*, no. 49: 56–79.

Labro, Philippe. 1968. *Les barricades de Mai.* Paris.

Lachize, Samuel. 1977. "Un 'Zéro de conduite' au féminin." *L'humanité*, Dec. 8.

Linhart, Virginie. 2008. *Le jour où mon père s'est tû.* Paris.

Lorcin, Patricia M. E., ed. 2006. *Algeria and France, 1800–2000: Identity, Memory, Nostalgia.* Syracuse, NY.

M.A. 1977. "Le temps de l'apprentissage." *Témoignage chrétien*, Jan. 12.

Mandel, Maud. 2014. *Muslims and Jews in France: History of a Conflict.* Princeton, NJ.

Marmin, Michel. 1980. "Cocktail Molotov: Languissant vagabondage." *L'aurore*, Feb. 12.

Mauriac, Claude. 1978. "Diabolo-menthe." *VSD*, Dec. 23.

Muller, Marie. 1977. "Les désarrois de l'élève Kurys." *Le nouvel observateur*, Dec. 5.

Le nouvel observateur. 1977. "*Diabolo menthe.*" Dec. 12.

Les nouvelles littéraires. 1980. "Mai 68 comme si vous n'y étiez pas. Quatre regards sur le film—propos recueillis par Luc Bernard." Jan. 30–Feb. 2.

Pagis, Julie. 2005. "Repenser la formation des générations politiques sous l'angle du genre: Le cas de mai–juin 68." *Clio: Femmes, genre, histoire* 29, no. 1: 97–118.

Pantel, Monique. 1979. "Diane Kurys: 'Cocktail Molotov' après 'Diabolo Menthe.'" *France-soir*, May 31.

Perez, Michel. 1980. "Cocktail Molotov, grenadine lacrymogène." *Le matin*, Feb. 9.

Petit-Castelli, Claude. 1977. "Diabolo menthe." *Le matin*, Sept. 22.

Porhel, Vincent, and Michelle Zancarini-Fournel. 2005. "68: Révolutions dans le genre?" *Clio: Femmes, genre, histoire* 29, no. 1: 7–15.

Rabine, Henry. 1977. "Diabolo menthe." *La croix*, Dec. 20.

Rancière, Jacques. 1998. *Aux bords du politique*. Paris.

———. 2001. *L'inconscient esthétique*. Paris.

Reid, Donald. 2014. "We Have a Situation Here: Coming after May 1968 with Olivier Assayas." *South Central Review* 31, no. 2: 28–39.

Ro, J. 1980. "Cocktail Molotov, une vision de Mai 68 qui comporte nombre d'inexactitudes et d'invraisemblances." *La croix*, Feb. 7.

Rochu, Gilbert. 1980. "Cocktail Molotov, le second éveil d'Anne. Diane Kurys." *Libération*, Feb. 6.

———. 1980. "Interview: Mémoire d'une jeune fille publique." *Libération*, Feb. 6.

Ross, Kristin. 2002. *May '68 and Its Afterlives*. Chicago.

Rothberg, Michael. 2009. *Multidirectional Memory: Remembering the Holocaust in the Age of Decolonization*. Stanford, CA.

Scollen-Jimack, Christine. 1999. "Diane Kurys: From *Diabolo Menthe* to *À la folie*: Whatever Happened to Sisterhood?" *Forum for Modern Language Studies* 35, no. 3: 321–30.

Shepard, Todd. 2006. *The Invention of Decolonization: The Algerian War and the Remaking of France*. Ithaca, NY.

———. 2017. *Sex, France, and "Arab Men," 1962–1979*. Chicago.

Sherman, Daniel, Ruud van Dijkm, Jasmine Alinder, and A. Aneesh, eds. 2013. *The Long 1968: Revisions and New Perspectives*. Bloomington, IN.

Stora, Benjamin. 1991. *La gangrène et l'oubli: La mémoire de la guerre d'Algérie*. Paris.

Tarr, Carrie. 1999. *Diane Kurys*. Manchester.

Tarr, Carrie, and Brigitte Rollet. 2001. *Cinema and the Second Sex: Women's Filmmaking in France in the 1980s and 1990s*. New York.

Tiqqun. 2001. *Premiers matériaux pour une théorie de la jeune fille*. Paris.

Vigna, Xavier. 2000. "La figure ouvrière à Flins (1968–1973)." In *Les années 68: Le temps de la contestation*, edited by Geneviève Dreyfus-Armand, Robert Frank, Marie-Françoise Lévy, and Michelle Zancarini-Fournel, 329–43. Paris.

Vigna, Xavier, and Michelle Zancarini-Fournel. 2009. "Les rencontres improbables dans 'les années 68.'" *Vingtième siècle*, no. 101: 163–77.

Wachthausen, Jean-Luc. 1980. "May '68 en stop pour adolescents: Interview." *L'aurore*, Feb. 5.

Watt, Sophie. 2001. "Alexandre Arcady and the Rewriting of French Colonial History in Algeria." In *France's Lost Empires: Fragmentation, Nostalgia, and la Fracture Coloniale*, edited by Kate Marsh and Nicola Frith, 69–80. Lexington, KY.

Weiner, Susan. 2001. *Enfants Terribles: Youth and Femininity in the Mass Media in France*. Baltimore, MD.

Wieworka, Annette. 1998. *L'ère du témoin*. Paris.

Zancarini-Fournel, Michelle. 2008. *Le moment 68: Une histoire contestée*. Paris.

News

Call for Papers: Special Issue on the History of French Fashion

The editors of *French Historical Studies* seek articles for a special issue, to appear in 2020, on the theme of fashion in French history.

Not long ago the history of fashion was considered an illegitimate or inappropriate focus of historical interest. It was lightweight stuff—all right for journalists and popularizers more interested in puff than in the hard, nasty business of real historical research. This perspective has changed dramatically in the last thirty years. Since the publication of Valerie Steele's *Paris Fashion: A Cultural History* (1988), fashion has become the focus of some of the most sophisticated and interesting work of a new generation of scholars.

Our notion of approaches to this topic is capacious, as befits the wide range of current scholarship: fashion as aesthetics; fashion as work; fashion as social commentary; fashion as revolutionary (or counterrevolutionary) discourse; fashion as shopping; fashion as business; fashion as an artifact of war and occupation; fashion as a weapon of imperialism; fashion as an expression of gender; fashion as an element of ethnic and class identity; fashion as a political strategy or the object of repression (think zoot suits and veils). All is potential grist for our mill.

Queries about submission and other matters should be addressed to the guest editors: Maude Bass-Krueger (maudebk@gmail.com), Sophie Kurkdjian (sokurkdjian@gmail.com), and Steven Zdatny (steven.zdatny@uvm.edu).

To submit an article, visit www.editorialmanager.com/fhs/default.aspx. After registering, follow the submission instructions under "Instructions for Authors." Articles may be either in English or in French but in either case must conform to *French Historical Studies* style (for details, see www.dukeupress.edu/French-Historical-Studies) and be accompanied by 150-word abstracts in both French and English. Manuscripts should be between 6,000 and 10,000 words (not counting notes). For any illustrations contributors must obtain written permission for both print and online publication from the relevant persons or institutions. The deadline for submissions is July 1, 2018.

. . .

Les éditeurs de *French Historical Studies* lancent un appel à articles pour un numéro spécial de la revue sur le thème de la mode dans l'histoire française, à paraître en 2020.

French Historical Studies • Vol. 41, No. 2 (April 2018) • DOI 10.1215/00161071-4322996

Il n'y a pas longtemps que l'histoire de la mode a commencé à être considérée comme légitime ou comme digne d'intérêt historique. Jusque récemment, la mode était une affaire légère—tout juste bonne pour les journalistes et les vulgarisateurs, davantage intéressés par les anecdotes amusantes que par la véritable recherche historique. Cela a radicalement changé au cours des trente dernières années— après la publication du livre *Paris Fashion : A Cultural History* (1988) de Valerie Steele—et la mode est dès lors devenue l'objet de plusieurs travaux parmi les plus sophistiqués et intéressants menés par une nouvelle génération d'universitaires.

Notre notion des approches possibles de ce sujet est large, reflétant par là la grande variété des études actuellement menées sur la mode : la mode comme esthétique, la mode comme travail, la mode comme fait social, la mode comme discours révolutionnaire (ou contre-révolutionnaire), la mode comme pratique de shopping, la mode comme business, la mode comme reflet de la société en temps de guerre et/ou à l'époque de l'Occupation allemande, la mode comme arme impérialiste, la mode comme expression du genre, la mode comme élément d'identité sociale ou ethnique, la mode comme stratégie politique ou objet de répression (des costumes zazou au voile). Toutes les approches seront susceptibles d'alimenter notre réflexion.

Nous vous invitons à adresser les propositions d'article et toutes vos questions à nos éditeurs invités : Maude Bass-Krueger (maudebk@gmail.com), Sophie Kurkdjian (sokurkdjian@gmail.com), et Steven Zdatny (steven.zdatny@uvm.edu).

Pour soumettre un article, veuillez consulter www.editorialmanager.com/fhs/default.aspx. Après avoir créé votre compte, suivez les instructions dans la section « Instructions for Authors ». Vous pouvez soumettre un article en anglais ou en français, mais, dans les deux cas, il doit se conformer au style de la revue *French Historical Studies* (pour les détails, voir www.dukeupress.edu/French-Historical-Studies) et doit être accompagné d'un résumé de 150 mots rédigé à la fois en français et en anglais. Le manuscrit doit comporter entre 6 000 et 10 000 mots (notes non comprises). Concernant les illustrations, les auteurs doivent obtenir la permission écrite de pouvoir les publier sous forme papier et numérique de la part des détenteurs des droits, qu'il s'agisse d'individus ou d'institutions. La date limite pour soumettre un article est fixée au 1er juillet 2018.

Recent Books and Dissertations on French History

Compiled by SARAH SUSSMAN

This bibliography is designed to introduce readers to recent publications on French history, broadly defined. It is organized according to commonly recognized periods, with works that bridge multiple categories classified under "General and Miscellaneous."

General and Miscellaneous

Aillaud, Isabelle, Alain Angeletti, Cyril Bossa, and Sylvie Clair. *Marseille, archives remarquables.* Carbonne: Loubatières, 2016. 179p. €45.00.

Allali, Jean-Pierre, and Haïm Musicant. *Les combats de la LICRA, 1927–2017.* Paris: Glyphe, 2017. 286p. €22.00.

Audigier, François, ed. *Histoire des services d'ordre en France du XIXe siècle à nos jours.* Paris: Riveneuve, 2017. 263p. €24.00.

Bailly, Francis. *Guiseniers, village normand: Son histoire et celle de ses habitants, des origines au XIXe siècle.* Paris: Harmattan, 2017. 366p. €35.00.

Barbier-Mueller, Stéphane, Jean-Pierre Babelon, and François Planet. *Monnaies et médailles d'or de l'histoire de France: Le cabinet numismatique de Stéphane Barbier-Mueller.* Paris: Somogy, 2016. 494p. €95.00.

Bard, Christine, and Sylvie Chaperon, eds. *Dictionnaire des féministes: France, XVIIIe–XXIe siècle.* Paris: Presses Universitaires de France, 2017. 1,700p. €32.00.

Barou, Jacques. *Islam en France, Islam de France.* Paris: Documentation Française, 2016. 104p. €8.00.

Baubérot, Jean, and Marianne Carbonnier-Burkard. *Histoire des Protestants: Une minorité en France, XVIe–XXIe siècle.* Paris: Ellipses, 2016. 570p. €26.00.

Baudin, Arnaud, and Alexis Grélois, eds. *Le temps long de Clairvaux: Nouvelles recherches, nouvelles perspectives, XIIe–XXIe siècle.* Paris: Somogy, 2017. 408p. €30.00.

Bellanger, Emmanuel. *Ivry, banlieue rouge: Capitale du communisme français, XXe siècle.* Grâne: Créaphis, 2017. 548p. €35.00.

Bellanger, Emmanuel, and Julia Moro. *Nogent-sur-Marne: Cité modèle; Histoire d'une banlieue résidentielle aux XIXe–XXe siècles.* Paris: Carré, 2017. 222p. €29.00.

La belle relation de Lyon avec la Chine. Lyon: Libel, 2016. 96p. €17.00.

Benoît, Jean-Louis. *Dictionnaire Tocqueville.* Paris: Nuvis, 2017. 476p. €45.00.

French Historical Studies • Vol. 41, No. 2 (April 2018) • DOI 10.1215/00161071-4323013

Bentin, Sophie. *Brantes, un village provençal en terre papale: Des origines à la Révolution française*. Brantes: Société des Amis de Brantes, 2016. 181p. €25.00.

Bergaglio, Sophie, and Sébastien Aublanc. *L'histoire du pèlerinage des Saintes-Maries-de-la-Mer*. Aix-en-Provence: Lilas, 2016. 212p. €47.00.

Bergeron, Louis, Maria-Teresa Pontois, Gracia Dorel-Ferré, Henri Pansu, et al. *Habiter l'usine: Voyage au cœur du logement ouvrier*. Bourg-en-Bresse: Conseil Départemental de l'Ain, 2017. 254p. €39.00.

Berlan, Hélène. *Erudits, collectionneurs et amateurs: France méridionale et Italie, XVIe–XIXe siècle*. Aix-en-Provence: Presses Universitaires de Provence, 2017. 264p. €20.00.

Bertrand, Gilles, Jean-Yves Frétigné, and Alessandro Giacone. *La France et l'Italie: Histoire de deux nations sœurs de 1660 à nos jours*. Malakoff: Colin, 2016. 456p. €26.00.

Billard, Cyrille, V. Bernard, and Anne Cahierre, eds. *Pêcheries de Normandie: Archéologie et histoire des pêcheries littorales du département de la Manche*. Rennes: Presses Universitaires de Rennes, 2016. 717p. €45.00.

Blanquie, Christophe. *Tamizey de Larroque: L'érudit des érudits, 1828–1898; Au cœur d'un grand siècle de l'érudition*. Saint-Quentin-de-Baron: Entre-deux-mers, 2017. 192p. €20.00.

Blier, Gérard. *Les ports de guerre français*. Paris: Economica, 2017. 145p. €27.00.

Boudjaaba, Fabrice, Christine Dousset-Seiden, and Sylvie Mouysset. *Frères et sœurs du Moyen Age à nos jours/Brothers and Sisters from the Middle Ages to the Present*. Bern: Lang, 2016. 625p. €100.00.

Bove, Boris, Quentin Deluermoz, and Nicolas Lyon-Caen. *Le gouvernement des parisiens: Paris, ses habitants et l'Etat; Une histoire partagée*. Paris: Musées, 2017. 183p. €35.00.

Bowd, Gavin. *The Last Communard: Adrian Lejeune, the Unexpected Life of a Revolutionary*. London: Verso, 2016. 182p. $24.95.

Briegel, Françoise, and Sylvain Milbach, eds. *Les sénats des etats de Savoie: Circulations des pratiques judiciaires, des magistrats, des normes (XVI–XIX siècles)*. Rome: Carocci, 2016. 302p. €33.00.

Brouquet, Sophie. *Sedes sapientiae: Vierges Noires, culte marial et pèlerinages en France méridionale*. Toulouse: Presses Universitaires du Midi, 2017. 168p. €23.00.

Bru, Thérèse, and Solène de la Forest d'Armaillé. *Matière à écrire: Les échanges de correspondance du XVIe au XIXe siècle*. Vincennes: Presses Universitaires de Vincennes, 2017. 233p. €18.00.

Cabanel, Patrick, and Laurent Gervereau. *La saga Bost: Une famille protestante (XVIIe–XXIe siècle)*. Geneva: Labor et Fides, 2017. 355p. €35.00.

Caron, François. *Histoire des chemins de fer en France*. Vol. 3. Paris: Fayard, 2017. 604p. €34.00.

Carrard, Philippe. *History as a Kind of Writing: Textual Strategies in Contemporary French Historiography*. Chicago: University of Chicago Press, 2017. 244p. $55.00.

Casado, Pierre, and Frédéric Rousseau, eds. *Retrouver les paysans: Communauté, pouvoirs, territoires, XIIIe–XXe siècles; Mélanges en l'honneur d'Elie Pëlaquier*. Montpellier: Presses Universitaires de la Méditerranée, 2017. 192p. €21.00.

Cauna, Jacques de. *Fleuriau, La Rochelle et l'esclavage: Trente-cinq ans de mémoire et d'histoire*. Paris: Indes Savantes, 2017. 242p. €29.00.

Cercle d'Histoire Locale de Creutzwald, and Pierre Reinert. *Creutzwald: Une histoire d'hommes et d'industries dans la tourmente de 1809 à 1918*. Creutzwald: Cercle d'Histoire Locale de Creutzwald, 2016. 297p. €36.00.

Chapouillie, Guy, Marie-Anne Chateaureynaud, Philippe Dubourg, and Céline Piot. *Figures paysannes en France: Mythes, regards et sociétés*. Vol. 2. Narrosse: Albret, 2016. 453p. €22.00.

Chappey, Jean-Luc. *Sauvagerie et civilisation: Une histoire politique de Victor de l'Aveyron*. Paris: Fayard, 2017. 266p. €20.00.

Christen-Lécuyer, Carole, and Laurent Besse. *Histoire de l'éducation populaire, 1815–1945: Perspectives françaises et internationales*. Villeneuve-d'Ascq: Presses Universitaires du Septentrion, 2017. 430p. €35.00.

Clément, Jean-Louis. *Les catholiques français et le droit, XIXe–XXe siècles*. Paris: Indes Savantes, 2016. 86p. €15.00.

Cochet, François. *Les Français en guerres: Des hommes, des discours, des combats; De 1870 à nos jours*. Paris: Perrin, 2017. 541p. €25.00.

Colin, Claudine. *E cosi la vie: D'Italie aux Vosges; Une histoire d'immigrés*. Haroué: Louis, 2016. 303p. €24.00.

Colle, Michel. *Pierre Guérin: Une surprenante carrière de chirurgien (1740–1827)*. Bordeaux: Dossiers d'Aquitaine, 2017. 96p. €15.00.

Colleu, Jacqueline. *Les Vendéens au Canada: Une épopée migratoire, 1880–1920*. La Roche-sur-Yon: Centre Vendéen de Recherches Historiques, 2016. 374p. €28.00.

Communauté de Communes de l'Ile de Ré, Service du Patrimoine. *La défense militaire sur l'île de Ré: Du Moyen Age à la Seconde Guerre mondiale*. Saint-Martin-de-Ré: Communauté de Communes de l'Ile de Ré, 2016. 147p. €15.00.

Conan, Fabrice. *Les plaisirs enchantés de Louis XIV: Et autres fêtes inoubliables de l'histoire*. Gennevilliers: Prisma, 2016. 249p. €15.00.

Condette, Jean-François. *Les personnels d'inspection. Contrôler, évaluer, conseiller les enseignants; Retour sur une histoire; France-Europe (XVIIe–XXe siècles)*. Rennes: Presses Universitaires de Rennes, 2017. 370p. €25.00.

Coppier, Julien, and Hélène Maurin. *Aux sources de l'histoire des châteaux: Actes de la journée d'étude d'Annecy (11 décembre 2015)*. Cinisello Balsamo: Silvana, 2016. 112p. €15.00.

Cornette, Joël, and Anne-Marie Helvétius. *La mort des rois: De Sigismond (523) à Louis XIV (1715)*. Saint-Denis: Presses Universitaires de Vincennes, 2017. 318p. €21.00.

Cosquer, Aline. *Penmarc'h, histoire maritime du 14e au 18e siècle*. Plobannalec-Lesconil: Vivre Tout Simplement, 2017. 152p. €14.00.

Cottret, Monique, and Caroline Galland, eds. *Peurs, rumeurs et calomnies*. Paris: Kimé, 2017. 450p. €35.00.

Cousseau, Vincent, Florent Gabaude, and Aline Le Berre, eds. *Jeanne politique: La réception du mythe de Voltaire au Femen: "La pitié qu'il y avait au royaume de France."* Limoges: Presses Universitaires de Limoges, 2017. 311p. €22.00.

Crapez, Marc. *Antagonismes français*. Paris: Cerf, 2017. 444p. €29.00.

Debbech, Ons. *Les voyageurs tunisiens en France au XIXe siècle*. Paris: Harmattan, 2017. 214p. €22.00.

Debré, Jean-Louis. *Dictionnaire amoureux de la République*. Paris: Plon, 2017. 717p. €25.00.

Decherf, Jean-Baptiste. *Le grand homme et son pouvoir: Histoire d'un imaginaire de Napoléon à de Gaulle*. La Tour-d'Aigue: Aube, 2017. 283p. €24.00.

Deloche, Esther. *Le diocèse d'Annecy de la séparation à Vatican II, 1905–1962*. Annecy: Académie Salésienne, 2017. 687p. €44.20.

Demouy, Patrick. *Le sacre du roi: Histoire, symbolique, cérémonial.* Strasbourg: Nuée Bleue, 2016. 287p. €45.00.

Denis, Sylvie. *Delmas-Vieljeux: L'histoire d'une compagnie maritime rochelaise.* La Crèche: Geste, 2016. 239p. €30.00.

Dequeker-Fergon, Jean-Michel. *Une histoire de France.* Toulouse: Pérégrinateur, 2016. 543p. €24.00.

Dermenjian, Geneviève, Renée Dray-Bensousan, Hélène Echinard, and Eliane Richard, eds. *Femmes à Marseille: Histoire, féminisme, politique.* Marseille: Gaussen, 2016. 204p. €20.00.

Desachy, Sylvie, Régine Mazauric, Annie Parmentier, and Céline Dehondt. *Hérault, 2000 ans d'histoire.* Terssac: Autre Reg'art, 2016. 195p. €27.00.

Dupaigne, Bernard. *Histoire du Musée de l'Homme: De la naissance à la maturité (1880–1972).* Paris: Sépia, 2016. 372p. €20.00.

Duquesnoy, Jean-Paul. *Atlas historique des diocèses en France.* Paris: Archives et Culture, 2017. 96p. €15.00.

Duraffour, Annick, and Pierre-André Taguieff. *Céline, la race, le juif: Légende littéraire et vérité historique.* Paris: Fayard, 2017. 1,174p. €35.00.

Dusser, Alain. *Promenade biographique et héraldique à travers Paris.* Vols. 1–3. Paris: Christian, 2016. 401p, €30.00; 444p, €30.00; 83p, €20.00.

Epron, Aurélie. *Bretagne: Migrations et identités.* Rennes: Presses Universitaires de Rennes, 2017. 386p. €26.00.

Etienne, Guillaume, ed. *Histoires de migrations: Intimités et espaces publics.* Tours: Presses Universitaires François Rabelais, 2017. 228p. €19.00.

Faget, Daniel. *L'écaille et le banc: Ressources de la mer dans la méditerranée moderne, XVIe–XVIIIe siècle.* Marseille: Presses Universitaires de Provence, 2017. 340p. €25.00.

Figeac, Michel, and Christophe Bouneau. *Circulation, métissage et culture matérielle (XVIe–XXe siècles).* Paris: Classiques Garnier, 2017. 619p. €57.00.

Fondation OPEJ. *De l'œuvre de protection des enfants juifs à la Fondation OPEJ–Baron Edmond de Rothschild: Accueillir l'autre.* Paris: Fondation OPEJ–Baron Edmond de Rothschild, 2015. 253p. €35.00.

Forget, Philippe. *Labeur, conscience et vérité: Alfred Leroux (1855–1921), archiviste et historien protestant.* Limoges: Presses Universitaires de Limoges, 2017. 374p. €29.00.

Foucault, Bernard. *Histoire des sous-marins en Bretagne: Des premières inventions du XVIIe siècle aux sous-marins nucléaires.* Saint-Malo: Christel, 2016. 215p. €26.00.

Fuligni, Bruno. *Histoire amusée des promesses électorales: De 1848 à nos jours.* Paris: Taillandier, 2017. 283p. €19.90.

Galbert, Geoffroy de. *Les Galbert: Une famille dauphinoise du XIVe au XXe siècle.* Paris: Galbert, 2016. 530p. €40.00.

Gavignaud-Fontaine, Geneviève. *Corps intermédiaires: Marchands et vignerons en Languedoc, 1704–1939.* Perpignan: Presses Universitaires de Perpignan, 2016. 159p. €18.00.

Georget, Jean-Louis, Gaëlle Frédérique Hallair, and Bernhard Tschofen. *Saisir le terrain ou l'invention des sciences empiriques en Allemagne et en France.* Villeneuve-d'Ascq: Presses Universitaires du Septentrion, 2017. 272p. €26.00.

Gervasoni, Marco. *La Francia in nero: Storia dell'estrema destra dalla Rivoluzione a Marine Le Pen.* Venice: Marsilio, 2017. 288p. €17.50.

Gherardi, Eugène F.-X. *En semant ses bienfaits dans le cœur des enfants: Regards sur l'éducation en Corse, fin XVIIIe–XIXe siècle.* Ajaccio: Albiana, 2017. 350p. €19.00.

Giblin-Delvallet, Béatrice. *Le paradoxe français: Entre fierté nationale et hantise du déclin.* Paris: Colin, 2017. 204p. €19.90.

Gillard, Lucien. *L'Union latine, une expérience de souverainetés monétaires partagées (1865–1926).* Paris: Classiques Garnier, 2017. 372p. €49.00.

Glasson, Denis. *Les dames des Ponts et Chaussées.* Paris: Harmattan, 2017. 199p. €21.00.

Glineur, Cédric. *Histoire des institutions administratives, Xe–XIXe siècle.* Paris: Economica, 2017. 696p. €59.00.

Grégory, Marie-Ange. *Les départements, une controverse française.* Boulogne-Billancourt: Berger-Levrault, 2017. 382p. €39.00.

Gruaz, Laurent. *Les officiers français des zouaves pontificaux: Histoire et devenir entre XIXe et XXe siècle.* Paris: Champion, 2017. 715p. €110.00.

Gueniffey, Patrice. *Napoléon et de Gaulle: Deux héros français.* Paris: Perrin, 2017. 414p. €21.00.

Hartog, François. *La nation, la religion, l'avenir: Sur les traces d'Ernest Renan.* Paris: Gallimard, 2017. 156p. €16.00.

Henri, Brigitte. *Histoire secrète des RG.* Paris: Flammarion, 2017. 550p. €23.00.

Hewitt, Nicholas. *Montmartre: A Cultural History.* Liverpool: Liverpool University Press, 2017. 319p. £85.00.

Hildesheimer, Françoise. *Rendez à César: L'Eglise et le pouvoir, IVe–XVIIIe siècle.* Paris: Flammarion, 2017. 391p. €24.00.

Hindi, Youssef. *La mystique de la laïcité: Généalogie de la religion républicaine de Junius Frey à Vincent Peillon.* Alfortville: SIGEST, 2017. 124p. €15.00.

Houvenaghel, Françoise. *Le château de Chinon au fil du temps: Du Ve au XVIIIe siècle.* Chinon: Anovi, 2016. 206p. €16.00.

Jeanneney, Jean-Noël, and Christian Amalvi. *Le récit national: Une querelle française.* Paris: Fayard, 2017. 393p. €19.00.

Jesné, Fabrice, ed. *Les consuls, agents de la présence française dans le monde, XVIIIe–XIXe siècles.* Rennes: Presses Universitaires de Rennes, 2017. 184p. €19.00.

Jourdain, Philippe. *L'ordre de Saint-Lazare, une chevalerie orléanaise.* Châteauneuf-sur-Loire: Jeu de l'Oie, 2017. 138p. €20.00.

Journées d'Etudes Vosgiennes. *Saint-Dié-des-Vosges et la Déodatie: Patrimoine, société et paysage.* Saint-Dié-des-Vosges: Société Philomatique Vosgienne, 2016. 512p. €29.00.

Kerbrat-Orecchioni, Catherine. *Les débats de l'entre-deux-tours des élections présidentielles françaises: Constantes et évolutions d'un genre.* Paris: Harmattan, 2017. 367p. €29.00.

Khosrokhavar, Farhad, and Michel Wieviorka. *Les juifs, les musulmans et la République.* Paris: Laffont, 2017. 221p. €18.00.

Krapoth, Stéphanie. *Les relations franco-allemandes en perspective: Sources, methodes et temporalités pour une approche des représentations depuis 1870.* Besançon: Presses Universitaires de Franche-Comté, 2017. 458p. €26.00.

Krempper, Michel. *Rot un wiss: Histoire politique du drapeau alsacien.* Fouesnant: Yoran, 2016. 223p. €17.00.

Laissus, Yves. *Pierre-Simon Girard: Ingénieur de Napoléon; Des eaux du Nil au canal de l'Ourcq.* Paris: Presses de l'Ecole Nationale des Ponts et Chaussées, 2017. 574p. €90.00.

Lecoutre, Matthieu. *Le goût de l'ivresse: Boire en France depuis le Moyen Age (Ve–XXIe–siècle).* Paris: Belin, 2017. 464p. €23.00.

Le Gall, Laurent. *A voté: Une histoire de l'élection.* Paris: Anamosa, 2017. 367p. €19.00.

Le Roux, Nicolas, and Martin Wrede, eds. *Noblesse oblige: Identités et engagements aristocratiques à l'époque moderne.* Rennes: Presses Universitaires de Rennes, 2017. 198p. €20.00.

Leroux, Robert. *History and Sociology in France: From Scientific History to the Durkheimian School*. New York: Routledge, 2018. 178p. $149.95.

Lestringant, Frank. *Le théâtre de la Floride: Autour de la "Brève narration des événements qui arrivèrent aux Français en Floride, province d'Amérique," de Jacques Le Moyne de Morgues (1591)*. Paris: Presses de l'Université Paris–Sorbonne, 2017. 280p. €35.00.

Magnot-Ogilvy, Florence. *"Gagnons sans savoir comment": Représentations du système de Law du XVIIIe siècle à nos jours*. Rennes: Presses Universitaires de Rennes, 2017. 383p. €24.00.

Mandon, Guy. *Un prêtre résistant: Georges Rocal, 1881–1967; Historien du Périgord et Juste parmi les nations*. Couze-et-Saint-Front: Secrets de Pays, 2016. 207p. €20.00.

Marco, Luc, and Stefka Mihaylova. *The Organization of Work in France: An Economic Debate, 1791–1850*. Saint-Denis: Edi-gestion, 2015. 186p. €28.00.

Martinière, Guy. *Les voyageurs charentais et la redécouverte des Amériques (XVIIIe–XIXe siècles)*. Paris: Indes Savantes, 2016. 169p. €26.00.

Mension-Rigau, Eric. *Les Rohan: Histoire d'une grande famille*. Paris: Perrin, 2017. 319p. €22.00.

Monnier, Jehanne-Emmanuelle. *Profession explorateur: Alfred Grandidier, 1836–1921*. Rennes: Presses Universitaires de Rennes, 2017. 257p. €20.00.

Morvan, Frédéric. *Bretagne, l'histoire confisquée*. Paris: Cherche Midi, 2017. 283p. €22.00.

Mourlane, Stéphane, Dominique Païni, and Isabelle Antonutti, eds. *Ciao Italia! Un siècle d'immigration et culture italiennes en France*. Paris: Martinière, 2017. 191p. €25.00.

O'Dwyer, Graham. *Charles de Gaulle, the International System, and the Existential Difference*. New York: Routledge, 2017. 208p. $149.95.

Ogé, Frédéric. *Eléments pour servir à l'histoire et à la géographie industrielles du Languedoc-Roussillon: Du début XIXe siècle à nos jours; Départements de l'Aude, du Gard, de l'Hérault, de la Lozère et des Pyrénées-Orientales*. Paris: Centre National de la Recherche Scientifique, 2016. 385p. €10.00.

Ollion, Etienne. *Raison d'état: Histoire de la lutte contre les sectes en France*. Paris: Découverte, 2017. 271p. €19.00.

Pébay, Isabelle, ed. *Régicides en France et en Europe (XVIe–XIXe siècles): Actes du colloque international organisé à Pau les 17, 18 et 19 juin 2010 par la Société Henri IV, le Musée national du château de Pau et l'Université de Pau et des Pays de l'Adour—ITEM*. Geneva: Droz, 2017. 570p. €50.00.

Pelletier, André, ed. *Femmes de Lyon*. Lyon: Lyonnaises d'Art et d'Histoire, 2016. 213p. €34.00.

Pesteil, Philippe. *Les productions alimentaires en Corse, 1769–1852*. Ajaccio: Piazzola, 2017. 331p. €15.00.

Phillips, Roderick. *French Wine: A History*. Berkeley: University of California Press, 2016. 331p. $34.95.

Pierre, Michel. *Le temps des bagnes, 1748–1953*. Paris: Taillandier, 2017. 528p. €23.90.

Pion, Luce, and Renée Bonnet. *Un village saintongeais: Saint-Michel (de la Nuelle); La mémoire retrouvée*. Pont-l'Abbé-d'Arnoult: Stauder, 2016. 392p. €25.00.

Poirier, Jacques, and Christian Derouesné. *L'éducation médicale en France, de la Révolution à nos jours*. Paris: Hermann, 2017. 384p. €28.00.

Potin, Yann, Isabelle Chave, Sophie Cœuré, and Gilles Désiré dit Gosset, eds. *Une expérience du chaos: Destructions, spoliations et sauvetages d'archives, 1789–1945*. Rennes: Presses Universitaires de Rennes, 2017. 161p. €29.00.

Rascle, Paul. *La grande histoire de l'infanterie francaise: Des origines à nos jours*. Toulouse: Privat, 2016. 441p. €39.00.

Rendu, Christine, Carine Calastrenc, Mélanie Le Couédic, and Anne Berdoy, eds. *Estives d'Ossau: Sept mille ans de pastoralisme dans les Pyrénées*. Toulouse: Pas d'Oiseau, 2016. 279p. €32.00.

Résal, Jacques, and Pierre Allorant, eds. *La demeure de l'ambition: L'ascension d'une famille bourgeoise vue à travers les lettres des femmes (1814–1914)*. Limoges: Presses Universitaires de Limoges, 2017. 445p. €26.00.

Reznik-Elgrably, Jacqueline. *Réveil tardif d'une enfant cachée*. Paris: Manuscrit, 2017. 232p. €23.00.

Richard, Gilles, and Olivier Wieviorka. *Histoire des droites en France: De 1815 à nos jours*. Paris: Perrin, 2017. 634p. €27.00.

Rioux, Jean-Pierre. *Ils m'ont appris l'histoire de France*. Paris: Jacob, 2017. 343p. €26.90.

Rizzo, Jean-Louis, and Jacques Toubon. *Les élections présidentielles en France depuis 1848*. Paris: Glyphe, 2017. 248p. €15.00.

Roux, Jean-Victor. *La table: Une affaire d'Etat*. Paris: Cerf, 2017. 256p. €19.00.

Royal, Benoit. *The Use of Artillery in Counterinsurgency Operations: The French Experience*. Paris: Economica, 2016. 133p. €15.00.

Sage Pranchère, Nathalie. *L'école des sages-femmes: Naissance d'un corps professionnel, 1786–1917*. Tours: Presses Universitaires François Rabelais, 2017. 456p. €24.00.

Salini, Patrice. *Histoire de la politique des transports terrestres de marchandises en France depuis le milieu du XIXe siècle*. Paris: Harmattan, 2017. 446p. €39.00.

Sangla, Marie-Hélène. *L'invention d'une Méditerranée, patrimoine, création, identité en Roussillon de la fin du XVIIIe siècle à l'entre-deux guerres*. Perpignan: Presses Universitaires de Perpignan, 2017. 383p. €28.00.

Saunier, Eric, and John Barzman, eds. *Histoire du Havre*. Toulouse: Privat, 2017. 429p. €32.00.

Schmaltz, Louis. *Carnet de voyage et destin d'une famille rescapée du naufrage de la frégate* La Méduse, *1771–1827: Mascareignes, Insulinde, Inde, Antilles, Sénagal, Mexique, Turquie*. Colmar: Bentzinger, 2017. 349p. €28.00.

Schneckenburger, Patrick. *Marie-Joseph Bonnat: L'aventurier (1844–1881)*. Paris: Harmattan, 2016. 471p. €42.00.

Schweitzer, Sylvie. *Les inspectrices du travail, 1878–1974: Le genre de la fonction publique*. Rennes: Presses Universitaires de Rennes, 2017. 270p. €18.00.

Sénépart, Ingrid. *Aux portes de la ville: La manufacture royale des poudres et salpêtre de Marseille et le quartier Bernard-du-Bois; Genèse d'un quartier artisanal*. Aix-en-Provence (Bouches-du-Rhône): Centre Camille-Jullian, 2016. 227p. €39.00.

Shurts, Sarah. *Resentment and Right: French Intellectual Identity Reimagined, 1898-2000*. Newark: University of Delaware Press, 2017. 350p. $88.00.

Sild, Nicolas. *Le gallicanisme et la construction de l'Etat (1563–1905)*. Bayonne: Institut Universitaire Varenne, 2016. 572p. €45.00.

Société Archéologique d'Eure-et-Loir. *La grande fonderie: Une histoire chartraine, 1836–1969*. Chartres: Société Archéologique d'Eure-et-Loir, 2016. 326p. €43.00.

Stora, Benjamin, Smaïn Laacher, Geneviève Jacques, and Jacques Toubon. *Mouvements migratoires, une histoire française*. Lausanne: Age d'Homme, 2016. 138p. €16.00.

Tardieu, Christophe. *La dette de Louis XV: Le Québec, la France et de Gaulle*. Paris: Cerf, 2017. 365p. €20.00.

Tilbian, Samuel. *De l'Ararat à Charvieu sans retour possible: Histoire des Arméniens du bassin industriel de Charvieu-Pont-de-Chéruy.* Charvieu-Chavagneux: Maison de la Culture Arménienne Monte, 2016. 266p. €25.00.

Tipei, Alex R. "For Your Civilization and Ours: Greece, Romania, and the Making of French Universalism." PhD diss., Indiana University, 2016.

Tsikounas, Myriam. *La caméra explore le crime: Les causes célèbres du XIXe siècle à la télévision.* Rennes: Presses Universitaires de Rennes, 2017. 286p. €22.00.

Volovitch-Tavares, Marie-Christine. *Cent ans d'histoire des Portugais en France.* Neuilly-sur-Seine: Lafon, 2016. 190p. €29.00.

Wahnich, Sophie. *Le radeau démocratique: Chroniques des temps incertains.* Paris: Lignes, 2017. 318p. €21.00.

Winock, Michel. *La France républicaine: Histoire politique, XIXe–XXIe siècle.* Paris: Laffont, 2017. 1,273p. €32.00.

Middle Ages and Renaissance

Alazard, Florence. *La bataille oubliée: Agnadel, 1509; Louis XII contre les Vénitiens.* Rennes: Presses Universitaires de Rennes, 2017. 314p. €24.00.

Angotti, Claire, Gilbert Fournier, and Donatella Nebbiai. *Les livres des maîtres de Sorbonne: Histoire et rayonnement du collège et de ses bibliothèques du XIIIe siècle à la Renaissance.* Paris: Publications de la Sorbonne, 2017. 376p. €30.00.

Aurell, Martin. *The Lettered Knight: Knowledge and Aristocratic Behavior in the Twelfth and Thirteenth Centuries.* New York: Central European University Press, 2016. 460p. $56.00.

Blanchard, Joël, and Renate Blumenfeld-Kosinski, eds. *Philippe de Mézières et l'Europe: Nouvelle histoire, nouveaux espaces, nouveaux langages.* Geneva: Droz, 2017. 327p. €44.00.

Borgnat, Damien. *Amours et plaisirs dans le Dijon du XVe siècle.* Dijon: Editions Universitaires de Dijon, 2016. 140p. €12.00.

Brunel, Ghislain, and Romain Tardy. *Documents médiévaux des Archives de Paris (1112–1592): Paris, l'Eglise et le roi; Un siècle d'acquisitions de documents médiévaux (1892–1992).* Paris: Archives de Paris, 2016. 558p. €37.00.

Castelnuovo, Guido. *L'histoire à la source: Acter, compter, enregistrer (Catalogne, Savoie, Italie, XIIè–XVè siècle); Mélanges offerts à Christian Guilleré.* Chambéry: Université de Savoie, 2017. 538p. €23.00.

Cazilhac, Jean-Marc. *Le Douaire des reines de France à la fin du Moyen Age.* Paris: Harmattan, 2017. 346p. €36.00.

Crépin, Denis. *Les frères Prêcheurs et le catharisme albigeois: De saint Dominique à Bernard Gui.* Paris: Geunther, 2017. 261p. €32.00.

D'Amico, Silvia, and Catherine Magnien-Simonin. *Gabriele Simeoni (1509–1570?): Un Florentin en France entre princes et libraires.* Geneva: Droz, 2016. 639p. €83.00.

Del Franco, Giovanni-Michel. *Charles VI le bien-aimé ou la passion du roi.* Andrésy: Chant des Hommes, 2017. 243p. €18.00.

Destemberg, Antoine, and Fabrice Legoff. *Atlas de la France médiévale: Hommes, pouvoirs et espaces, du Ve au XVe siècle.* Paris: Autrement, 2017. 95p. €24.00.

Dupont-Pierrart, Nicole. *Claire de Gonzague comtesse de Bourbon-Montpensier (1464–1503): Une princesse italienne à la cour de France.* Villeneuve-d'Ascq: Presses Universitaires du Septentrion, 2017. 339p. €29.00.

Durel, Elie. *Yolande d'Aragon: La reine qui guida la Pucelle; Récit biographique.* Haute-Goulaine: Opéra, 2016. 333p. €22.00.

Farmer, Sharon A. *The Silk Industries of Medieval Paris: Artisanal Migration, Technological Innovation, and Gendered Experience.* Philadelphia: University of Pennsylvania Press, 2017. 354p. $69.95.

Faü, Jean-François. *Inventaire raisonné des inscriptions coufiques dans le sud de la France, VIIIe–XIIIe siècles.* Paris: Geuthner, 2017. 58p. €17.00.

Frizet, Yannick. *Munificence et stratégie de Louis XI en Midi provençal.* Aix-en-Provence: Presses Universitaires de Provence, 2017. 598p. €29.00.

Gallo, Alexandra. *Sisteron au Moyen Age: Un atelier de la démocratie, XIIIe–XIVe siècles.* Paris: Editions du Comité des Travaux Historiques et Scientifiques, 2016. 312p. €28.00.

Gourdou, Jean-François. *Le professeur Augier Ferrier et la reine Catherine de Médicis.* Paris: Honoré, 2016. 416p. €20.00.

Graff, Jean-Luc. *Brunehaut, reine franque.* Saint-Denis: Edilivre, 2015. 200p. €17.00.

Grosjean, Alexandre. *Toison d'or et sa plume: La chronique de Jean Lefèvre de Saint-Rémy.* Turnhout: Brepols, 2017. 390p. €90.00.

Groupe Archéologique de Carpentras et Sa Région. *Venasque: Archéologie et histoire.* Carpentras: Groupe Archéologique de Carpentras et Sa Région, 2016. 304p. €22.00.

Guittonneau, Pierre-Henri. *Dans l'ombre de la capitale: Les petites villes sur l'eau et Paris au XVe siècle.* Paris: Classiques Garnier, 2016. 829p. €64.00.

Hanley, Catherine. *Louis: The French Prince Who Invaded England.* New Haven, CT: Yale University Press, 2016. 279p. $40.00.

Iancu, Danièle. *Régine-Catherine et Bonet de Lattes: Biographie croisée, 1460–1530; Draguignan—Aix-en-Provence—Rome.* Paris: Cerf, 2017. 247p. €24.00.

Jacquin, Gérard, Louis Halphen, and René Poupardin, eds. *Chronique des comtes d'Anjou.* Rennes: Presses Universitaires de Rennes, 2017. 132p. €20.00.

Jean-Courret, Ezéchiel. *Le bazar de l'hôtel de ville: Attributs matériels du gouvernement urbain dans le Midi médiéval, XIIe–XVe siècle.* Pessac: Ausonius, 2017. 284p. €25.00.

Jones, Andrew Willard. *Before Church and State: A Study of Social Order in the Sacramental Kingdom of St. Louis IX.* Steubenville, OH: Emmaus, 2017. 492p. $39.95.

Jones, Michael, Philippe Charon, and Yves Coativy. *Comptes du duché de Bretagne: Les comptes, inventaires et exécution des testaments ducaux, 1262–1352.* Rennes: Presses Universitaires de Rennes, 2017. 501p. €39.00.

Lachaud, Fabrice. *Le lignage en question: Femmes, alliances et filiations chez les Craon; Du XIe siècle à 1373.* Bordeaux: Ausonius, 2017. 557p. €30.00.

Lahlou, Josiane. *Jeanne II de France: Dépossédée de la couronne de France.* Chauvigny: Pictavien, 2016. 78p. €12.00.

Le Fur, Didier. *Diane de Poitiers.* Paris: Perrin, 2017. 381p. €21.00.

Lorans, Elisabeth, ed. *Le cheval au Moyen Age.* Tours: Presses Universitaires François Rabelais, 2017. 450p. €25.00.

Luna, Evane. *Les trois épouses du roi Robert II le Pieux: Suzanne, Berthe et Constance.* Moulins: Raison et Religion, 2017. 207p. €17.00.

Lynch, Sarah B. *Elementary and Grammar Education in Late Medieval France: Lyon, 1285–1530.* Amsterdam: Amsterdam University Press, 2017. 224p. $109.00.

Macault, Jean-Louis. *L'histoire de Antoine Macault: Maistre Anthoine Macault, notaire, secrétaire et valet de chambre ordinaire du roy.* Cogolin: Cogobur, 2016. 87p. €20.00.

Minois, Georges. *Richard Cœur de Lion*. Paris: Perrin, 2017. 404p. €24.00.

Morel, Patrice. *Récits des Francs occidentaux: Le règne des successeurs de Charlemagne dans les textes d'histoire médiévale du IXème siècle*. Carnac: Menhir, 2016. 430p. €25.00.

Morsel, Joseph. *Noblesse, parenté et reproduction sociale à la fin du Moyen Age*. Paris: Picard, 2017. 158p. €29.00.

Murphy, Neil. *Ceremonial Entries, Municipal Liberties, and the Negotiation of Power in Valois France, 1328–1589*. Leiden: Brill, 2016. 291p. €130.00.

Pélissier, Edouard. *Ambroise Paré: Chirurgien des soldats et des rois, 1510–1590*. Paris: Harmattan, 2017. 171p. €19.00.

Pépin, Guilhem, ed. *Anglo-Gascon Aquitaine: Problems and Perspectives*. Woodbridge: Boydell, 2017. 214p. $99.00.

Péquignot, Stéphane, and Jean-Marie Moeglin. *Diplomatie et "relations internationales" au Moyen Age, IXe–XVe siècle*. Paris: Presses Universitaires de France, 2017. 1,105p. €42.00.

Petey-Girard, Bruno, Gilles Polizzi, and Trung Tran, eds. *François Ier imaginé: Actes du colloque de Paris organisé par l'Association Renaissance-Humanisme-Réforme et par la Société Française d'Etude du Seizième Siècle, Paris, 9–11 avril 2015*. Geneva: Droz, 2017. 489p. €48.00.

Pezé, Warren. *Le virus de l'erreur: La controverse carolingienne sur la double prédestination; Essai d'histoire sociale*. Turnhout: Brepols, 2017. 565p. €98.00.

Phillips, Jenna Rebecca. "Sound, Violence, and the Period Ear in Thirteenth-Century France." PhD diss., Princeton University, 2016.

Porthe, Rainbow Aline. "Planctus Provinciae: Arts of Mourning in Fifteenth-Century Provence." PhD diss., University of Chicago, 2016.

Renault, Jean-Baptiste. *Originaux et cartulaires dans la Lorraine médiévale (XIIe– XVIe siècles): Recueil d'études*. Turnhout: Brepols, 2016. 245p. €83.00.

Sibon, Juliette. *Les Juifs aux temps de saint Louis*. Paris: Michel, 2017.164p. €8.90.

Simmer, Alain. *Aux sources du germanisme mosellan: La fin du mythe de la colonisation franque*. Metz: Paraiges, 2015. 397p. €29.00.

Vaillancourt, Luc. *"Des bruits courent": Rumeurs et propagande au temps des Valois*. Paris: Hermann, 2017. 264p. €28.00.

Vallery-Radot, Sophie. *Les Français au concile de Constance (1414–1418): Entre résolution du schisme et construction d'une identité nationale*. Turnhout: Brepols, 2016. 629p. €103.00.

Wilsdorf, Christian. *Le Terrier du Comté de Ferrette (vers 1324–vers 1340): Un complément inédit au "Habsburgisches Urbar."* Altkirch: Société d'Histoire du Sundgau, 2016. 96p. €20.00.

1550–1770

Amis de Saint-Trophime, and Académie d'Arles. *Gaspard du Laurens, archevêque arlésien, 1603–1630: La ville d'Arles au début du XVIIe siècle: Actes du colloque . . . le 3 octobre 2015 à Arles*. Arles: Société des Amis du Vieil Arles, 2016. 120p. €20.00.

Aubé, Jean-Paul. *Toul, la petite évêchoise: Une ville de Lorraine à la fin de l'Ancien Régime*. Metz: Paraiges, 2015. 179p. €15.00.

Baziou, Jean-Yves. *La fraternité à l'épreuve de la déportation*. Roubaix: Geai Bleu, 2017. 293p. €24.00.

Bernard, Jean-Pierre. *Au cœur du pouvoir: L'influence de la duchesse de Polignac et de ses proches dans les cercles du pouvoir durant le règne de Louis XVI (1775–1789) au travers des écrits de leurs contemporains et des analyses des historiens.* Nice: Bernard, 2016. 200p. €25.00.

Blanquie, Christophe. *La faute à Hippocrate! Autoportrait de Bussy-Rabutin en malade.* Paris: Harmattan, 2016. 139p. €15.00.

Bodinier, Gilbert. *Dictionnaire des officiers généraux de l'Armée royale, 1763–1792: Enrichi des notices biographiques des brigadiers de cavalerie et de dragons nommés après 1715.* Vol. 4. Paris: Archives et Culture, 2016. 751p. €49.00.

Bois, Jean-Pierre. *L'abbé de Saint-Pierre: Entre classicisme et Lumières.* Ceyzérieu: Champ Vallon, 2017. 360p. €27.00.

Brassart, Jacqueline. *Le renouveau de l'abbaye de Corbie: Au temps des mauristes, XVIIe et XVIIIe siècles.* Amiens: Encrage, 2016. 398p. €35.00.

Broche, François, and Jean-François Muracciole. *Histoire de la collaboration, 1940–1945.* Paris: Taillandier, 2017. 619p. €27.00.

Brunet, Serge, ed. *La Sainte Union des catholiques de France et la fin des guerres de Religion (1585–1629).* Paris: Classiques Garnier, 2016. 525p. €54.00.

Buttoud, Gérard. *Il s'appelait Poivre: Un chasseur d'épices dans la mer des Indes, 1750–1772.* Paris: Harmattan, 2016. 189p. €18.00.

Caude, Elisabeth, Jérôme de La Gorce, and Béatrix Saule, eds. *Fêtes et divertissements à la cour.* Paris: Gallimard, 2016. 390p. €49.00.

Chapy, Aubrée. *Anne de France, Louise de Savoie, inventions d'un pouvoir au féminin.* Paris: Classiques Garnier, 2017. 794p. €69.00.

Chollet, Mathilde. *Etre et savoir: Une ambition de femme au siècle des Lumières.* Rennes: Presses Universitaires de Rennes, 2016. 300p. €22.00.

Colbert, Jean Baptiste. *Correspondance et papiers d'Etat.* Vol. 4. Clermont-Ferrand: Paleo, 2016. 370p. €50.00.

Conchon, Anne, Hélène Noizet, and Michel Ollion, eds. *Les limites de Paris, XIIe–XVIIIe siècles.* Villeneuve-d'Ascq: Presses Universitaires du Septentrion, 2017. 152p. €20.00.

Coram-Mekkey, Sandra, and Matthieu de La Corbière. *Entre Rhône et Mont-Blanc au XVIe siècle: Inspections dans l'apanage de Genevois-Nemours de 1553 à 1572.* Annecy: Académie Salésienne, 2015. 281p. €33.00.

Corfield, P. J., and Leonie Hannan. *Hats Off, Gentlemen! Changing Arts of Communication in the Eighteenth Century.* Paris: Champion, 2017. 345p. €65.00.

Craveri, Benedetta. *Gli ultimi libertini.* Milan: Adelphi, 2016. 620p. €27.00.

Cresp, Antoine. *Histoire et belles-lettres à Grasse au XVIIIe siècle: Les manuscrits du père Cresp, dominicain.* Ed. Gilles Sinicropi. Nice: Serre, 2016. 362p. €25.00.

Cronk, Nicholas. *Voltaire: A Very Short Introduction.* Oxford: Oxford University Press, 2017. 151p. $11.95.

Delobette, Laurence, and Paul Delsalle, eds. *Champlitte, place forte du comté de Bourgogne, XIIIe–XVIIe siècles: Actes de la journée d'étude.* Vy-lès-Filain: Franche-Bourgogne, 2016. 266p. €25.00.

Delsaerdt, Pierre, and Yann Sordet, eds. *Lectures princières et commerce du livre: La bibliothèque de Charles III de Croÿ et sa mise en vente (1614).* 2 vols. Paris: Cendres, 2017. 127p, 137p. €120.00.

Deniel-Ternant, Myriam. *Ecclésiastiques en débauche, 1700–1790*. Ceyzérieu: Champ Vallon, 2017. 380p. €27.00.

Denton, Chad. *Decadence, Radicalism, and the Early Modern French Nobility: The Enlightened and Depraved*. Lanham, MD: Lexington, 2017. 159p. $64.00.

Desplat, Christian. *La monnaie en Béarn: Quand on battait monnaie à Pau; Monnaies et économie monétaire, monétarisation de la société dans le ressort du parlement de Navarre (XVIe–XVIIIe siècles)*. Orthez: Rabier, 2017. 117p. €19.00.

Dion, Laetitia, Adeline Gargam, Nathalie Grande, and Marie-Elisabeth Henneau, eds. *Enfanter dans la France d'Ancien Régime*. Arras: Artois Presses Université, 2017. 228p. €18.00.

Dumont-Castagné, Véronique. *Fortunes des textiles dans la société méridionale des XVIIe et XVIIIe siècles: D'après les sources d'archives*. Paris: Connaissances et Savoirs, 2017. 536p. €40.00.

Evrard, Sébastien. *Le livre, le droit et le faux: Essai sur l'édition juridique et la contrefaçon au siècle des Lumières*. Paris: Harmattan, 2017. 289p. €26.00.

Fanlo, Jean-Raymond. *L'Evangile du démon: La possession diabolique d'Aix-en-Provence (1610–1611)*. Ceyzérieu: Champ Vallon, 2017. 329p. €27.00.

Fanlo, Jean-Raymond, Marino Lambiase, and Paul-Alexis Mellet. *Le réveille-matin des François*. Paris: Classiques Garnier, 2016. 561p. €49.00.

Farge, Arlette. *Paris au siècle des Lumières*. Paris: Robert, 2017. 239p. €12.00.

Forrestal, Alison. *Vincent De Paul, the Lazarist Mission, and French Catholic Reform*. Oxford: Oxford University Press, 2017. 336p. $135.00.

Forssberg, Anna Maria. *The Story of War: Church and Propaganda in France and Sweden, 1610–1710*. Lund: Nordic Academic Press, 2016. 287p. $49.95.

Fournier, Christian. *Etude sur Nicolas-Louis Le Dran, 1687–1774: Un témoin et historien des affaires étrangères aux temps de la Régence et du règne de Louis XV, 1715–1762*. La Celle-Saint-Cloud: LACF, 2015. 390p. €25.00.

Fournier-Plamondo, Anne-Sophie, and Andrée-Anne Plourde. *Argent, commerce et échange sous l'Ancien Régime: XIIe colloque des "Jeunes chercheurs" du Cercle interuniversitaire d'étude sur la République des lettres (CIERL)*. Paris: Hermann, 2016. 184p. €24.00.

Fulton, Robert. "Managing an Information Explosion: Civilian Administration and the Army of Louis XIV, 1661–1701." PhD diss., Northern Illinois University, 2016.

Gal, Stéphane, Mark Greengrass, and Thierry Rentet. *Bertrand de Gordes, lieutenant général du roi en Dauphiné: Correspondance reçue (1572)*. Fontaine: Presses Universitaires de Grenoble, 2017. 404p. €30.00.

Hamilton, Tom. *Pierre De L'Estoile and His World in the Wars of Religion*. Oxford: Oxford University Press, 2017. 272p. $97.50.

Hanafi, Nahema. *Le frisson et le baume: Expériences féminines du corps au siècle des Lumières*. Rennes: Presses Universitaires de Rennes, 2017. 339p. €24.00.

Jambon, Yannick. *Aux marges des villes modernes: Les faubourgs dans le royaume de France du XVIe au début du XIXe siècle*. Lyon: Presses Universitaires de Lyon, 2017. 387p. €22.00.

Jané, Oscar. *Louis XIV et la Catalogne: De la politique au sud de l'Europe au XVIIe siècle*. Perpignan: Presses Universitaires de Perpignan, 2017. 275p. €22.00.

Keller-Rahbé, Edwige, ed. *Privilèges de librairie en France et en Europe, XVIe–XVIIe siècles*. Paris: Classiques Garnier, 2017. 539p. €58.00.

Kiefer, Albert, and Jean-Michel Lang. *Vivre en Alsace bossue aux XVIIe et XVIIIe siècles*. Sarreguemines: Confluence, 2016. 246p. €30.00.

L'Aminot, Tanguy. *Bibliographie mondiale des écrits sur Jean-Jacques Rousseau, XVIIIe–XXIe siècle.* Vol. 1, *Sources et en amont.* Geneva: Slatkine, 2017. 330p. €75.00.

Lapointe, Julien. *Sous le ciel des Estatz: Les Etats généraux de Lorraine sous le règne personnel de Charles III (1559–1608).* Bayonne: Institut Universitaire Varenne, 2016. 504p. €45.00.

La Porte, Joseph de. *Le voyageur français sous Louis XV: Provence; A Avignon, ce 12 octobre 1759.* Nîmes: Lacour-Ollé, 2016. 402p. €11.00.

Latapie, François de Paule. *Ephémérides romaines: 24 mars–24 octobre 1775.* Ed. Gilles Montègre. Paris: Classiques Garnier, 2017. 576p. €49.00.

Lavigne, Jean. *La batellerie de Loire haute, du Gerbier de Jonc au Roannais, 1702–1764.* L'Etrat: Actes Graphiques, 2017. 192p. €28.00.

Le Page, Dominique. *De l'honneur et des épices: Les magistrats de la Chambre des comptes de Bretagne, XVIe–XVIIe siècles.* Rennes: Presses Universitaires de Rennes, 2016. 618p. €35.00.

Le Roy Ladurie, Emmanuel. *Brève histoire de l'Ancien Régime du XVe au XVIIIe siècle.* Paris: Fayard, 2017. 414p. €24.00.

Lignereux, Yann. *Les rois imaginaires: Une histoire visuelle de la monarchie de Charles VIII à Louis XIV.* Rennes: Presses Universitaires de Rennes, 2016. 370p. €24.00.

Llinares, Sylviane, and Jörg Ulbert, eds. *La Liasse et la plume: Les bureaux du secrétariat d'Etat de la Marine (1669–1792).* Rennes: Presses Universitaires de Rennes, 2017. 183p. €18.00.

Lloyd, Howell A. *Jean Bodin, "This Pre-eminent Man of France": An Intellectual Biography.* Oxford: Oxford University Press, 2017. 311p. $100.00.

Loir Chatel, Brigitte. *François René du Bec Crespin: Marquis de Vardes, 1621–1688.* Paris: Gésoriacum-Bononia, 2016. 219p. €20.00.

Marco, Luc, and Robert Noumen. *The First Business Plan in France of Prudent Le Choyselat, 1569–1612.* Saint-Denis: Edi-Gestion, 2015. 156p. €18.00.

Masseau, Didier. *Dictionnaire des anti-Lumières et des antiphilosophes (France, 1715–1815).* Paris: Champion, 2017. 1,605p. €250.00.

Masson, Rémi. *Défendre le roi: La maison militaire au XVIIe siècle.* Ceyzérieu: Champ Vallon, 2017. 415p. €28.00.

Mazliak, Paul. *Félix Vicq d'Azyr: Créateur révolutionnaire de l'anatomie comparée.* Paris: Hermann, 2017. 196p. €22.00.

McCormack, John W. "Wounded Faith: Monarchy and Memory in the French Wars of Religion, 1559–1629." PhD diss., University of Notre Dame, 2016.

Melani, Atto. *Gli intrighi dei cardinali e la potenza dello Spirito Santo: Svelati dall'abate Atto Melani, cantante castrato e spia al servizio del Re Sole nelle elezioni dei Papi.* Ed. Rita Monaldi and Francesco Sorti. Milan: Baldini e Castoldi, 2016. 127p. €5.00.

Mellot, Jean-Dominique, Marie-Claude Felton, Elisabeth Queval, Nathalie Aguirre, eds. *La police des métiers du livre a' Paris au siècle des Lumières: Historique des libraires et imprimeurs de Paris existans en 1752 de l'inspecteur Joseph D'Hémery.* Paris: Bibliothèque Nationale de France, 2017. 559p. €29.00.

Ménard, Pierre. *Le Français qui possédait l'Amérique: La vie extraordinaire d'Antoine Crozat, milliardaire sous Louis XIV.* Paris: Cherche Midi, 2017. 460p. €19.00.

Montenach, Anne. *Femmes, pouvoirs et contrebande dans les Alpes au XVIIIe siècle.* Fontaine: Presses Universitaires de Grenoble, 2017. 317p. €30.00.

Montferrand, Bernard de. *Vergennes: La gloire de Louis XVI.* Paris: Taillandier, 2017. 384p. €24.90.

Noël, Erick, ed. *Dictionnaire des gens de couleur dans la France moderne*. Vol. 3, *Le Midi: Entrée par année (fin XVIe siècle–1792)*. Geneva: Droz, 2017. 1,196p. €112.00.

N'Zouzi, Bernard. *Le catholicisme face au défi des mutations du monde moderne: Henri-Alexandre Chappoulie et les problèmes d'outre-mer, 1900–1959*. Paris: Harmattan, 2017. 225p. €23.00.

Orlyk, Grégoire, and Iryna Dmytrychyn. *Mémoires envoyés à la cour de France*. Paris: Harmattan, 2017. 300p. €31.00.

Perrault, Charles, and Hélène Delalex. *Le carrousel du Roi-Soleil*. 2 vols. Paris: Gallimard, 2016. 216p. €239.00.

Perréon, Stéphane. *Vauban: L'arpenteur du pré carré*. Paris: Ellipses, 2017. 527p. €26.00.

Pousse, Michel. *Le marquis de Bussy: L'Inde offerte à la France*. Paris: Harmattan, 2017. 258p. €27.00.

Preyat, Fabrice. *Femmes des anti-Lumières, femmes apologistes*. Brussels: Editions de l'Université de Bruxelles, 2016. 198p. €19.00.

Richard, Jean-Olivier. "The Art of Making Rain and Fair Weather: The Life and World System of Louis-Bertrand Castel, SJ (1688–1757)." PhD diss., Johns Hopkins University, 2016.

Richelieu, Armand Jean Du Plessis. *"La raison de guerre": Année 1635*. Ed. Marie-Catherine Vignal Souleyreau. Paris: Harmattan, 2016. 664p. €45.00.

Ritz-Guilbert, Anne. *La collection Gaignières: Un inventaire du royaume au XVIIe siècle*. Paris: Centre National de la Recherche Scientifique, 2016. 380p. €29.00.

Siess, Jürgen. *Vers un nouveau mode de relations entre les sexes: Six correspondances de femmes des Lumières*. Paris: Classiques Garnier, 2017. 176p. €27.00.

Smith, Blake. "Myths of Stasis: South Asia, Global Commerce, and Economic Orientalism in Late Eighteenth-Century France." PhD diss., Northwestern University, 2017.

Swann, Julian. *Exile, Imprisonment, or Death: The Politics of Disgrace in Bourbon France, 1610–1789*. Oxford: Oxford University Press, 2017. 560p. $115.00.

Ther, Géraldine. *Jeux de rôles et de pouvoirs: La représentation des femmes dans les factums, 1770–1789*. Dijon: Editions Universitaires de Dijon, 2017. 477p. €30.00.

Tocchini, Gerardo. *Arte e politica nella cultura dei Lumi: Diderot, Rousseau e la critica dell'antico regime artistico*. Rome: Carocci, 2016. 391p. €36.00.

Truxes, Thomas M. *Ireland, France, and the Atlantic in a Time of War: Reflections on the Bordeaux-Dublin Letters, 1757*. New York: Routledge, 2017. 280p. $149.95.

Tucker, Holly. *City of Light, City of Poison: Murder, Magic, and the First Police Chief of Paris*. New York: Norton, 2017. 336p. $26.95.

Vaghi, Massimiliano, and Bernard Gainot. *La France et l'Inde: Commerces et politique impériale au XVIIIe siècle*. Milan: Mimésis, 2016. 236p. €22.00.

Verba, Cynthia. *Music and the French Enlightenment: Rameau and the Philosophes in Dialogue*. Oxford: Oxford University Press, 2017. 196p. $55.00.

Vial, Annette. *Béatrix de Cusance et Charles IV de Lorraine: Les amants maudits*. Bière: Cabédita, 2016. 140p. €18.00.

Vo-Ha, Paul. *Rendre les armes: Le sort des vaincus (XVIe–XVIIe siècle)*. Ceyzérieu: Champ Vallon, 2017. 428p. €28.00.

Vosgien, Sébastien. *Gouverner le commerce au XVIIe siècle: Conseil et Bureau du commerce*. Paris: Comité pour l'Histoire Economique et Financière de la France, 2017. 544p. €39.00.

Vouhé, Grégory. *Oiron au temps de madame de Montespan et du duc d'Antin: Le recueil des vues, plans et cartes du château et de la seigneurie d'Oiron, des baronnies de Moncontour et de Curçay, levé en 1713*. Paris: Centre des Monuments Nationaux, 2015. 111p. €18.00.

Zanetti, François. *L'electricité médicale dans la France des Lumiéres*. Oxford: Voltaire Foundation, 2017. 304p. £70.00.

French Revolution and Napoleonic Era

Baron, Jacques. *Soldats de l'Empire: Des conscrits bretons à travers l'Europe*. Vannes: Baron, 2016. 480p. €24.00.

Becquet, Hélène. *Louis XVII: L'enfant roi*. Paris: Perrin, 2017. 298p. €20.00.

Bertrand, Gilles, Michel Biard, Alain Chevalier, Martial Poirson, and Pierre Serna, eds. *Collectionner la Révolution française: Actes du colloque "Collectionner la Révolution française" qui s'est tenu du 23 au 25 septembre 2015 à Grenoble (Domaine universitaire–Maison des sciences de l'Homme Alpes) et à Vizille (Musée de la Révolution française–Domaine de Vizille)*. Paris: Société des Etudes Robespierristes, 2016. 303p. €25.00.

Betzinger, Claude. *Le tribunal révolutionnaire de Strasbourg, 25 octobre–13 décembre 1793*. Strasbourg: Presses Universitaires de Strasbourg, 2017. 279p. €24.00.

Biard, Michel. *La Révolution hantée: Enfers fantasmés et Révolution française*. Paris: Vendémiaire, 2017. 199p. €21.00.

Birnbaum, Pierre. *"Est-il des moyens de rendre les juifs plus utiles et plus heureux?": Le concours de l'Académie de Metz, 1787*. Paris: Seuil, 2017. 642p. €28.00.

Blaufarb, Rafe. *The Great Demarcation: The French Revolution and the Invention of Modern Property*. Oxford: Oxford University Press, 2016. 282p. $74.00.

Boudon, Jacques-Olivier. *La cour impériale sous le Premier et le Second Empire*. Paris: SPM, 2016. 174p. €17.00.

———. *L'Empire des polices: Comment Napoléon faisait régner l'ordre*. Paris: Vuibert, 2017. 240p. €21.90.

Brégeon, Jean-Joël, and Gérard Guicheteau. *Nouvelle histoire des guerres de Vendée*. Paris: Perrin, 2017. 421p. €23.90.

Chavanette, Loris. *Quatre-vingt-quinze: La Terreur en procès*. Paris: Centre National de la Recherche Scientifique, 2017. 397p. €26.00.

Cosmao Dumanoir, Philippe. *Va de bon cœur! L'amiral Cosmao Kerjulien (1761–1825)*. Paris: Harmattan, 2017. 205p. €21.50.

Crepy, Régis de. *Louise Lannes, duchesse de Montebello: L'épopée napoléonienne côté femme*. Paris: Bisquine, 2017. 430p. €20.00.

Czouz-Tornare, *Alain-Jacques. La prise des Tuileries et le sacrifice de la Garde suisse, 10 août 1792*. Paris: SPM, 2017. 313p. €30.00.

Dendena, Francesco. *Nella breccia del tempo: Scrittura e uso politico della storia in rivoluzione*. Milan: Mondadori, 2017. 256p. €18.00.

Désarmaux, Michel. *Les Bonaparte et les Beauharnais: Leur prodigieuse saga*. Paris: Christian, 2016. 251p. €40.00.

Fayolle, Caroline. *La femme nouvelle: Genre, éducation, Révolution (1789–1830)*. Paris: Comité des Travaux Historiques et Scientifiques, 2017. 479p. €18.00.

Fayon, Romuald. *La conquête de Marianne: Napoléon et la République (1769–1799)*. Paris: Indes Savantes, 2016. 413p. €35.00.

Fileaux, Christian. *Le maréchal Lefebvre, duc de Dantzig (1755–1820)*. Saint-Cloud: SOTECA, 2016. 401p. €21.00.

Firges, Pascal. *French Revolutionaries in the Ottoman Empire: Political Culture, Diplomacy, and the Limits of Universal Revolution, 1792–1798*. Oxford: Oxford University Press, 2017. 304p. $90.00.

Frigola-Wattinne, Florence. *Louis-Michel Lepeletier de Saint-Fargeau: Premier martyr de la Révolution, 1760–1793*. Paris: Books on Demand, 2015. 389p. €13.00.

Giot, Pierre. *Pierre Giot, un capitaine marin arlésien dans la tourmente: Journal, livre de bord, correspondance, 1792–1816*. Ed. Patricia Payn-Echalier. Aix-en-Provence: Presses Universitaires de Provence, 2016. 314p. €20.00.

Grégoire, Henri. *Correspondance de l'abbé Grégoire avec son clergé du Loir-et-Cher*. Vol. 1, *1791 à 1795*. Ed. Jean Dubray. Paris: Classiques Garnier, 2017. 234p. €29.00.

Hussey, John. *Waterloo: The Campaign of 1815*. Vol. 1, *From Elba to Ligny and Quatre Bras*. Barnsley: Pen and Sword, 2017. 712p. £35.00.

Iappini, Roger. *Napoléon jour après jour: L'Empire (2e partie); De Bayonne à Wagram (1808–1811)*. Toulon: Presses du Midi, 2016. 609p. €35.00.

Jones, Rhys Peter. "The Manipulation of Time and the Legitimacy of Power during the American and French Revolutions, 1774–1815." PhD diss., University of Cambridge, 2017.

Laissus, Yves. *Pierre-Simon Girard: Ingénieur de Napoléon; Des eaux du Nil au canal de l'Ourcq*. Paris: Presses de l'Ecole Nationale des Ponts et Chaussées, 2017. 574p. €90.00.

Lamarre, Christine. *Guyton de Morveau, 1737–1816, des Lumières à l'Empire: Le pouvoir du savoir; Actes du colloque de Dijon, 18–19 novembre 2016, organisé par l'Académie des sciences, arts et belles lettres de Dijon*. Dijon: Editions Universitaires de Dijon, 2017. 317p. €22.00.

Latapie, François de Paule, and Gilles Montègre. *Ephémérides romaines, 24 mars–24 octobre 1775*. Paris: Classiques Garnier, 2017. 576p. €49.00.

Leuchter, Tyson David Engstrom. "The Most Sacred Right of All: Property, Public Debt, and Law at the Paris Stock Exchange, 1793–1825." PhD diss., University of Chicago, 2017.

Louis, Jean-Baptiste. *Mémoires d'un avocat au cœur des révolutions, 1789–1830*. Ed. Geoffroy Caillet. Paris: Mémoire du Droit, 2016. 292p. €24.00.

Lugat, Caroline. *Le Pays basque face à la Révolution française, 1789–1799*. Bayonne: Elkar, 2016. 100p. €15.00.

Maréchaux, Xavier. *Noces révolutionnaires: Le mariage des prêtres en France, 1789–1815*. Paris: Vendémiaire, 2017. 189p. €19.50.

Minc, Alain. *Mirabeau criait si fort que Versailles eut peur*. Paris: Grasset, 2017. 278p. €19.00.

Pigeard, Alain. *Dictionnaire des généraux étrangers au service de Napoléon*. Saint-Cloud: SOTECA, 2016. 357p. €35.00.

Poirson, Martial. *Amazones de la Révolution: Des femmes dans la tourmente de 1789*. Montreuil: Gourcuff Gradenigo, 2016. 199p. €24.00.

Priebe, Martina. *Les modes de sociabilité au château de Coppet: A l'époque de Germaine de Staël (1766–1817)*. Geneva: Droz, 2017. 168p. €30.00.

Procès-verbal de l'assemblée générale extraordinaire du clergé de France: Tenue à Paris, au couvent des Grands Augustins, en l'année 1788. Ed. Gérald Bray. Geneva: Droz, 2017. 518p. €45.00.

Prudham, Bernard. *La Société des amis de la République, de la liberté et de l'égalité de Belvoir, février 1793–décembre 1794*. Besançon: Prudham, 2016. 97p. €12.00.

Serna, Pierre. *Comme des bêtes: Histoire politique de l'animal en Révolution (1750–1840)*. Paris: Fayard, 2017. 444p. €25.00.

Servat, Henry-Jean, and Mathieu Banq. *Marie-Antoinette: L'insoumise*. Paris: Larousse, 2016. 127p. €29.00.

Simonde de Sismondi, Jean-Charles Léonard. *Il cannocchiale: Schizzi per un foglio periodico; In appendice Premier Journal commencé le 22 août 1798*. Ed. Francesca Sofia. Pisa: Pisa University Press, 2017. 160p. €14.00.

Sinsoilliez, Robert. *Les espions du roi*. Saint-Malo: Ancre de Marine, 2017. 431p. €25.00.

Sommerer, Erwan. *L'anarchisme sous la Révolution française: De la table rase institutionnelle à la contestation permanente des lois*. Paris: Monde Libertaire, 2016. 70p. €5.00.

Sottocasa, Valérie. *Les brigands et la Révolution: Violences politiques et criminalité dans le midi (1789–1802)*. Ceyzérieu: Champ Vallon, 2016. 400p. €25.00.

Thiebaud, Jean-Marie. *La politique du consul Napoléon Bonaparte à l'égard des émigrés en 1803: Le manuscrit de Pontarlier*. Pontarlier: Thiébaud, 2016. 135p. €20.00.

Vial, Charles-Eloi. *Marie-Louise*. Paris: Perrin, 2017. 439p. €24.00.

Villemain, Jacques. *Vendée 1793–1794: Crime de guerre? crime contre l'humanité? génocide?; Une étude juridique*. Paris: Cerf, 2017. 305p. €24.00.

Wahnich, Sophie. *La Révolution française n'est pas un mythe*. Paris: Klincksieck, 2017. 247p. €25.00.

Zins, Ronald. *Le maréchal Oudinot*. Vol. 1. Reyrieux: Cardon, 2016. 411p. €29.00.

1815–1870

Benoistel, Mathilde. *France-Allemagne(s), 1870–1871: La guerre, la commune, les mémoires*. Paris: Gallimard, 2017. 304p. €35.00.

Bernot, Jacques. *Le comte Roy (1764–1847): De la fortune privée au service de l'Etat*. Paris: Juglar, 2017. 303p. €27.00.

Blenner-Michel, Séverine, and Emmanuel Pénicaut, eds. *Mgr Charles-Louis Gay, 1815–1892: Un artiste au service du Christ*. Rennes: Presses Universitaires de Rennes, 2017. 232p. €20.00.

Bonin, Hubert. *Bordeaux, grand port industriel au XIXe siècle (des années 1800 aux années 1880)*. Paris: Indes Savantes, 2017. 348p. €28.00.

Brée, Sandra. *Paris l'inféconde: La limitation des naissances en région parisienne au XIXe siècle*. Paris: Institut National d'Etudes Démographiques, 2017. 237p. €23.00.

Chollier, Alexandre. *Les dimensions du monde: Elisée Reclus ou l'intuition cartographique*. Paris: Cendres, 2017. 118p. €24.00.

Cogeval, Guy, Yves Badetz, Paul Perrin, and Marie-Paule Vial. *Spectaculaire Second Empire*. Paris: Skira, 2016. 319p. €45.00.

Colson, Daniel. *Proudhon et l'anarchie*. Lyon: Atelier de Création Libertaire, 2017. 187p. €16.00.

Conchon, Hippolyte, and Jean-Claude Caron. *Mémoires de M. Conchon: Maire de Clermont-Ferrand sur les troubles de cette ville en 1841*. Clermont-Ferrand: Presses Universitaires Blaise Pascal, 2017. 249p. €14.00.

Coste, Clément, Ludovic Frobert, and Marie Lauricella. *De la République de Constantin Pecqueur (1801–1887)*. Besançon: Presses Universitaires de Franche-Comté, 2017. 464p. €25.00.

Cubillas Gadea, Tomas Alberto. "Parenting the Self: Welfare, Family, and Subjectivity in Nineteenth-Century France." PhD diss., Durham University, 2017.

Des Cognets, Charles, and Serge Barcellini. *Les francs-tireurs de l'Armée oubliée*. Rennes: Presses Universitaires de Rennes, 2017. 275p. €22.00.

Fournier-Finocchiaro, Laura, and Cristina Clímaco, eds. *Les exilés politiques espagnols, italiens et portugais en France au XIXe siècle: Questions et perspectives*. Paris: Harmattan, 2017. 234p. €25.00.

Frerejean, Alain. *Napoléon III*. Paris: Fayard, 2017. 390p. €24.00.

Gautier, Antoine. *Regards d'un notable bordelais sur son temps: Le mémorandum d'Antoine Gautier (1832–1882)*. Pessac: Presses Universitaires de Bordeaux, 2017. 297p. €22.00.

Gautier, Michel. *Les vaches de Paris: De la Régence à la Restauration*. Paris: Harmattan, 2016. 211p. €23.50.

Goulle, Véronique. *Coutances sous le Second Empire*. Coutances: Cercle de Généalogie et d'Histoire Locale de Coutances, 2016. 135p. €39.00.

Isabel, Thibault. *Pierre-Joseph Proudhon: L'anarchie sans le désordre*. Paris: Autrement, 2017. 171p. €18.50.

Julienne, Janick. *Un Irlandais à Paris: John Patrick Leonard, au cœur des relations franco-irlandaises (1814–1889)*. Frankfurt am Main: Lang, 2016. 216p. €52.00.

Kelly, Linda. *Talleyrand in London: The Master Diplomat's Last Mission*. London: Tauris, 2017. 256p. $35.00.

Lagoueyte, Patrick. *Le coup d'état du 2 décembre 1851*. Paris: Centre National de la Recherche Scientifique, 2017. 353p. €25.00.

Mortas, Pauline. *Une rose épineuse: La défloration au XIXe siècle en France*. Rennes: Presses Universitaires de Rennes, 2017. 466p. €22.00.

Regina, Christophe. *Dire et mettre en scène la violence à Marseille au XVIIIe siècle*. Paris: Classiques Garnier, 2017. 423p. €54.00.

Richardt, Aimé. *Lamennais, le révolté*. Paris: Artège, 2016. 245p. €18.00.

Schatz, Andrea, and Stephan Braese. *L'affaire de Damas (1840): Le voyage d'Adolphe Crémieux à Leipzig/ Der Damaskus-Affäre (1840): Adolphe Crémieux reist durch Leipzig*. Paris: Eclat, 2017. 102p. €7.00.

Scott, Hannah. *Broken Glass, Broken World: Glass in French Culture in the Aftermath of 1870*. London: Legenda, 2016. 162p. $99.00.

Tombaccini, Simonetta. *La nation hébraïque de Nice: Populations, institutions, mœurs, 1814–1860*. Nice: Acadèmia Nissarda, 2016. 559p. €36.00.

Third Republic

Arboit, Gérald. *Renseignement et avant-guerre de 1914 en Grande région*. Paris: Centre National de la Recherche Scientifique, 2016. 160p. €22.00.

Ashley Susan A. *"Misfits" in Fin de Siècle France and Italy: Anatomies of Difference*. New York: Bloomsbury Academic, 2017. 312p. $114.00.

Association Saint-Guignefort. *Ils ne passeront pas: 1916; Châtillon-sur-Chalaronne (Ain), un village de la mémoire des hommes*. Châtillon-sur-Chalaronne: Association Saint-Guignefort, 2016. 178p. €15.00.

Badier, Walter. *Alexandre Ribot et la République modérée: Formation et ascension d'un homme politique libéral (1858–1895)*. Bayonne: Institut Universitaire Varenne, 2016. 632p. €45.00.

Barbier, Claude, and Frédéric Turpin. *Les pays de Savoie en 1915: Au cœur des enjeux internationaux.* Chambéry: Université Savoie Mont Blanc, 2016. 243p. €22.00.

Barrière, Hugues. *Mielvaque: Imposteur romantique de la IIIe République.* Boulogne-Billancourt: Autour du Livre, 2017. 144p. €19.90.

Berthet, Jean-Louis. *Jules Dufaure: L'homme de la République (1798–1881).* Saintes: Croît Vif, 2017. 392p. €25.00.

Binot, Jean-Marc. *Georges Guynemer.* Paris: Fayard, 2017. 394p. €24.00.

Blandin, Bertrand. *1914, la France responsable?* Paris: Artilleur, 2017. 358p. €22.00.

Bondil, Monique, and Marc Martin. *Je voudrai tant revoir le clocher de mon village: Chroniques d'un village aixois au temps de la Grande Guerre.* Les Milles: Monique Bondil et Marc Martin, 2016. 558p. €16.00.

Bonhomme, Eric. *Culture et politique sous la Troisième République.* Pessac: Presses Universitaires de Bordeaux, 2017. 362p. €22.00.

Cabot, Bastien. *A bas les Belges! L'expulsion des mineurs borains, Lens, août–septembre 1892.* Rennes: Presses Universitaires de Rennes, 2017. 170p. €18.00.

Capuzzo, Ester, ed. *Istituzioni e società in Francia e in Italia nella Prima Guerra mondiale.* Rome: Nuova Cultura, 2017. 230p. €22.00.

Carrier, Aurélie. *Le grand soir: Voyage dans l'imaginaire révolutionnaire et libertaire de la Belle Epoque.* Paris: Libertalia, 2017. 241p. €16.00.

Chaland, Pierre-Henri, and Jean-Claude Daisson. *Le journal du poilu Pierre Henri Chaland, 1893–1985.* Gujan-Mestras: Jean-Claude Daisson, 2016. 230p. €14.00.

Cimadamore, Daniela. *La donna francese negli anni Venti: Garçonne e femme fatale.* Lucca: Tra le Righe Libri, 2016. 200p. €15.00.

Cloître-Quéré, Marie-Thérèse. *Les catholiques et la République: Finistère, 1870–1914.* Brest: Centre de Recherche Bretonne et Celtique, 2017. 408p. €20.00.

Cochet, François, Jean-Noël Grandhomme, Jean-Luc Eichenlaub, François Petrazoller, Yann Prouillet, Laëtitia Brasseur-Wild, and Nicole Roux, eds. *Guerre des Vosges et guerres de montagne, 1914–1918: Actes du colloque international des 21, 22 et 23 mai 2015, Epinal-Colmar.* Paris: Giovanangeli, 2016. 512p. €25.00.

Cochet, François, and Rémy Porte. *Histoire de l'Armée française, 1914–1918: Evolutions et adaptations des hommes, des matériels et des doctrines.* Paris: Taillandier, 2017. 519p. €25.00.

Cornick, Martyn, Martin Hurcombe, and Angela Kershaw, eds. *French Political Travel Writing in the Inter-war Years: Radical Departures.* New York: Routledge, 2017. 336p. $140.00.

Creton, Laurent, and Michel Marie. *Le Front populaire et le cinéma français.* Paris: Presses Sorbonne Nouvelle, 2017. 176p. €29.00.

De Boni, Claudio. *Liberi e uguali: Il pensiero anarchico in Francia dal 1840 al 1914.* Milan: Mimesis, 2016. 250p. €30.00.

Delaurenti, Béatrice. *Lettres de Marinette, 1914–1915.* Paris: Orizons, 2017. 256p. €25.00.

Dessaivre, Marie-Paule. *Un poilu dans l'armée d'Orient en 1918: Enquête historique.* Paris: Harmattan, 2017. 140p. €16.00.

Domenichino, Jean. *Les communistes des Bouches-du-Rhône en Front populaire: Essai.* Marseille: Fédérés, 2016. 128p. €16.00.

Dreyfus, Alfred. *Lettres à la marquise: Correspondance inédite avec Marie Arconati-Visconti (1899–1923).* Paris: Grasset, 2017. 582p. €23.00.

Ducange, Jean-Numa. *Jules Guesde: L'anti-Jaurès?* Malakoff: Colin, 2017. 247p. €22.00.

Durand, Jean-Dominique. *Les religions à Lyon et la Première Guerre mondiale.* Milan: Silvana; Lyon: Musées Gadagne, 2016. 95p. €20.00.

Etchandy, Pantxo. *La IIIe République au Pays basque, 1870–1940: Un pays et un peuple entre tradition et modernité*. Bayonne: Elkar, 2017. 96p. €14.00.

Fischer, Conan. *A Vision of Europe: Franco-German Relations during the Great Depression, 1929–1932*. Oxford: Oxford University Press, 2017. 206p. $90.00.

Freundschuh, Aaron. *The Courtesan and the Gigolo: The Murders in the Rue Montaigne and the Dark Side of Empire in Nineteenth-Century Paris*. Stanford, CA: Stanford University Press, 2017.

Ghigliazza, Pierre. *Des Basques au front: Destins hendayais en 1914–1918*. Saint-Pée-sur-Nivelle: Kilika, 2016. 186p. €22.00.

Gonnet, Louis. *Carnets de guerre, 1914–1918*. Saint-Ismier: Isabelle Gonnet, 2016. 306p. €15.00.

Gougelmann, Stéphane. *Ecrire le mariage en France au XIXe siècle*. Saint-Etienne: Publications de l'Université de Saint-Etienne, 2017. 462p. €15.00.

Gregori, Sylvain, and Jean-Paul Pellegrinetti, eds. *Minorités, identités régionales et nationales en guerre, 1914–1918*. Rennes: Presses Universitaires de Rennes, 2017. 299p. €22.00.

Hélis, Philippe. *Emile Combes: Le combat pour la laïcité*. Saint-Savinien-sur-Charente: Passage des Heures, 2016. 175p. €30.00.

Jalabert, Laurent, Reiner Marcowitz, and Arndt Weinrich, eds. *La longue mémoire de la Grande Guerre: Regards croisés franco-allemands de 1918 à nos jours*. Villeneuve-d'Ascq: Presses Universitaires du Septentrion, 2017. 235p. €21.00.

Jeance, Gérard. *Dictionnaire des vétérans de la Croix du Feu, 1914–1918*. 2 vols. Paris: Généalogiques de la Voûte, 2017. 504p, €75.00; 538p, €75.00.

Jousse, Emmanuel. *Les hommes révoltés: Les origines intellectuelles du réformisme en France (1871–1917)*. Paris: Fayard, 2017. 465p. €23.00.

Kalifa, Dominique. *La véritable histoire de la "Belle Epoque."* Paris: Fayard, 2017. 296p. €20.00.

Kerley, Lela F. *Uncovering Paris: Scandals and Nude Spectacles in the Belle Epoque*. Baton Rouge: Louisiana State University Press, 2017. 278p. $48.00.

Likosky, Stephan. *With a Weapon and a Grin: Postcard Images of France's Black African Colonial Troops in World War I*. Atglen, PA: Schiffer, 2017. 128p. $27.99.

Marion, Yves. *Madeleine Deries (1895–1924): Première docteure "ès histoire."* Caen: Presses Universitaires de Caen, 2017. 351p. €25.00.

Mariot, Nicolas. *Histoire d'un sacrifice: Robert, Alice et la guerre (1914–1917)*. Paris: Seuil, 2017. 434p. €25.00.

Masson, Nicole. *Les victoires du Front populaire: Avec les archives du journal "Le Populaire."* Vanves: Chêne, 2016. 207p. €24.00.

Maushart, Evelyne. *1891–1893, l'alliance franco-russe: L'escadre russe à Toulon, Bandol, Ollioules, Hyères, St-Tropez*. Toulon: Mnemosis, 2016. 126p. €21.00.

Mémoire Ouvrière en Limousin. *1936, le Front populaire en Limousin*. Limoges: Ardents, 2016. 192p. €26.00.

Meunier, Yves. *La Bande noire: Propagande par le fait dans le bassin minier, 1878–1885*. Montereuil: Echapée, 2017. 188p. €17.00.

Meyer, Lucie, and Gaston Guilly. *Amours passionnées pendant la Grande Guerre: Lettres de Lucie Meyer, 1892–1919, Mens, à Gaston Guilly, 1889–1945, Paris*. Vols. 1–2. Ed. Evelyne Diebolt. Paris: Houdiard, 2016. 455p, €19.00; 505p, €19.00.

Milhaud, Claude. *1914–1918: L'autre hécatombe; Enquête sur la perte de 1.140.000 chevaux et mulets*. Paris: Belin, 2017. 280p. €24.00.

Moreau, Gilles-Marie. *Les catholiques de l'Isère et la Grande Guerre, 1914–1918: "La mort était près de nous, mais aussi le Bon Dieu."* Paris: Harmattan, 2016. 186p. €19.00.

Orr, Andrew. *Women and the French Army during the World Wars, 1914–1940.* Bloomington: Indiana University Press, 2017. 192p. $60.00.

Parisot, Eugène. *La vérité et son image: Les documents d'Eugène Parisot, 1914–1918.* Ed. Léonard Loonen. Langres: Plateau, 2015. 181p. €31.00.

Passemard, Maurice. *L'itinéraire d'un jeune Stéphanois pendant la guerre.* L'Etrat: Actes Graphiques, 2016. 221p. €24.00.

Pontet, Josette. *Monuments aux morts du Pays basque de la Grande Guerre: Dictionnaire raisonné.* Bayonne: Koegui, 2016. 358p. €56.00.

Popelier, Jean-Pierre, Isabelle Masson-Loodts, and Mélodie Brassinne. *Les exilés belges en France: Histoires oubliées, 1914–1918.* Brussels: Racine, 2017. 227p. €24.95.

Pudal, Bernard, and Claude Pennetier. *Le souffle d'octobre 1917: L'engagement des communistes français.* Ivry-sur-Seine: Atelier, 2017. 383p. €25.00.

René-Bazin, Paule, and Philippe Henwood. *Ecrire en guerre, 1914–1918: Des archives privées aux usages publics.* Rennes: Presses Universitaires de Rennes, 2016. 198p. €20.00.

Robert, Jean-Louis, and David Chaurand, eds. *Le syndicalisme à l'épreuve de la Première Guerre mondiale.* Rennes: Presses Universitaires de Rennes, 2017. 390p. €26.00.

Roynette, Odile, Gilles Siouffi, and Agnès Steuckhardt, eds. *La langue sous le feu: Mots, textes, discours de la Grande Guerre.* Rennes: Presses Universitaires de Rennes, 2017. 267p. €21.00.

Saccoman, Pierre. *Genèse et structuration du Front populaire à Grenoble et dans l'Isère, 1934–1936.* Grenoble: STEP ADAEP, 2016. 179p. €20.00.

Schwerer, François. *La Marine française pendant la guerre 14–18: Quand on n'a fait que son devoir.* Paris: Temporis, 2017. 331p. €21.50.

Stock, Franz, Jean-Pierre Guérend, Etienne François, and Valentine Meunier-Couchard. *Journal de guerre, 1942–1947: Ecrits inédits de l'aumônier du Mont Valérien.* Paris: Cerf, 2017. 434p. €24.00.

Trittipo, Kathryn Blaine. "A Visual Affair: Popular Culture and *L'Affaire Dreyfus.*" PhD diss., University of Minnesota, 2016.

Vaillant, Derek W. *Across the Waves: How the United States and France Shaped the International Age of Radio.* Urbana-Champaign: University of Illinois Press, 2017. 258p. $95.00.

Vaisset, Thomas. *L'amiral d'Argenlieu: La mer et la foi.* Paris: Belin, 2017. 595p. €24.00.

Valance, Georges. *Poincaré.* Paris: Perrin, 2017. 490p. €24.00.

Vincent, Jean-Louis. *Albert Baratier dit l'Africain (1864–1917): Un Comtois dans la tourmente.* Bière: Cabédita, 2017. 165p. €19.00.

Post-1940

Allouchery, Edith, Patrick Arnal, Hervé Barthélémy, and Thomas Fontaine. *Cheminots victimes de la répression, 1940–1945: Mémorial.* Paris: Perrin, 2017. 1,760p. €25.00.

Andrieu, Claire, and Michel Margairaz, eds. *Pierre Sudreau, 1919–2012: Engagé, technocrate, homme d'influence.* Rennes: Presses Universitaires de Rennes, 2017. 222p. €20.00.

Association des Amis de la Fondation pour la Mémoire de la Déportation. *Noël 1943, le massacre d'Harbère-Lullin: Chronique d'un crime nazi; Témoignages et documents.* Cervens: Astronome, 2017. 143p. €16.00.

Association Nationale des Anciens Combattants et Amis de la Résistance. *Ceux des maquis d'Esparros et de Nistos: Francs tireurs et partisans français des Hautes-Pyrénées.*

Lannemezan: Association Nationale des Anciens Combattants et Amis de la Résistance, 2016. 147p. €12.00.

Autran, Jean-Marie. *La France, terre de mission américaine: La diplomatie religieuse du président Truman.* Paris: Vendémiaire, 2017. 281p. €22.00.

Azam, Nicolas. *Le PCF confronté à "l'Europe": Une étude socio-historique des prises de position et des recompositions partisanes.* Paris: Dalloz, 2017. 733p. €65.00.

Backer, Laetitia de, Mathieu Geagea, and Thierry Glass. *Le Mémorial Charles de Gaulle: L'empreinte de l'homme, l'histoire des Français.* Paris: Artelia, 2017. 192p. €29.00.

Bantigny, Ludivine, Fanny Bugnon, and Fanny Gallot. *"Prolétaires de tous les pays, qui lave vos chaussettes?": Le genre de l'engagement dans les années 1968.* Rennes: Presses Universitaires de Rennes, 2017. 259p. €20.00.

Bartram, Faye. "35mm Bridges: Cultural Relations and Film Exchange between France and the Soviet Union, 1945 to 1972." PhD diss., University of Iowa, 2017.

Bénetière, Jean-Paul. *L'Union départementale de la CFTC-CFDT de la Loire: Déconfessionnalisation, autogestion, crise et résistance au recentrage (1944–1988).* Rennes: Presses Universitaires de Rennes, 2017. 305p. €23.00.

Bercegol, Philippe de. *Laure Gatet, une Bordelaise dans la Résistance.* Bordeaux: Dossiers d'Aquitaine, 2017. 118p. €15.00.

Bertin-Maghit, Jean Pierre. *Propaganda Documentaries in France, 1940–1944.* Lanham, MD: Rowman and Littlefield, 2016. 288p. $95.00.

Bloch, Anny. *Une famille juive du temps de l'exode.* Paris: Houdiard, 2017. 143p. €20.00.

Blum-Cherchevsky, Eve Line. *Les victimes juives de Franche-Comté déportées ou exécutées pendant la Seconde Guerre mondiale, 1939–1945.* Besançon: Blum, 2016. 245p. €25.00.

Bonafoux, Corinne, Emmanuel Cartier, and Hélène Claret. *L'œuvre législative de Vichy, d'hier à aujourd'hui: Rupture(s) et continuité(s).* Paris: Dalloz, 2017. 289p. €44.00.

Bonnaud, Pierre, and Jean Combes. *L'Ardèche dans la guerre, 1939–1945.* Clermont-Ferrand: De Borée, 2017. 420p. €23.00.

Boublil, Alain. *Une vie avec la gauche: De Mitterrand à Hollande.* Paris: Archipel, 2017. 370p. €22.00.

Bowers, Paige. *The General's Niece: The Little-Known De Gaulle Who Fought to Free Occupied France.* Chicago: Chicago Review Press, 2017. 272p. $26.99.

Brana, Pierre, and Joëlle Dusseau. *Philippe Henriot: La voix de la collaboration.* Paris: Perrin, 2017. 402p. €24.00.

Braunschweig, Maryvonne, and Georges Hauptmann. *Docteur Adélaïde Hautval dite "Haïdi," 1906–1988: Des camps du Loiret à Auschwitz et à Ravensbrück; Résistante jusque dans les camps; Juste parmi les Nations.* Paris: Cercle d'Etude de la Déportation et de la Shoah, 2016. 238p. €28.00.

Broche, François, and Jean-François Muracciole. *Histoire de la collaboration, 1940–1945.* Paris: Taillandier, 2017. 619p. €27.00.

Brothé, Eric. *Un chevalier de la France libre: Jacquelin de La Porte des Vaux.* Paris: Harmattan, 2017. 233p. €25.00.

Bugnon, Fanny, and Isabelle Lacroix, eds. *Territoires de la violence politique en France de la fin de la guerre d'Algérie à nos jours.* Paris: Riveneuve, 2017. 268p. €24.00.

Canavaggio, Dominique. *Vichy tel quel (1940–1944).* Paris: Fallois, 2016. 303p. €22.00.

Casanova, Jean-Michel, and Dominique Taddei. *We Corsicans: Nouveaux récits, témoignages et photos de l'île-porte-avion, 1943–1945.* Ajaccio: Albiana, 2016. 273p. €39.00.

Le cas Chirac. Paris: Ophrys, 2017. 171p. €12.00.

Castagnez-Ruggiu, Noëlline. *Les socialistes français à l'heure de la Libération: Perspectives française et européenne, 1943–1947.* Paris: OURS, 2016. 328p. €25.00.

Célerse, Grégory. *Sauvons les enfants: Une histoire du comité lillois de secours aux Juifs.* Marcq-en-Barœul: Lumières de Lille, 2016. 179p. €24.00.

Choury, Maurice. *Les cheminots dans la Résistance: La bataille du rail, 1940–1945.* Paris: Metvox, 2017. 382p. €26.00.

Clarençon, Didier. *Vercors, les ondes de la liberté, 1943–1944.* Valence: Musée Départemental de la Résistance, 2016. 72p. €9.00.

Cogne, Olivier. *Histoire des Francs-tireurs et partisans: Isère, Savoie, Hautes-Alpes.* Saint-Martin-d'Hères: Presses Universitaires de Grenoble, 2017. 248p. €19.00.

Cointet, Jean-Paul. *Les hommes de Vichy: L'illusion du pouvoir.* Paris: Perrin, 2017. 374p. €23.90.

Comité d'Histoire du Confluent d'Alfortville. *Ils sont libres! La résistance à Alfortville; Récits et témoignages; La déportation; 283 Alfortvillais victimes du nazisme.* Alfortville: Comité d'Histoire du Confluent d'Alfortville, 2015. 180p. €15.00.

Courtois, Gérard. *Parties de campagne: La saga des élections présidentielles.* Paris: Perrin, 2017. 345p. €21.90.

Coutelle, Michel. *L'agriculture en Charente-Maritime au XXe siècle: Guide et jalons pour la recherche.* La Crèche: Geste, 2016. 520p. €18.00.

Croguennec, Michel. *1943, le maquis de Barneville: Contribution à l'histoire de la résistance FTP en Normandie.* Nolléval: Librairie l'Echo des Vagues, 2017. 303p. €23.00.

Delafosse, Marcel. *Journal d'un Rochelais sous l'Occupation.* Ed. Albert-Michel Luc and Louis-Gilles Pairault. La Crèche: Geste, 2016. 237p. €20.00.

Désanges, Guillaume, and François Piron, eds. *Contre-cultures, 1969–1989: L'esprit français.* Paris: Découverte, 2017. 319p. €35.00.

Ducellier, Jean-Pierre. *La guerre aérienne dans le Nord de la France: Les raids de l'aviation alliée sur le Nord, l'Artois, la Picardie, le pays de Caux et la région parisienne.* Abbeville: Paillart, 2016. 607p. €52.00.

Elgey, Georgette. *Toutes fenêtres ouvertes: Récit.* Paris: Fayard, 2017. 411p. €19.00.

Engelmann, Louis, Mariette Engelmann, and Philippe Bernard. *Sans toi, je serais en route pour un grand voyage: Histoire d'un sauvetage; Compiègne, Drancy, 1941–1942.* Paris: Manuscrit, 2016. 338p. €29.00.

Etiévent, Michel. *Marcel Paul: De l'enfant trouvé au ministère de la République.* Challes-les-Eaux: Gap, 2016. 96p. €11.00.

Farid, H. *Journal de combats, mars–juin 1940: Journal intime d'un conscrit kabyle durant le dernier conflit mondial.* Saint-Denis: Edilivre, 2016. 186p. €16.00.

Fishman, Sarah. *From Vichy to the Sexual Revolution: Gender and Family Life in Postwar France.* New York: Oxford University Press, 2017. 263p. $28.00.

Fogacci, Frédéric. *De Gaulle et la défense de la France, d'hier à aujourd'hui.* Paris: Nouveau Monde, 2017. 221p. €9.90.

Foucrier, Jean-Charles. *La stratégie de la destruction bombardements alliés en France, 1944.* Paris: Vendémiaire, 2017. 461p. €26.00.

Froville, Daniel. *La brigade Alsace-Lorraine: Les hommes du NON du colonel Malraux.* Colmar: Bentzinger, 2016. 302p. €28.00.

Gachkov, Serguei. *La politique et l'histoire dans la philosophie française face au socialisme réel dans l'après-guerre: Jean-Paul Sartre, Cornelius Castoriadis et Claude Lefort*. Paris: Harmattan, 2017. 481p. €45.00.

Garrigou, Alain. *La politique en France: De 1940 à nos jours*. Paris: Découverte, 2017. 523p. €29.00.

Gatard, Marie. *La source MAD: Services secrets; Une Française de l'ombre et un officier de l'armée allemande unis contre le nazisme*. Paris: Michalon, 2017. 286p. €20.00.

Giraudeau, Gisèle. *La Résistance et la déportation à 20 ans, 1943–1945*. Haute-Goulaine: Opéra, 2016. 183p. €16.00.

Gires, Jean-Paul. *Le Premier régiment de France et la Résistance: Indre, Cher, Creuse, Corrèze, Haute-Marne*. Issoudun: Lyner, 2016. 147p. €20.00.

Gouyon Matignon, Louis de. *Pays basque libre!* 2 vols. Paris: Harmattan, 2016. 117p, €14.00; 194p, €20.00.

Grenard, Fabrice, Hervé Joly, Christophe Capuano, and Isabelle Doré-Rivé, eds. *Les jours sans: 1939–1949; Alimentation et pénurie en temps de guerre*. Lyon: Libel, 2017. 155p. €18.00.

Isaacson, Robert B. "From 'Brave Little Israel' to 'an Elite and Domineering People': The Image of Israel in France, 1944–1974." PhD diss., George Washington University, 2017.

Jeanneney, Jean-Noël. *Un attentat: Petit-Clamart, 22 août 1962*. Paris: Seuil, 2016. 339p. €20.00.

Joly, Laurent. *Dénoncer les juifs sous l'Occupation*. Paris: Centre National de la Recherche Scientifique, 2017. 230p. €22.00.

Klarsfeld, Serge. *Mémorial de la déportation des juifs de France*. Vol. 2. Paris: Fils et Filles des Déportés Juifs de France, 2016. 1,872p. €190.00.

Kundahl, George G. *The Riviera at War: World War II on the Côte d'Azur*. London: Tauris, 2017. 336p. $28.00.

Landru, Jean-Philippe. *La Résistance en Chartreuse: Voreppe, Rives, Voiron, Saint-Laurent du Pont, 1940–1944*. Saint-Martin-d'Hères: Presses Universitaires de Grenoble, 2016. 341p. €19.00.

Lannoy, François de, and Max Schiavon. *Les généraux français de la victoire, 1942–1945*. Antony: Editions Techniques pour l'Automobile et l'Industrie, 2016. 192p. €49.00.

Leclercq, Jacques. *Extrême gauche et anarchisme en Mai 68: Avant, pendant, après; Cinquante ans d'histoire*. Paris: Harmattan, 2017. 564p. €39.00.

Le Drian, Jean-Yves, and Hubert Védrine. *Mitterrand et la défense*. Paris: Nouveau Monde, 2017. 269p. €22.00.

Lefebvre, Alain. *Juin 1940: De la Somme à la Bresle*. Leudeville: Aurea Vallis, 2016. 388p. €43.00.

Lefebvre-Filleau, Jean-Paul. *Ces Français qui ont collaboré avec le IIIe Reich*. Monaco: Rocher, 2017. 540p. €22.00.

Le Gall, André. *Mauriac politique*. Paris: Harmattan, 2017. 462p. €42.00.

Lemonier, Marc. *Liberté, égalité, sexualité: Révolutions sexuelles en France, 1954–1986*. Paris: Musardine, 2016. 192p. €22.00.

Lormier, Dominique. *La Charente sous l'Occupation*. La Crèche: Geste, 2017. 236p. €29.00.

———. *Jean-Claude Hubert: Souvenirs de guerre d'un résistant, contre-espion et commando, 1939–1945*. La Crèche: Métive, 2017. 237p. €29.00.

Lucand, Christophe. *Le vin et la guerre: Comment les nazis ont fait main basse sur le vignoble français*. Malakoff: Colin, 2017. 427p. €24.00.

Marker, Emily. "France between Europe and Africa: Youth, Race, and Envisioning the Postwar World, 1940–1960." PhD diss., University of Chicago, 2016.

Martelli, Roger. *Une dispute communiste: Le comité central d'Argenteuil sur la culture (11–13 mars 1966)*. Paris: Editions Sociales, 2017. 460p. €22.00.

Mary, Jean-Yves. *Mémorial de la bataille de France*. Vol. 1. Bayeux: Heimdal, 2016. 367p. €59.00.

Mary, Jean-Yves, and Pascal Kerger. *Mémorial de la bataille de France*. Vol. 2. Bayonne: Heimdal, 2017. 448p. €59.00.

Massot, Anne, and Pierre Davy. *Subir et maudire: Journal d'Anne Massot, 1940–1944; Une bourgeoise sous l'Occupation en Anjou*. Saint-Jean-des-Mauvrets: Petit Pavé, 2016. 448p. €26.00.

Maynial, Philippe. *Madeleine Pauliac: L'insoumise*. Paris: XO, 2017. 282p. €19.00.

Mazouz, Sarah. *La République et ses autres: Politiques de l'altérité dans la France des années 2000*. Lyon: Ecole Normale Supérieure, 2017. 282p. €24.00.

Ménochet, Jean-Loup. *Le Béarn et le Pays basque dans la guerre, 1936–1946*. Pau: Cairn, 2016. 227p. €35.00.

Mitterrand, François. *Journal pour Anne, 1964–1970*. Paris: Gallimard, 2016. 496p. €45.00.

Mitterrand, Frédéric. *Le pays de l'innocence: Enfance et adolescence de François Mitterrand; Récit*. Paris: Laffont, 2017. 138p. €19.00.

Moracchini, Michel. *Témoignages de Nuremberg: Vingt années autour de la Seconde Guerre mondiale*. Boulogne-Billancourt: Berger-Levrault, 2017. 243p. €30.00.

Moyà, Aurelia, and Rose Duroux. *Ma vie en France: Cahier d'exil d'une adolescente espagnole (1939–1943)*. Toulouse: Presses Universitaires du Midi, 2017. 1,210p. €14.00.

Noguéro, Léon. *Récits de guerre et de captivité*. Ed. Henri Noguéro. 2 vols. Paris: Harmattan, 2017. 241p, €26.00; 496p, €42.00.

Ollivier, Jean-Paul. *De René Coty à Charles de Gaulle: Naissance d'une république*. Paris: Ipanema, 2017. 319p. €19.90.

Péan, Pierre. *Ma petite France: Chronique d'une ville ordinaire sous l'Occupation*. Paris: Michel, 2017. 308p. €20.00.

Perlman, Susan McCall. "Contesting France: Intelligence and Foreign Policy in the Early Cold War." PhD diss., American University, 2017.

Potron, Jean-Paul. *Les Trente Glorieuses: Nice, 1945–1975; Commerce, politique, tourisme, urbanisme, transport, culture, éducation, sport*. Nice: Giletta, 2016. 171p. €36.00.

Raynaud, Philippe. *L'esprit de la Ve République: L'histoire, le régime, le système*. Paris: Perrin, 2017. 250p. €19.90.

Rietzler, Philippe. *Ma guerre de sept à douze ans: Souvenirs d'un enfant d'Alsace-Lorraine, 1940–1945*. Colmar: Bentzinger, 2016. 110p. €19.00.

Riondet, Charles. *Le Comité parisien de la Libération, 1943–1945*. Rennes: Presses Universitaires de Rennes, 2017. 301p. €22.00.

Rominskyj, Grégory. *De l'Ukraine à la France: Mémoires d'un déplacé (DP) dans l'Europe de la tourmente (1939–1945)*. Paris: Harmattan, 2017. 323p. €34.00.

Romon, François. *Les écoutes radio dans la Résistance française, 1940–1945*. Paris: Nouveau Monde, 2017. 511p. €26.00.

Ronne, Xavier de. *La Rochelle réquisitionnée: L'occupation allemande, 1940–1945*. Nantes: Xavier de Ronne, 2016. 176p. €35.00.

Sauteur, Simone. *Au cœur du Vièvre avec le maquis Surcouf: Le journal de Simone Sauteur alias Puce, la secrétaire et confidente de Robert Leblanc, le chef du maquis Surcouf.* Ed. Alain Corblin. Lisieux: Société Historique de Lisieux, 2016. 526p. €22.00.

Sébastien, Gérard. *La police de Vichy dans les Hautes-Pyrénées: Le cas du commissaire de Lourdes.* Orthez: Rabier, 2017. 181p. €22.00.

Servent, Pierre. *Les présidents et la guerre, 1958–2017.* Paris: Perrin, 2017. 445p. €22.00.

Simonin, Michel. *En marge de la grande histoire: FFI, Forces françaises de l'intérieur, groupe D-N, Maîche-Le Russey.* Maîche: Simonin, 2016. 227p. €38.00.

Spina, Raphaël. *Histoire du STO.* Paris: Perrin, 2017. 570p. €26.00.

Thomas, Gilles, and Diane Dufraisy-Couraud. *Abris souterrains de Paris: Refuges oubliés de la Seconde Guerre mondiale.* Paris: Parigramme, 2017. 142p. €12.00.

Tyl, Marie, and Patrick Manificat. *Les indésirables: Journal écrit à Cherbourg pendant la Deuxième Guerre mondiale.* Paris: Indes Savantes, 2017. 349p. €26.00.

Ulrich, Simone. *Maurice Ulrich: Témoin et acteur de l'histoire de 1945 à 2007.* Chaintreaux: France-Empire Monde, 2015. 526p. €25.00.

Vaisset, Thomas. *L'amiral d'Argenlieu: Le moine-soldat du gaullisme.* Paris: Belin, 2017. 595p. €24.50.

Vallaud, Pierre, and Mathilde Aycard. *Le dernier camp de la mort: La tragédie du Cap Arcona, 3 mai 1945.* Paris: Taillandier, 2017. 296p. €20.00.

Vedel Bonnéry, Audrey. *La voix de la France: BBC, une radio en guerre.* Paris: Vendémiaire, 2017. 151p. €17.00.

Vergès, Françoise. *Le ventre des femmes: Capitalisme, racialisation, féminisme.* Paris: Michel, 2017. 229p. €20.00.

Vigreux, Jean. *François Mitterrand, la Nièvre et le Morvan.* Dijon: Editions Universitaires de Dijon, 2017. 130p. €9.00.

Vrignon, Alexis. *La naissance de l'écologie politique en France: Une nébuleuse au cœur des années 68.* Rennes: Presses Universitaires de Rennes, 2017. 328p. €23.00.

Winock, Michel, ed. *Le dossier Mitterrand.* Paris: Ophrys, 2016. 190p. €12.00.

Colonialism and DOM-TOM

Aissaoui, Rabah, and Claire Eldridge, eds. *Algeria Revisited: History, Culture, and Identity.* London: Bloomsbury Academic, 2017. 280p. £69.99.

Bancel, Nicolas, Pascal Blanchard, and Dominic Thomas, eds. *The Colonial Legacy in France: Fracture, Rupture, and Apartheid.* Bloomington: Indiana University Press, 2017. 485p. $60.00.

Baptistide, José. *Fenêtres sur une habitation ancienne de la Guadeloupe et les débuts de l'ananas durant la période post-esclavagiste.* Gourbeyre: Nestor, 2016. 261p. €20.00.

Bat, Jean-Pierre, Olivier Forcade, and Sylvain Mary. *Jacques Foccart: Archives ouvertes (1958–1974); La politique, l'Afrique et le monde.* Paris: Presses de l'Université Paris–Sorbonne, 2017. 425p. €25.00.

Boissoudy, Philippe de. *Le camp des Saras: Les premiers pas de la France libre en Afrique.* Paris: Impliqués, 2017. 124p. €14.00.

Boumediene, Samir. *La colonisation du savoir: Une histoire des plantes médicinales du "Nouveau Monde" (1492–1750).* Vaulx-en-Velin: Mondes à Faire, 2016. 448p. €24.00.

Boutan, Pierre, and Sabeha Benmansour-Benkelfat, eds. *Leçons du temps colonial dans les manuels scolaires.* Paris: Harmattan, 2017. 233p. €25.50.

Bouyerdene, Ahmed. *La guerre et la paix: Abd el-Kader et la France*. Paris: Vendémiaire, 2017. 639p. €28.00.

Brahimi El Mili, Naoufel. *France-Algérie, cinquante ans d'histoires secrètes*. Vol. 1. Paris: Fayard, 2017. 402p. €20.00.

Brochier, André. *Dictionnaire des communes, douars et centres d'Algérie sous l'administration civile française*. Aix-en-Provence: Amis des Archives d'Outre-mer, 2016. 557p. €29.00.

Brown, Megan. "A Eurafrican Future: France, Algeria, and the Treaty of Rome (1951–1975)." PhD diss., City University of New York, 2017.

Brun, Cathérine, and Todd Shepard, eds. *Guerre d'Algérie: Le sexe outragé*. Paris: Centre National de la Recherche Scientifique, 2016. 315p. €25.00.

Buttoud, Gérard. *La colonisation française des Seychelles (1742–1811)*. Paris: Harmattan, 2017. 259p. €26.50.

Charles-Vallin, Thérèse. *Abd el-Kader, Aumale: Identités meurtries*. Paris: Bisquine, 2017. 238p. €20.00.

Cheney, Paul Burton. *Cul de Sac: Patrimony, Capitalism, and Slavery in French Saint-Domingue*. Chicago: University of Chicago Press, 2017. 264p. $32.00.

Comité Vérité et Justice pour Charonne. *Un crime d'Etat: Métro Charonne, 8 février 1962*. Montreuil: Temps des Cerises, 2017. 200p. €15.00.

Deshayes, Fabien, and Axel Pohn-Weidinger. *L'amour en guerre: Sur les traces d'une correspondance, Paris-Algérie, 1960–1962*. Montrouge: Bayard, 2017. 328p. €21.90.

Du Pré de Saint Maur, Bertrand. *Le baron de Laussat: Un Béarnais sous les tropiques*. Orthez: Rabier, 2016. 155p. €18.00.

Feulvarc'h, Alexis. *Abd-el-Kader en France: Du royaume à l'empire, 1848–1852*. Saint-Denis: Connaissances et Savoirs, 2016. 119p. €13.00.

Forsdick, Charles, and Christian Høgsbjerg. *The Black Jacobins Reader*. Durham, NC: Duke University Press, 2017. 464p. $104.95 cloth, $29.95 paper.

————. *Toussaint Louverture: A Black Jacobin in the Age of Revolutions*. London: Pluto, 2017. 176p. $80.00 cloth, $20.00 paper.

Franklin, Elise. "A Slow End to Empire: Social Aid Associations, Family Migration, and Decolonization in France and Algeria, 1954–1981." PhD diss., Boston College, 2017.

Gainot, Bernard. *La révolution des esclaves: Haïti, 1763–1803*. Paris: Vendémiaire, 2017. 285p. €22.00.

Gaüzère, Bernard-Alex, and Pierre Aubry. *Histoire de la médecine à l'île Bourbon–La Réunion*. 2 vols. Paris: Harmattan, 2017. 319p, €33.00; 273p, €29.00.

Gojosso, Eric. *L'empire indochinois: Le gouvernement général de l'Indochine, de la création de l'Union indochinoise au rappel de Richaud (1887–1889)*. Issy-les-Moulineaux: LGDJ, 2016. 472p. €27.00.

Grenouilleau, Olivier. *Quand les Européens découvraient l'Afrique intérieure: Afrique occidentale, vers 1795–1830*. Paris: Taillandier, 2017. 348p. €23.00.

————. *La révolution abolitionniste*. Paris: Gallimard, 2017. 512p. €24.50.

Henry, Jean-Robert, and Florence Hudowicz. *L'école en Algérie, l'Algérie à l'école: De 1830 à nos jours*. Rouen: Musée National de l'Education de Rouen, 2017. 110p. €19.00.

Ho, Hai Quang. *Esclavagisme et engagisme à la Réunion et à Maurice*. Sainte-Clotilde: Poisson Rouge, 2016. 155p. €16.00.

Hongrois, Christian. *Mes moissons algéroises et autres récoltes naturelles: Souvenirs du pays post-indépendance, 1962–1972*. Paris: Harmattan, 2016. 232p. €24.50.

Hooper, Jane. *Feeding Globalization: Madagascar and the Provisioning Trade, 1600–1800.* Athens: Ohio University Press, 2017. 338p. $100.00.

Jauze, Albert. *Vivre à l'île Bourbon au XVIIIe siècle: Usages, mœurs et coutumes d'une colonie française de 1715 à 1789.* Paris: Riveneuve, 2017. 376p. €34.00.

Johnson, Jennifer. *The Battle for Algeria: Sovereignty, Health Care, and Humanitarianism.* Philadelphia: University of Pennsylvania Press, 2016.

Kupferstein, Daniel. *Les balles du 14 juillet 1953: Le massacre policier oublié de nationalistes algériens à Paris.* Paris: Découverte, 2017. 254p. €18.00.

Louis, Abel A. *Les bourgeoisies en Martinique (1802–1852): Une approche comparative.* Paris: Harmattan, 2017. 229p. €25.00.

Marzac, Jacques. *Mourir pour Buenos Aires: Jacques de Liniers, 1753–1810, le chevalier du Nouveau Monde; Biographie.* La Rochelle: Découvrance, 2017. 204p. €19.00.

Massebœuf, Jean-Louis. *Jean Sadek Massebœuf, itinéraire d'un médecin algérien: La Rochelle 1908–Constantine 1985.* Vol. 1. Saint-Denis: Bouchène, 2017. 244p. €20.00.

Mathias, Grégor. *La France ciblée: Terrorisme et contre-terrorisme pendant la guerre d'Algérie.* Paris: Vendémiaire, 2017. 198p. €19.00.

Narayanan, Anndal. "Home from the Djebel: The Making of Algerian War Veterans in France, 1956–1974." PhD diss., University of North Carolina at Chapel Hill, 2016.

Phéline, Christian. *Camus, militant communiste: Alger, 1935–1937.* Paris: Gallimard, 2017. 400p. €25.00.

Pizelle, Jean-Paul, and Romain Belleau. *Jeanne Mance: De Langres à Montréal, une femme bâtisseuse.* Chaumont: Pythagore, 2017. 296p. €30.00.

Pooka. *Choses de Bourbon: Chronique d'un voyage à La Réunion en 1888 par un franco-mauricien, Alphonse Gaud.* Saint-Denis: Orphie, 2016. 264p. €18.00.

Pousse, Michel. *Le marquis de Bussy: L'Inde offerte à la France.* Paris: Harmattan, 2017. 258p. €27.50.

Rey, Terry. *The Priest and the Prophetess: Abbé Ouvière, Romaine Rivière, and the Revolutionary Atlantic World.* New York: Oxford University Press, 2017. 345p. $74.00.

Ruscio, Alain, ed. *Encyclopédie de la colonisation française.* Vol. 1. Paris: Indes Savantes, 2017. 511p. €33.00.

Schnakenbourg, Christian. *Histoire de l'industrie sucrière en Guadeloupe aux XIXe et XXe siècles.* Vol. 5. Paris: Harmattan, 2016. 269p. €28.00.

Thomas, Martin, and Richard Toye. *Arguing about Empire: Imperial Rhetoric in Britain and France, 1882–1956.* Oxford: Oxford University Press, 2017. 320p. $55.00.

Van Reeth, Benoît, and Isabelle Dion. *Histoires d'outre-mer: Les Archives nationales d'outre-mer ont cinquante ans.* Paris: Somogy, 2017. 359p. €35.00.

Translated Abstracts

FRANÇOISE BLUM
'68: A Postcolonial Phenomenon? "May" in France and Africa

This article focuses on connections between France's May '68 and political and social movements in Francophone Africa: Guinea, the Congo, Senegal, and Madagascar. As participants challenged their common postcolonial situation, these movements converged around the importance of youth and alliances between students, workers, and "the masses." The article describes the emergence of French and African activist communities defined by a common habitus constituted by shared techniques of protest and responses to repression, academic exchanges, common interests, and reading. The purpose of the article is to examine the circulation of ideas and people through the "long 1968"—from South to North and vice versa—and to situate May '68 within the broad range of expectations that the end of empire both raised and often disappointed.

SALAR MOHANDESI
Rapporter Vietnam chez nous : La guerre du Vietnam, l'internationalisme et Mai 68

La guerre du Vietnam a rendu Mai 68 possible. La guerre a permis à de jeunes radicaux d'expérimenter de nouvelles formes de lutte, de reconstruire un internationalisme fort et de se lancer dans la révolution. Les échanges transnationaux ainsi qu'une nouvelle conjoncture politique entraînèrent certains radicaux à affirmer que la meilleure façon d'aider leurs camarades vietnamiens était d'importer la guerre en métropole. Leurs efforts pour traduire les luttes exemplaires des Vietnamiens dans le contexte français participèrent au déclenchement des événements de Mai 68. Pris dans une perspective transnationale, Mai 68 était un front parmi d'autres dans une lutte anti-impérialiste globale, conduite principalement par les Vietnamiens. En France, le Vietnam devint un symbole universel de révolte, s'articulant avec d'autres luttes, tandis que les événements poussèrent les radicaux d'autres pays à traduire le Mai français dans leurs propres contextes nationaux. Cet article montre que le Vietnam a façonné profondément l'imaginaire radical des « années 68 ».

BETHANY S. KEENAN
« L'Ambassade des Etats-Unis a été particulièrement sensible à cet aspect des choses » :
La diplomatie, les manifestations anti-guerre et le ministère des Affaires étrangères en 1968

Cet article examine les évolutions dans la gestion des manifestations contre la guerre du Vietnam par le ministère des Affaires étrangères dans les mois suivant les événements de mai–juin 1968. Fondé sur une étude des archives Asie-Océanie du Quai d'Orsay, aussi bien que sur des documents de l'ambassade américaine et du CIA, cet article éclaircit le mouvement anti-guerre en France, tout en contribuant à la compréhension du basculement philo-américain de la politique étrangère française après Mai. Soulignant les effets de la politique étrangère sur l'expérience domestique, l'article avance l'importance de situer Mai au niveau mondial afin de mieux évaluer son impact.

LUDIVINE BANTIGNY AND BORIS GOBILLE
The Emotional Experience of Politics : Protagonism and Antagonism in May–June 1968

Relying on archives and testimonies, this article focuses on the emotions expressed by participants in the May–June 1968 events in France and treats those emotions as an object of inquiry in their own right. By exploring the emotional experience of politics from below, this essay demonstrates that emotions helped establish the crisis atmosphere of May '68 and shaped its unfolding dynamic. From joy aroused by the opening of a wide field of possibilities to propulsive anger, mutual hatred, and fear, emotions were at the core of the "protagonism" of people discovering their capacity to influence the course of history and of the antagonisms among political stakeholders. Thus the article emphasizes both the benefits of analyzing moments of crisis through the prism of emotions and the significance of crises for the study of emotions in the social sciences.

TONY COME
The Institut de l'Environnement : Descendant of the Bauhaus or the Last Bastion of May '68?

The few French visitors to the Ulm Hochschule für Gestaltung in the 1960s considered it an exemplary place to study. But the prevailing climate in this prestigious German school of design declined irreversibly in 1968. May '68 challenged its atmosphere of productive collaboration between teachers and students. In France, however, some tried to instill the spirit of this Bauhaus-affiliated German establishment in French art schools. On the one hand, during the general assemblies and educational commissions of May 1968, these individuals contributed to the creation of a multidisciplinary teaching and research unit led by several members of the Ulm school and supported by André Malraux: the Institut de l'Environnement. On the other hand, the student strikes and protests that raged through the Latin Quarter had a strong influence on the Hochschule für Gestaltung, leading to its final closure. The author analyzes this complex interdependence.

SANDRINE SANOS
Entre parenthèses : Mémoires, sexualité, et judéité au prisme de Mai 68 dans le cinéma de Diane Kurys

Si les films de Diane Kurys sont connus du grand public, son cinéma est généralement absent du champ des représentations et des mémoires de Mai 68. Pourtant, ses premiers films sont l'occasion pour elle d'imaginer un rapport au passé mettant en lumière les origines et héritages de « l'événement Mai 68 ». Avec *Diabolo Menthe* (1977) qui met en scène la vie de l'adolescente Anne en 1963 et *Cocktail Molotov* (1980) où la même Anne connaît l'émancipation à l'orée de Mai 68, Kurys fait émerger une vision de l'histoire en marge : dans ces marges et ces débordements se mêlent les après-coups de la guerre d'Algérie, les échos d'un monde inquiet et d'une identité juive après la Shoah. L'imaginaire de Kurys ne propose cependant aucune radicalité politique. Trouver du sens à Mai 68 pour Kurys, c'est d'abord se préoccuper de la manière dont la sexualité est la seule politique qui puisse réagencer l'ordre des corps dans la communauté.